부산의 동시문학과 작가 탐구

동심의 풍경

부산의 동시문학과 작가 탐구

동심의 풍경

박 일 아동문학평론집

세종출판사

머리말

동시 평론집을 내면서

삼천포는 행정구역이 통합되면서 사천시가 되었습니다. tvN 드라마 『응답하라 1988』에서 칠천포 에피소드도 있지만 고향의 이름을 잃어버리고, 한동안 불만이 컸습니다. 실향민보다 못하다는 느낌이 들었으니까요.

고향도 엄청나게 변화되어 골목길들은 큰 길이 되고, 뒷산(망산)은 공원이 되어 있었습니다. 낯선 얼굴들뿐이었습니다. 그래도 연어처럼 회귀하고 싶습니다. 가슴 안에 살아있으니까요.

전문적인 문학평론가는 아닙니다. 그러나 독자의 입장에서 바라보고, 평가하면서 작품을 빛나게 살려내는 그게 평론 아닐까요? 문학 작품이 끝나는 곳에서 시작되는 것이 비평이라면.

근대비평의 장르를 개척한 고바야시 히데오[小林秀雄]는 비평이란 남을 칭찬하는 독특한 기술이라고 했습니다. 그 말이 가슴에 와 닿습니다. 작가들을 만나고, 삶을 만나고, 그 영혼을 만나 대화하면서 칭찬의 구실을 잡는 것도 의미 있는 일일 테니까요.

현대를 두고 '비평의 시대'라고 합니다. 비평에 대한 인식이 높아지면서 어쩌면 문학 장르의 총아로 군림할 수 있겠다는 생각이 들기도 합니다. 문학평론이 문학현상을 느끼고, 해석하면서 어떤 비전을 제시해 주니까요.

동시문학은 역설(paradox)의 문학입니다. 쉬우니까 어렵습니다. 그 쉬움과 어려움을 잘 극복하고 다스려야 합니다. 시성詩性을 강조하면 난해해지고, 유아성을 존중하면 유치해져 버리고, 서정을 중시하면 문제의식이 결여될 수 있고, 윤리를 강조하면 따분해지고, 재미와 재치를 중시하면 문학성이 옅어지고, 서경을 노래하면 아름답지만 동시의 목적은 아니라는 생각이 들거든요. 그러니까 유리그릇처럼 잘 다스려야 합니다.

시인과 신神은 동의어가 아닐까요? 시인을 줄이면 신이 되고, 신을 늘이면 시인이거든요. 어쩌면 시인은 신의 말씀을 대변하고 있는지 모릅니다.

짬짬이 써 놓은 글입니다. 20여 년 전의 글도 있으니 세월의 편차를 느끼게 합니다. 동시집 발문이나 서평도 있습니다. 짧은 필력이지만 동시인들의 삶과 문학을 제대로 탐색하고, 기록해 놓아야 할 것 같은 사명감이 솟았습니다. 『동심의 풍경』은 부산 아동문학의 역사이며, 부산 동시문학의 증인이 될 것입니다.

V부로 나누면서 등단시기 등을 참고하여 차례를 정했습니다. 서열은 아닙니다. Ⅰ부는 이주홍, 최계락, 조유로 그리고 박돈목 등입니다. 이름만 들어도 알 수 있는 부산아동문학의 대부입니다. 여기에 주성호, 강구중 등 작고동시인도 함께 모셨습니다. Ⅱ부는 정진채, 선용, 박지현, 공재동, 최만조, 강현호 그리고 박일 등입니다. 정진채 동화작가의 동시 세계는 뜻밖의 만남이 될 것이며, 선용 시인의 동심시와 동요 세계도 산뜻한 반가움을 줄 것입니다. 『열린아동문학』('내 작품의 고향')에 수록된 필자의 작품세계(김자미 글)도

끼워 넣었습니다. Ⅲ부에서는 최향숙, 김종순, 배소현, 이상문, 구옥순 그리고 조명제 등의 동시세계입니다. 80년대 그 이전부터 문학 기반을 다졌거나 부산아동문학회 등에서 활동한 분들도 있습니다. Ⅳ부에서는 구용, 오선자, 김정순, 최복자, 박선미, 정현숙, 김승태 그리고 정갑숙의 동시 세계입니다. 정현숙 시조시인은 그의 제3 동시조집 『강물에 그리는 음표』에 올린 발문이 인연이었습니다. Ⅴ부에서는 정재분, 서관호(동시조), 김춘남, 정미혜, 김자미, 강기화, 하빈 그리고 이서영 등의 동시 세계입니다. 서평이거나 동시집 발문입니다.

모두 36명입니다. '아는 만큼 보인다'고, 아는 만큼 쓸 수밖에 없었지만, 동시 평론 활성화에 작은 기여라도 했으면 좋겠습니다. 또한 아동문단의 화합과 결속은 물론 아동문학을 한층 발전시키는 계기가 되면 더욱 좋겠습니다.

발표지면을 명기했지만 발표하지 못한 글은 창작연도를 기록했습니다. 동시집 작품평이나 발문으로 쓴 글 중 경어체인 경우는 그대로 두었습니다. 작고 문인의 경우 생몰년을 기록했고, 옮긴 글은 별도 주를 달지 않고, 문장 속에 밝혔으며, 성명 뒤에 직함을 넣었습니다. 한자어는 한글과 같이 읽어지도록 했고, 시인과 동시인의 호칭은 구별하려 했지만 부득이한 경우 넘나들 수밖에 없었습니다. 저서는 겹낫표(『』), 작품은 홑낫표(「」)로 통일했고, 인용 동시의 경우 발표 당시의 맞춤법을 존중했습니다. 원고량 때문에 일부 동시는 행과 연을 줄였습니다.

'동시인'이란 용어는 일반인들에게는 생소할 수 있습니다. '동시+인'이 아니라, '동童+시인'을 합성하면 '아이 시인'이 되니까요. 그래서 신현득 선생은 '동시시인'으로 해야 한다고 주장합니다. '시조시인'을 생각하면 납득이 갑니다. 그러나 문단에서 일반화된 '동시인'을 그대로 사용했습니다.

'아름다운 동시교실'을 연 지도 어언 10년이 넘었습니다. 함께 공부한 분들이 신춘문예, 문학잡지 그리고 각종 신인문학상 수상 등을 거치면서 문학적 성숙을 이루는 걸 보면서, 청출어람青出於藍의 신기루도 체험합니다. 덩달아 내 문학도 젊어졌겠지요.

워즈워스처럼 하늘의 무지개를 보면서 가슴 설레고, 어린 날의 경이감을 깊이 간직하며 늘 그런 동심으로 살았으면 좋겠습니다. 세종출판사와 '아름다운 동시교실' 선생들의 협조에 가슴이 따스해집니다.

부족한 부분이 많아 부끄럽습니다만, 동시문학을 사랑하고, 동심을 지닌 모든 이에게 이 책을 드리고 싶습니다.

2021년 새봄에

해운대에서 박 일

목차

III

Ⅳ

Ⅴ

I

이주홍

최계락

조유로

박돈목

주성호

강구중

『현이네 집』가족이 꾸미는 동심의 세상

- 향파 이주홍의 동시 세계

1. 서언

부산 문학의 대부라면 향파向破 이주홍과 요산樂山 김정한(소설가)이다. 이주홍은 아동문학 외에 소설, 시나리오, 수필, 희곡 그리고 번역문학 등에서도 뛰어난 작품을 남겼다. 이주홍 문학관(동래구 온천1동)에는 그의 일대기, 작품 활동 그리고 예술 활동 자료 등이 전시되어 있다.

이주홍(1906~1987) 연구에 관한 서적은 이주홍 문학재단에서 발행한 『이주홍 문학연구』와 『이주홍 문학저널』 그리고 합천의 향파 이주홍선생기념사업회에서 간행한 『합천예술문화연구』 등이 있다.

동시童詩에 관한 연구물은 송명희의 『이주홍의 시적 지향과 정신적 높이』(1990), 곽홍란의 『이주홍 동시 특성 연구』(1999), 김지은의 『이주홍 시 연구』(2001), 박태일의 『이주홍의 초기 아동문학과 '신소년'』(2001), 박경수의 『일제강점기 이주홍의 동시 연구』(2003), 신현득의 『향파 이주홍의 동시 세계』(2003), 임신행의 『이주홍 시에서 해학성과 회화성의 그 미학』(2006) 그리고 박경수의 『해방기와 전후시기 이주홍의 시와 동시 연구』(2006) 등이 있다.

이주홍의 동시집은 한 권뿐이다. 1983년 도서출판 '보리밭'에서 펴낸 『현이네 집』(보리밭. 1983)이다. 사진작가이며 동화작가였던 최시병의 사진을 배경으로 하여 46편의 동시를 실었는데, 신현득 동시인은 편집상황을 보아서 사진에 맞추어 시를 쓴 것으로 짐작된다고 했다. 일부 작품은 그런 개연성도 있다.

이주홍의 동시들은 동화집인 『외로운 짱』(1959), 『해같이 달같이만』(1979)이나 시집 『풍경』(1984) 등에 섞어서 발표하기도 했다.

이주홍의 대표작을 뽑으라고 하면 「해같이 달같이만」과 「엄마의 품」이다. 이 동시들은 동화집 『해같이 달같이만』에 발표했고, 『현이네 집』에서는 친필로 써서 「해같이 달같이만」은 앞표지 뒷장에, 「엄마의 품」은 뒤표지 앞장에 실었으며, 시집 『풍경』에도 재수록했다.

동시선집 『현이네 집』(해성. 2008)은 재발간했는데, 원본 『현이네 집』에서 44편, 그 외 17편을 뽑아 구성한 것이다. 이주홍문학재단은 이 책을 펴내면서 '그 『현이네 집』을 바탕으로 삼아 마련한 이주홍 동시선집이다. 거기에 실린 작품이 1, 2부를 이룬다. 3부에서는 1920~1930년대 초창기 작품과 동화·동시집 『해같이 달같이만』, 시집 『풍경』에서 골라낸 몇 편을 묶었다.'라고 했다.

본고는 동시선집 『현이네 집』을 중심으로 그의 동시세계와 형태적 특성 등을 중심으로 고찰했다.

2. 동시 세계

1) 부모에 대한 그리움

어머니라는 이름은
누가 지어냈는지
모르겠어요.
어-머-니-하고
불러 보면
금시로 따스해 오는
내 마음

아버지라는 이름은
누가 지어냈는지
모르겠어요.
아-버-지-하고
불러 보면
오오-하고 들려오는 듯
목소리

참말 이 세상에선
하나밖에 없는
어른들
바위도 오래되면
깎여지는데
해같이 달같이만 오랠
엄마 아빠의
이름.

-「해같이 달같이만」 전문

향수나 부모에 대한 그리움은 동시의 중요한 소재로 선택하는데 이주홍의 동시도 이 범주를 벗어나지 않았다. 「해같이 달같이만」에서는 엄마와 아빠를 병렬적으로 배치하여 우열을 두지 않았다. 모두 해 같은 달 같은 분들이니까. '모르겠어요'라는 어린이다운 말투는 부모 앞에서 영원히 어리광을 부리고 싶은 동심의 천진성과 순박함을 드러내고 있다. 실제로 부르는 것처럼 '어-머-니-''아-버-지-'라고 표현한 것은 낭송의 효과도 있지만, 그리움이 묻어나도록 배려했다.

새들이 그렇게
많이 날아도
구름이 저렇게
멀리 떠 가도
그런 것은 다
하늘 안에
있는 것 같이
이 세상에
어머니보다
큰 것은 없지.

-「엄마의 품」 제1연

어머니에 대한 그리움은 「엄마의 품」에서 극대화된다. 이 세상에 아무리 큰 것이라도 엄마의 사랑보다 큰 것이 있으랴! 동시의 원동력이 사랑이라는 것을 알게 한다.

2) 자연 친화

난 엄마 때문에/ 살아요/ 송아지의 말
난 너 때문에/ 살고 있지/ 엄마소의 대답

졸릴 듯 흘러오는/ 매미 소리 들으며/ 아이들은/ 먼 강물만/ 바라보고 있다.

-「풀언덕」 전문

화자가 서 있는 곳은 풀언덕 어디다. 화자는 관찰자의 입장에서 소의 대화, 매미 소리와 먼 강물을 바라보는 아이들을 지켜보고 있다. 자연과 떨어진 공간이 아니라, 자연과 함께하거나 일체를 이루고 있다.

3) 바람직한 공동체 삶의 기원

벌들아 동무야 일어나라
꿀 고방에 범놈이 또 들어왔다
놀고서 먹는 놈 미운 놈이다
침주자! 침주자! 침주자!

-「벌꿀」 제1연

범은 고양이과의 동물이다. 곰처럼 벌꿀을 좋아하는데 기회를 엿보고 훔쳐 먹는 게 못마땅하다. 그래서 '놀고서 먹는 놈 미운 놈'이라고 하면서 침주자고 비난한다. 근면을 강조하면서 공동체의 일원으로 역할을 다하는 사람이 되어야 한다는 것을 강조한다.

비닐주머니에 담겨지는/ 아침 길의 휴지들/ 휴지 하나 하나에/ 얼굴들이 떠오른다.//
다음부턴/ 버리지 마세요/ 다음부턴/ 더럽히지 마세요//
비닐주머니 들고 들고/ 휘파람 불며 걸어가는/ 착한 아이들

-「자연보호」 전문

우리나라 자연보호운동은 1977년 정부기구로서 '자연보호위원회', 민간 기구로서 '자연보호중앙협의회'를 결성하고, 1978년 10월 자연보호 헌장을 선포하면서 시작한다. 그 당시 환경이나 생태 문제는 심각하게 생각하지 않았지만, 이것이 중요한 사안이라는 것을 깨달았다. 먹고 사는 문제가 아니라, 죽고 사는 문제였기 때문에. 국민의 의식변화를 소망하며 자연보호 계도의 노래를 불렀다.

4) 우정과 협동

소질의 계발을 중시하고 있다. 가식이나 지식보다는 자신의 능력을 있는 그대로 보여주어야 한다고 강조한다. 주요 덕목이 우정과 협동이다.

> 누가누가 먼저 낚나
> 내기 해볼까.
> 공부는
> 네가 잘해도
> 낚시는
> 나만 못할 걸.

-「꼬마 낚시꾼」 제1연

친구들과 말판놀이를 하다가 해 저무는 줄도 모른다는 「현이네 집」, 남인데도 정답고 그리워진다는 「친구」, 비에 젖더라도 우산을 같이 쓰지 않으면 우정이 젖는다고 노래한 「빗 속」 등에서도 우정은 지배적 소재로 등장하고 있다. 「소풍날」, 「삼총사」 등에서는 협동의 덕목을 강조하고 있다.

5) 계급적 모순과 대립

사회 현실을 풍자하는 동시 몇 편도 보이는데 1930년대 초반에 쓴 것들이다. 「모기」, 「풀꾹」, 「편싸움 놀이」, 「장아찌 아저씨」 그리고 「벌꿀」 등 다섯 편이다.

굵은 애도 나오라.
벗은 애도 나오라.
한데 엉겨 가지고
편쌈하러 나가자.

-「편싸움 놀이」 제1연

우리나라 최초의 프롤레타리아 동시집은 1931년 3월에 발간된 『불별』(신소년사)이다. 이 동시집은 8명의 동시인들의 작품 43편이 실려 있고, KAPF로부터 지원을 받아 발간한 것이다. 이주홍도 6편의 동시를 실었다. 이 동시들은 대부분 계급적 대립이 잘 드러나고 있으며, 프롤레타리아 계급을 옹호하고, 그들의 집단적 투쟁을 부추기고 있다. 「편싸움 놀이」는 편싸움의 형태로, 「벌꿀」은 집단 투쟁의 공격성을 표현하고 있다.

박경수 문학평론가는 '이주홍의 동시 작품들은 계급적 모순과 대립을 기본적인 구도로 삼으면서도 전승동요의 형식과 수사법을 잘 활용하는 가운데, 특히 풍자와 해학의 수사적 기법을 효과적으로 사용함으로써 시적 성취도를 높이고 있다. 이 점이 당대 다른 시인들의 동시와 차별화되는 이주홍 동시의 특징적인 면모라 할 수 있다'라고 평하고 있다.

그는 '조선프롤레타리아 문학동맹' 중앙집행위원과 아동문학부위원, '조선프롤레타리아 미술동맹' 위원장, '조선문학가동맹' 서울시 집행위원 등을 역임하면서 사회주의 예술 활동을 했다. 1947년 부산으로 내려와 동래중학교 교사로 재임했고, 학생극 운동에 전념하면서 사회주의 문학과 그 단체와 절연했다.

3. 형태적 특성

1) 2연시

친구는 남인데
왜 정다워질까
목소리만 들려와도
뛰쳐나가고 싶네

친구는 남인데
왜 그리워질까
비 온 날도 우산 받고
찾아가 보고 싶다.

-「친구」 전문

2연시로 된 것이 30편(49.2%)이다. 그 중 23편이 병렬적 전개 형식을 취하고 있다. 서술방식은 대구對句다.

2) 7·5조 또는 정형성

석류꽃 하나 뚝 따

쥐어 주면서

아가야는 착하지
달래는 언니

-「석류꽃」 제2연

7·5조(또는 6·5조, 8·5조 등)의 음수율을 보인 작품도 다수 보인다. 전승동요의 특성을 살리면서, 동시의 특성이 리듬에 있다는 것을 보여준다.

모기 앵앵앵
물고 앵앵앵
빨고 앵앵앵
좋고 앵앵앵

-「모기」 제1연

동요시는 1920년대와 30년대에 널리 유행했다. 그 당시 유명한 동요시인은 방정환, 윤극영, 정지용, 서덕출, 윤석중, 이원수, 윤복진, 박영종, 강소천 등이었다. 음악성(리듬)을 중시하고, 상징어 차용이 많아진 것도 당시 동시의 특성이었다.

3) 각운

물 속에서/ 왜 가만히 떠 있나/ 열대어 너는.//
해 돋는 아침/ 고향집이 그리워서/떠나던 날을/ 세고 있나/ 열대어 너는.

-「열대어」 제1, 2연

각운은 시행의 끝에 음절, 단어 또는 어절을 반복하는 현상이다. 정형적이고 정제된 형식인데, 율동적인 쾌감을 준다. 각운이 나타나는 동시는 「열대어」를 비롯하여 「봄」, 「빗 속」, 「매미 잡이」, 「풍선Ⅰ」, 「풍선Ⅲ」, 「초가집」, 「요술쟁이」, 「미역」, 「친구」, 「모래둑」, 「비둘기」, 「태극기」, 「조랑말」, 「3총사」, 「반 친구」, 「연합운동회」, 「도라지」, 「배타기」, 「도장 아이들」, 「여름바다」, 「모기」 그리고 「호박꽃」 등이다.

4) 연 사이의 비연관성으로 전체의 균형을 잡는 형식

독특한 방법으로 표현한 것도 있다. 「대야실 강변은」이다.

> 합천 하면/ 해인사/ 해인사는/ 합천의 소//
> 안마당 말갛게/ 쓸어논 자리/ 하이얀 감꽃이/ 떨어지는 아침/ 백제와 싸워/ 꽃으로 진 죽죽은/ 신라의 아침//
> 낙동강의 잔 가닥/ 남정강을 끼고/ 아늑히 누운/ 푸른 들판엔/ 황새들도 많아라//
> 합천은 신라 옛적/ 대야주 고을/ 바다만큼 넓은/ 대야실 강변은
>
> -「대야 강변은」 제3,4,5,6,7연

대야실은 합천에 있는 남정강 가의 백사장 이름이다. 이 동시는 역사적 사건과 강변에 관한 단편적인 인상들을 나열하고 있지만, 전체적으로 하나의 조화와 통일감을 느끼도록 했다. 연 사이에 연관성이 없는 내용 같지만, 면면히 살아있는 대야성의 역사와 시인의 정서가 밀착되어 있다. 여기서 '하이얀 감꽃'은 '서민'을, '떨어진 꽃'은 '죽죽(백제의 윤충 장군과 싸워 대야성을 지키다 전사한 신라 충신. 합천읍 동남쪽에 그의 비각이 있다.)'의 은유다.

4. 표현 방법의 특성

1) 상징어의 사용

이 산에 가도 풀꾹
저 산에 가도 풀꾹

-「풀꾹」 제1연

호박꽃이 뱅- 뱅-
노란 초롱이 뱅- 뱅-
동리 개들 좋다고
방방 짖는다

-「호박꽃」 제2연 일부

꿩 꿩 꿩서방
건넛둑에 홍서방

-「꿩」 앞부분

아이들이 둘러싸인
놀이터의 병아리 떼
삐약 삐약 삐약 삐약
엄마를 찾고 있나

-「병아리」 제1연

사푼 사푼 사푼 사푼
발자국 소리 들으며
아이들 등에
대한민국이
메어져 간다.

-「태극기」 제2연

상징어를 즐겨 사용하였다. 동시의 교육성을 상당히 의식한 것이다. 또한 '찡 찡 찡서방' 등과 같이 언어유희(해학성)로 생동감을 불어넣고 있다.

2) 음악성과 낭송의 효과를 노린 표현

「해같이 달같이만」은 어린이들이 소리 내어 읽거나 들려주기 위해 쓴 시다. '어-머-니-', '아-버-지-'에 표시된 줄표(-)는 실제 부르는 듯이 낭송 효과를 느끼게 한다. 또한 4·4조, 7·5조 등의 정형시도 이 효과를 노린 표현이었다.

3) 비유보다 묘사

비유는 물상 간의 연관성이나 유사성을 바탕으로 하지만 문자적 의미를 초월한다. 원관념과 보조관념 사이의 거리가 멀수록 참신하고 낯설어지지만, 동시의 경우 그 거리가 너무 멀면 난해해지고, 너무 가까우면 유치해질 수 있다. 그는 비유보다 묘사에 의존한다. 묘사란 객관적이고 구체적으로 서술하며 이미지를 살리는 방법이다.

오늘도 어제같이
따스한 날
충이랑 식이랑 준이랑
현이네 집에 와
말판 놀이 하고 있다.
밥 먹으러 가라 두 번 세 번
할아버지가 재촉을 해도
마루 밑에 옹기종기

신들을 벗어 놓은 채
아이들은 들은 둥 만 둥
말판 놀이에만
정신을 뺏기고 있다.

-「현이네 집」 전문

현이네 집에 아이들이 모였다. 저녁때가 되어도 떠나질 않는다. 할아버지가 밥 먹으러 가라고 몇 번이나 독촉해도 듣는 둥 마는 둥 한다. 아이들이 말판 놀이에 얼마나 깊이 빠져있는지 알 수 있다. 묘사에 의하여 심상을 획득하고 있다.

4) 동화 혹은 감정이입

동화(assimilation)란 시인이 세계를 자신의 내부로 끌어들여서 그것을 내적 인격화하는 이른바 세계의 자아화다. 다시 말하면 실제로는 자아와 갈등의 관계에 있는 세계를 자아의 욕망, 가치관, 감정에 적합한 것으로 만들어 동일성을 이룩하는 작업이다.(김준오.『시론詩論』 p.39)

즉 동화는 자아가 대상(세계)에게 스며들면서 자아와 세계의 일체감이 일어난다.

숲은
말이 없어도
외롭지 않을 거야.

새들이 날마다
노래해 줄 테니까.

-「숲」 제1,2연

숲은 외롭지 않다. 새들이 노래해 주는 곳이니까. 어쩌면 숲은 '말이 없어도 외롭지 않'게 살아가고 싶은 시인의 삶의 태도와 동화하고 있다.

해 돋는 아침
고향집이 그리워서
떠나던 날을
세고 있다
열대어 너는

-「열대어」 제2연

고향에 대한 그리움을 열대어라는 상관물에 의지하고 있다. 열대어가 고향 떠나던 날을 세고 있는 것처럼 고향을 그리워하는 자신도 그런 열대어와 다를 바 없었다.

5) 물활론

물활론적 사고는 동심의 가장 큰 특징이라 할 수 있다. 인간이 아닌 다른 사물을 반려자로 보는데서 발생하는데 상상력이 확대되기 때문에 동시에서는 중요한 표현 수단의 하나다.

나의 마음은/ 노랗게 나는/ 나비//
나의 친구는/ 빨갛게 피는/ 꽃//
그래서/ 지나가던 바람도/ 내 손 잡으며/ 잘 있어? 하고/ 반겨주고 가는 거래.

-「춤Ⅲ」 전문

나는 나비고, 친구는 꽃이기 때문에 지나가던 바람도 내 손을 잡으며 반겨준다. 바람이 나와 친구가 더 가까운 사이로 발전시키는 역할을 해준다.

5. 맺는 말

작품은 그 자체로 완결된 언어의 구조물이다. 이 연구는 이주홍의 동시선집 『현이네 집』을 중심으로 이주홍 동시가 갖고 있는 내적 구조, 형태적 특성과 표현 방식 등을 중심으로 기술했다.

향수와 부모에 대한 그리움은 동시의 중요한 소재로 선택하는데 이주홍의 동시도 이 범주를 벗어나지 않았다. 자연친화적이고, 바람직한 공동체 삶을 염원하거나 강조하기도 했다. 우정과 협동의 덕목을 강조하는 동시들도 눈에 띄었다. 또한 일제강점기였던 1930년대 초반에는 계급적 모순과 대립을 기본적인 구도로 삼는 동시들도 발표했고, 프롤레타리아 계급을 옹호하고, 그들의 집단적 투쟁을 부추기면서 사회주의 경향을 띤 적도 있었다. 그러나 전승동요의 형식을 고수하면서 시적 성취도를 높이기 위한 노력은 높이 평가할 만한 일이었다.

작품의 형태적 특징은 2연시가 많았다. 이는 병렬적 전개이며 대구 형식인데, 시상을 정리하기에 적합했기 때문에 선택한 형식이었다. 또한 4·4조, 7·5조(또는 6·5조, 8·5조 등) 등의 정형률을 보인 작품들은 어조가 부드럽고, 음악성(리듬)이 강하게 나타났다. 낭송의 효과도 의식한 것으로 보인다. 각운을 동원하여 율동적인 쾌감을 주는 작품들도 많았다. 또한 「대야실 강변은」은 전체적으로 파악해야 연 사이의 연관성은 물론 면면히 살아있는 대야성의 역사와 시인의 정서에 밀착할 수 있게 했다.

표현방법의 특성은 상징어를 즐겨 사용했다. 이는 동시가 언어 발달에 기여할 수 있다는 것을 보여주었고, 또 '꿩 꿩 꿩서방' 등과 같이 언어유희도 자유롭게 구사하여 동시의 쾌락적 요소까지 보여주었다. 비유보다 묘사에 의존한 것은 감정을 객관적이고 구체적인 언어로 서술하면서 이미지를 살리는 방법에 더 익숙하고 친숙했기 때문이리라. 또한 형상화 과정에서 감정이입의 수법과 의인법으로 상상력을 확대시키는 구사력도 돋보였다.

이상에서 『현이네 집』 가족이 꾸민 동심의 세계를 살펴보았다. 결국 이주홍의 동시는 동심주의의 입장에서 표현했기 때문에 어두운 시대 상황에서도 밝고, 가볍고, 희망찬 기상을 불어넣었고, 전승동요의 기법을 고수하여 음악미로써 동시의 기품과 멋을 한층 살려 놓았다.

그는 60년이 넘는 문학 활동을 하면서 2백 권이 넘는 작품집을 상재했다. 동시집, 동화집, 시집, 소설집, 장편소설집 그리고 수필집은 물론 시나리오, 희곡 그리고 고전번역집도 출간했다. 미술(서예, 회화 등)과 음악에서도 뛰어난 재능을 보였다. 특히 아동문학 부분에서 동시, 동요, 동화, 아동소설 그리고 아동극에 이르기까지 많은 작품을 남겼다.

그러나 아동문학 쪽에 비중을 높이 두었기 때문에 1981년부터 '이주홍아동문학상'을 제정하여 운영했다. 2002년에 이르러 일반문학(아동문학 외)과 평론까지 확대하면서 '이주홍문학상'으로 명칭이 바뀐다. 이 문학상은 현재(2020) 40회까지 시행되었고, 80여 명의 문인들이 수상의 영광을 안았다. 2013년부터는 이 시상식에 즈음하여 시화전, 강연, 학생 백일장 그리고 문학기행도 곁들여 '이주홍 문학축전'으로 그를 추모하고 있다.

이주홍 문학의 연구는 아동문학 외적에서 훨씬 활발하게 이루어지고 있다. 아동문학 평론가가 부족한 탓도 있지만, 그가 아동문학가로 인식되는 비중이 높아지는 만큼 아동문학 분야의 연구도 활발히 이루어져야 한다.

(2020. 12)

우주의 신비를 담은 「꽃씨」와 외로움을 기다리는 「꼬까신」
- 최계락의 동시 세계

1. 「봄이 오는 길」에 서서

봄은
바다를 건너
먼
남쪽에서 온다.

거치른 산
메마른 들판

꽃수레에 실려
봄은
언덕을 넘고

넘치는
그 잔잔한
강물처럼

봄은
내 마음 속
나직한 한 가닥

아
노래로 온다.

-「봄이 오는 길」 전문

가끔 이기대 해안 산책로를 걷는다. 그 길이 「봄이 오는 길」이다. '봄은/ 바다를 건너/ 먼/ 남쪽에서 오'기 때문이다. 그 길에서 최계락의 시비 「봄이 오는 길」을 만난다. '내 마음 속/ 나직한 한 가닥 /아/ 노래로 오'는 봄을 느낀다.

동시집 『꽃씨』(해동문화사. 1959)는 초등학교 교사 시절 문예지도를 하면서 꽤 많이 읽혔다. 고딕체 글씨에 유아스런 그림들의 배열이 동시집의 격을 한층 살려 놓아서 어린이들도 접근하기 쉬운 동시집이었다. 많이 읽혔는데 결국 돌아오지 않았다.

최계락(1930~1970)은 요절한 시인이다. 미인박명이 어여쁜 여자들의 운명이라면, 천재요절은 천재 남자들의 운명인가? 박제된 천재 시인 이상처럼.

1947년 진주고등학교 재학 당시 「수양버들」이 『소학생』지에 추천된다. 1951년에는 이형기 시인과 『이인二人』 동인지(창간호로 종간)를 내는데, 이때 「꽃씨」가 발표된다. 이 책의 편집후기는 다음과 같다.

'밤만이라도 진정 고이 잠들 수 있어야 하겠습니다. 너무나 불우한 현실에서 맨발을 벗고 학교엘 가고, 갈가리 찢어진 꿈을 달래 줄 장난감 하나 없이 자란다 할지라도, 그러나 밤만이라도 고이 잠들 수 있는 노래가 있어야 하겠습니다.'

이에 대하여 이형기 시인은 '구태여 어린이라 할 것 없이 모든 독자에게 그는 밤만이라도 고이 잠들 수 있는 노래를 주고자 했고, 또 실제로 주었던 것이다. 이 정신은 최계락 선생의 문학의 바탕이자

인간의 본바탕이다'라고 술회하고 있다. 1952년 시 「애가」가 『문장』에 추천을 받는다.

최계락의 대표 동시는 「꼬까신」과 「꽃씨」다. 「꽃씨」는 초등학교 국어 교과서에 오랫동안 실렸었고, 「꼬까신」은 동요로 작곡되어 교과서에 실리면서 널리 애창되고 있다. 언젠가 최계락 문학상 시상식 사회를 맡으면서, 식전에 분위기를 띄우기 위하여 이 동요를 불렀던 기억이 새롭다.

본고에서는 「꼬까신」과 「꽃씨」를 중심으로 그의 동시세계의 일부분이라도 고찰하고자 한다.

2. 「꽃씨」와 「꼬까신」의 작품세계

꽃씨 속에는
파아란 잎이 하늘거린다.

꽃씨 속에는
빠알가니 꽃도 피면서 있고

꽃씨 속에는
노오란 나비 떼가 숨어 있다.

-「꽃씨」 전문

계간 『오늘의 동시문학』(주간 박두순)이 2008년에 한국 동시 100년을 조명하는 기획특집으로 '한국 동시 100년에 빛나는 100편의 동시'를 선정했다. 당당히 『꽃씨』도 선정되었다.

불과 3연 6행의 짧은 동시지만 짧으면서도 깊고 넓은 세계를 담고 있기 때문일까? 한국의 빛나는 동시가 되었다. 꽃씨는 땅에 뿌려 싹이 트지 않으면 꽃씨일 뿐이다. 그러나 씨앗이 꽃의 꿈을 꾸고 있다는 것은 시인의 눈이 아니면 볼 수 없다.

이형기 시인은 '시인들 중에서 최계락 선생쯤 되니까 그런 눈을 갖는 것이라 생각하고 있다. 그것은 꽃씨의 생성과정을 통해 자연의 섭리, 우주의 신비를 파악하는 눈이다. 눈에 보이는 것만을 보는 눈이 아니고, 눈에 보이지 않는 것까지도 훤히 꿰뚫어 보는 눈이다.'라고 했다.

또한 최계락 선생을 '수염난 천사'라고 지칭한다. 그것은 '수양을 쌓아서 그렇다기보다 천성으로 그렇게 타고난 사람이다. 한 마디로 말해서 천심이라 할까. 그 천심은 계산을 모르고 가식을 모른다. 가슴 속에서 솟아나는 정의 샘물을 끊임없이 남에게 퍼주고 또 퍼줄 뿐이다. 그래서 나는 수염난 천사라고 불렀다.'라고 했으니까.

흔히 글은 그 사람을 표현하거나 대신한다는 말이 있다. 「꽃씨」가 그의 천심을 은유한 것은 아닐까? 그의 가슴의 꽃씨 속에 늘 '파아란 잎이 하늘거리고, 빠알가니 꽃도 피어 있고, 노오란 나비 떼도 날고 있'었나 보다.

이 동시를 읽고 있으면 잔잔한 리듬이 흐르면서, 신비로운 느낌까지 들기도 한다. 아마 우주의 신비를 깔아놓았기 때문이리라.

> 개나리 노오란
> 꽃그늘 아래
>
> 가즈런히 놓여 있는
> 꼬까신 하나
>
> 아기는 사알짝

신 벗어 놓고

맨발로 한들한들
나들이 갔나

가즈런히 기다리는
꼬까신 하나

-「꼬까신」 전문

「꽃씨」가 한국의 빛나는 동시라면, 「꼬까신」은 한국인의 애송동시다. 2008년 한국 현대시 100년을 맞아 조선일보는 '현대시 100년, 시인 100명이 추천한 애송시 100편'을 연재하고, 그 후속으로 '한국인의 애송동시'를 선정하여 연재했다. 50편이었다 그 중에 「꼬까신」도 한국인의 동심의 창을 열어주었다.

신수정 문학평론가는 '이 시의 외로움은 훨씬 정제된 형식을 띠고 있는 편이다. 어룽대는 꽃그늘 아래 주인을 잃고 "가즈런히 놓여 있는" 꼬까신은 이 정서의 객관적 상관물이다. 그것은 이미 숙명이 되어버린 어떤 정서다. 이때의 울음은 터져 나오기보다 안으로 내면화될 수밖에 없다. 심지어 그것은 아련하다 못해 앙증맞기까지 하다. "사알짝"이라거나 "한들한들"이라는 수식어들을 보라. 이제 외로움은 그것을 애처로워할 수 있을 만큼 충분히 익숙한 정서가 되었다.'라고 했다.

김규태 시인은 '기다림과 나들이를 양립시켜놓고 최 선생은 어머니 아니, 시를 읽는 이로 하여금 정겨움을 흐뭇하게 안겨준다. 노오란 개나리와 우주를 휘젓고 다닐 앙증맞은 꼬까신! 산다는 것은 기다림의 이어옴이다. 나들이를 하고 돌아올 아기를 기다리는 어른의 마음이 꽃보다 더 아름답다.'라고 했다.

남도의 정서는 쪽빛 바다나 강물처럼 고독에 사무치는 것이다. 진주가 고향인 그는 남강을 바라보면서, 때로는 남해 바닷가에 서서 남도의 정서를 키웠으리라. 그래서 외로움이 주조음이 되고 말았다. 「꼬까신」처럼. 외로움을 기다리면서 외로움을 노래했고, 외로움을 즐기면서 외로움을 달랬으리라.

3. 흰 종이에 그리는 상상력

> 한 장의/ 흰/ 종이를 생각는다.//
> 아직은/ 아무/ 글씨도 없는,/ 아직은/ 아무/ 그림도 없는,/ 그래서 소중한/ 한 장의/ 흰/ 종이.//
> 그러나/ 나는 읽는다./ 일찍이/ 어느 이야기책에서도/ 읽어볼 수 없었던/ 즐거운 이야기를.//
> 그리고/ 나를 본다./ 일찍이/ 아무도/ 그려본 적 없었던/ 아름다운/그림을.//
> 점을 찍자./ 첫 점을/ 흰 종이에/ 줄을 그어/ 즐거운 이야길 엮고,//
> 물감을 풀어선/ 그림을 그리자./ 열두 빛깔/ 아름다운/ 꿈을/ 그리자.//
> 정월/ 초하룻날/ 새/ 아침에,//
> 나는 생각는다./ 한 장의/ 흰 종이를.
>
> -「한 장의 흰 종이를」 전문

이 동시에서 그의 작가정신을 엿볼 수 있다. 백지는 무한한 가능성의 공간이다. '어느 이야기책에서/ 읽어볼 수 없었던 즐거운 이야기'와 '일찍이 아무도/ 그려본 적 없었던/ 아름다운/ 그림'을 채우고 싶었다. 그리하여 흰 종이에 꿈과 그림을 그려나갔다. 아무런 글씨도 없고, 아무런 그림도 그려지지 않았기 때문에 마음껏 상상력을 동원할 수 있었다. 그의 문학이 숭고한 이유는 여기에 있다.

최계락은 이미 문학적 평가를 받은 분이다. 그래서 그의 이름을 딴 문학상(2001년 제정)이 만들어졌고, 부산시 남구 용호동 이기대 해안 산책길에 「봄이 오는 길」, 용두산 공원 시의 거리에 「외갓길」, 대신공원에 「해변」, 진주시 신안동 시민녹지공원에 「해 저문 남강」 그리고 부산 동래구 온천동 금강공원에 「꽃씨」 시비도 우뚝 서 있다. 가족 묘택이 있는 경남 고성군 개천면에는 시 「애가」와 동시 「외갓길」을 양면에 담은 시비가 서 있다.

2000년도가 되기 직전 최계락 동시집 두 권을 받았다. 『꽃씨』(문학수첩. 1998)와 『꼬까신』(문학수첩. 1998)이다. A4 용지에 다음과 같은 글귀가 적혀 있었다.

'지나온 길이 뒤돌아보고 싶은 겨울입니다. 최계락 선생님이 우리 곁을 떠나신 지도 어언 서른 해가 다가옵니다. 훌륭한 작품이 세월 속에 묻혀 마냥 흘러가는 것이 안타까워 추슬렀습니다. 역시 좋은 작품은 세월이 가도 빛이 나는구나 하는 생각을 했습니다. 부디 건강 하시옵고 기회가 되면 『꽃씨』와 『꼬까신』이 많이 읽히고 바른 평가를 받을 수 있도록 적극 도와주십시오.'

보낸 이는 그의 장남 최형림 교수(동아대 경영정보학과)였다. 최계락 문학상은 그의 동생인 최종락(국제플랜트) 회장이 지원하고, 그의 영식들도 부친의 문학을 빛내기 위해 노력하고 있으니 얼마나 아름다운가. 최계락 문학의 숲이 영원히 푸르게 살아있으리라는 생각이 든다.

이형기 시인은 '최계락 선생이 남겨놓은 시편들은 명료성이 더욱 서정성을 띠고, 우리가 살아가면서 놓쳐서는 안 될 자연의 친화력을 한껏 보여주고 있다. 지나친 생략법은 시적 상상력을 절감하는 기미를 보이기 쉬우나 시의 즐거움을 통하여 극복했다. 그의 넉넉한 시 세계는 우리를 보다 삶의 희망으로 남아 있게 한다. 꽃강물 위로 꽃씨가 망망대해 바다를 향해 가는 매우 힘참을 시를 통해 한껏 펼쳐 보여주고 있다.'라고 했다.

(『남강문학』 2011 제3호)

대숲 같은 기상과 '동심파 시'의 실험성

- 조유로 동시 세계

1. 조심스런 전화

전화를 올렸다. 사모님(이복용 시인)이 받으신다. "저는 아동문학을 합니다. 조유로 시인에 대한 글을 좀 쓰고 싶어서 전화 올렸습니다." 하면서 서두를 꺼냈다. 전화를 하는 도중에도 선생의 불호령 같은 목소리가 들려올 것 같았다.

조유로 시인(1930~2004)은 '아동문학가'라는 용어에 민감한 반응을 보였다. 가家는 아무에게나 붙이는 게 아니라고 하면서, 그에 상응하는 작품을 쓰지 못하면 연령 고하를 불문하고 싸늘하게 대우하거나 비하하는 말씀을 주저 없이 하기도 했으니까. 동시 작품들을 체에 거르면 남는 작품은 얼마나 될까 하면서, 박돈목 동시인(작고)의 「산의 말씀」은 소중히 여겼다고 한다.

조유로 시인은 1950년대 후반에 등단했지만, 활동 시기는 60년, 70년대다. 계간 『한국동시문학』을 창간(2003. 봄)하면서 시대별로 대표 동시인을 조사하여 발표한 바 있는데, 조유로 선생을 60년대 대표 동시인으로 거론했다.

그런데 명성에 비해 작품이 기억나지 않았다. 『한국명작동시』(예림당. 2005)에 「그래요 그래서」가 실려 있을 정도다. 지명도만큼 그의 작품이 거론되지 않은 이유는 무엇일까? 그것은 그의 대쪽 같이 곧은 성격, 문단 아류에 휩쓸리지 않으면서 고고하게 문학 작업을 해왔고, '동심파 시'를 선언하면서 시와 동시의 선을 분명히 긋지 않았고, 더불어 후학들의 무관심도 이유가 아닌가 싶었다.

먼저 그의 뜻과 맞지 않을지라도 작품이 독자의 것이라고 한다면, 독자 가까이에서 한 편이라도 더 기억 속에 남을 수 있도록 소개해야겠다는 마음이 생겼다.

"사모님은 어떤 작품이 대표작이라 생각하십니까?"

사모님도 시인이기 때문에 조심스럽게 물었다.

"'가을 산 소리'가 좋던데요."

하신다. 다시 「가을 산 소리」를 읽었다. '이름을 외우신가/ 가을 산 소리'라는 끝 구절은 가슴을 울리는데, 그 과정이 좀 작위적이라는 생각이 들어 대표작으로 밀어 올리기에는 아쉬움이 남았다. 다시 제3 시집(제2 동시집) 『산 넘어 온 편지』(1963) 에서 「대 숲에는」을 찾았다.

대 숲
에는

대 이파리
만큼

참새가
많고,

강물

에는

강 여울
만큼

붕어도
많고,

원두막
에는

외수박
만큼

할아버지
손주도 많다.

-「대 숲에는」 전문

이 동시는 길이도 알맞다. 조사를 한 행으로 만들어 길어진 부분이 없진 않지만, 내용도 쉽게 전달되고 천진스런 농촌 풍경을 형상화시킨 수법이 변화와 자유를 크게 벗어나지 않아, 누구나 사랑 받을 수 있는 동시의 요건을 갖추고 있었다.

2. 생애와 약력

1930년 11월 21일 경남 창녕에서 태어났다. 창녕 조씨昌寧曺氏 집안의 5형제 중 막내였다.

8대조인 조명옥은 경기도 광주 추천면에 살면서 이천부사로 재임하던 중 병자호란을 만나 순절했다. 이 때문에 증조부인 조병문은 식솔을 데리고 창녕으로 이사를 했다. 증조부는 학자였으며 시집을 두 권이나 남길 정도로 문장이 뛰어났다. 부친 조규철은 부산 한시회 회장을 지낸 문장가로 알려져 있으며, 일제 말기에 중국으로 망명하여 김구金九 선생 휘하에 있으면서 임정기관인 '재중한인재산반입위원장'으로 활동했으며, 광복 후 귀국했다. 모친 김학수는 김녕김씨 집안으로 검소와 절약을 실천하면서, 창녕의 부잣집으로 불릴 정도로 가세를 일으키는데 기여했다.

호적명은 경현庚鉉이며, 아명은 은동銀童, 자는 천필天弼 그리고 필명이 유로有路다. 유로란 길이 있다는 뜻인데, 그 자신이 바른 길을 걷고 있다는 의미를 강하게 나타내고 있다. 3세 때 한문으로 주소를 쓸 정도로 '창녕의 천재'라는 소리를 들었다고 한다. 8세 때 영산소학교에 입학하고, 4학년 때 창녕군에서 실시한 세금 관련 글짓기 공모대회에서 1등을 차지했다고 하니, 글짓기의 재능은 이때부터 발휘하기 시작했다. 해방 후 마산 상업 3년을 졸업하고, 경남중학 4학년에 편입했다. 이때 경향신문 창간기념 전국 중등학생 논문제상모집에서 3등으로 당선되었다고 한다. 이미 그의 가슴 속에는 강하고 억센 대쪽 같은 성품과 문사적 재능의 DNA가 흐르고 있었던 것은 아닐까?

경남고를 졸업하고(1949), 서울대 법학과에 입학했으나 중퇴했고, 동아대 법학과를 다녔다. 여기도 적성에 맞지 않았는지 중퇴했고, 군복무(1951~1952)를 마치고, 중등학교 교원으로 근무했으며, 1957년 자유신문 신춘문예에 「굴뚝의 윤리」가 수석 입상되면서 등단한다. 그해 KBS 서울 중앙방송 신춘문예에 방송극 「이북은 살아있다」가 당선되고, 1958년 자유신문 신춘문예에 동화, 동아일보 신춘문예엔 시조가 각각 당선된다. 1958년에 첫시집 『부동항不凍港』을 상재한다. 이어서, 『하아얀 칠판』(1961), 『산 넘어 온 편지』(1963), 『제목이 없는 동시』((1964), 『씨씨한 시집』(1965), 『노리개 실은 화물선』(1966), 『고만큼 조만큼』(1968), 『부산 부두에 오면』(1972), 『그래요 그래서』(1976), 『나달은 없어도 해는 갔더라』(1986), 그리고 『그 달이 방금』(1989) 등을 상재한다. 그리고 창작동화집 『시인 아저씨와 흰 곰』(1968)이 있다.

이 중에서 『부동항』과 『시인 아저씨와 흰 곰』을 제외하면 모두 동시집이다. 그러나 동시집이라고 하지 않고 시집이라고 명명했으며, 제11 시집 『그 달이 방금』에서는 '동심파 시집'이라고 하면서, '동심파'라는 독자적이고 실험적인 문학영역을 개척했다.

3. 60년대와 문학, 그리고 그의 삶

교사 생활. 대학 강사, 신문 잡지 기자, 서울 MBC 문화방송(주) 상임 기획위원, 부산MBC 문화방송(주) 부설 가야문화 연구소 자문위원 등으로 근무했지만, 60년대에 들어서 더욱 열성적이고 성숙한 문학 활동을 한다. 그러나 제2시집(제1동시집) 『하아얀 칠판』 이후 계속 동시집을 발간했으니, 시에서 동시로 문학의 본령을 바꿔버린 것은 아닐까? 이에 대하여 박경용 시인은 '그의 타고난 체질이기도 한 저항적 시정신을 성인시로 형상화하기에는 스스로 많은 시련에 부딪쳐야 함을 자각한 끝에, 그는 동시에로의 전신轉身을 꾀하였던 것이다'라고 말한다.

잠시 60년대의 문학을 살펴보자. 이 시기의 시는 크게 참여시와 순수시로 대별될 수 있다. 현실 참여와 순수 지향이라는 두 경향은 '참여'와 '순수'라는 논쟁을 본격화하면서 각기 영역을 확보해간다. 특히 현실참여주의자들은 4·19와 5·16 이후 시의 현실 참여를 제창하고 이를 실현하고자 한 움직임을 시작했다. 시가 사회 현실을 직시하고, 시민 의식을 바탕으로 하여 사회의 부조리에 대한 고발과 비판의 기능을 수행해야 한다고 주장했다. 따라서 시인은 현실에 대한 비판적 지성이 되어야 한다고 했으며, 강인한 참여 의식, 건실한 역사의식, 냉철한 비판 의식을 지닌 시들을 발표했다.

「부동항」은 얼지 않는 항구인데, 당 시대 현실이 얼어붙은 항구였다. 그런 항구에서 사람들은 살아가려고 발버둥치고 있고, 마지막 피를 쏟는 정열로 서로 마음의 배를 띄워 부동항을 만들어가자고 한다. 「굴뚝의 윤리」도 자신의 기질을 굴뚝에 비유한 참여시였고, '바람이 부는 날은 한 가닥/목을 놓고/피리를 분다'고 표현한 「고목」에서도 저항의 의지가 강하게 나타난다. 시는 저항과 대쪽 같은 그의 기질과 딱 맞아 떨어졌다고도 할 수 있다. 그런데 4·19와 5·16을 체험하면서 저항의 불길이 더 강해졌다. 그 기질은 일상 언어에도 나타났기 때문에 지인들도 그를 두려운 존재로 여겨 멀리하기도 했다. 그러나 조유로 선생은 '시를 쓰는 사람이 어찌 혼돈된 세사에 마음을 굽히랴' 하며 맞섰고, '시인 중에는 나 같은 사람 하나쯤은 있어야 한다'고 스스럼없이 주장하기도 했다.

그런 시점에 동시로의 변신은 상당히 아이로니컬한 일이 아닐 수 없다. 저항적 기질을 가진 그에게는 성인시가 훨씬 그를 대변하기 좋았을 텐데, 굳이 저항의 그릇으로는 부족한 동시로 등장한 것은 무슨 이유일까? 과연 성인시로 형상화하기에는 많은 시련에 부딪쳐야 함을 자각했기 때문일까?

이 점에 대해서는 상당히 역설적 해석이 가능하다. 저항과 참여와 울부짖음과 상처와 고통과 괴로움 등을 시로 표현했다면 그것은 어쩌면 피울음이 흥건한 것일지도 모를 일이었을 것이다. 그는 그 시대의 피해자였기 때문에. 그러나 그 차원을 넘어서 절정의 흥분을 진정시키고, 여유를 갖게 하는 안정제 역할을 동시라는 문학에서 찾은 것은 아니었을까?

4. 굳이 아동문학가라 할 것인가

해탈의 경지를 벗으면 대자유라고 하던가. 어쩌면 조유로 시인의 동시는 저항의 울부짖음을 극복하고 비로소 대자유처럼 알알이 영글어 나타난 보석 같은 것이었다. 그러나 아동문학가라고 지칭하지 않았다.

> '나를 두고, 흔히 더러 많이, 아동문학가라 한다. 하긴 그 동안 아이들 보기의 시를 주로 많이 써 왔으니 그런 말도 될 줄 알지만, 사실인즉 내 자신은 여태껏 잠시라도 내가 아동문학을 한다거나 또는 하고 왔다는 생각을 하여본 적이 없다.'
>
> - 9 시집(제8 동시집) 『그래요 그래서』 서문 일부

그러고는 다음과 같이 말한다. '아동문학을 한다는 사람들 가운데는 나의 시를 두고 아동에게는 어렵다는 말이 오간 적도 있다. 이는 내가 아동만을 대상으로 시작을 하고 있는 줄로 잘못 알고 짚은 말이다. 한편, 일반 시인들은 그들대로 내가 전혀 저들과 같은 한자 있는 시를 쓰지 않는다고 하여, 신춘문에 시부 출신인 나로 하여금

시인의 명렬名列에서마저 빼놓게까지도 했던 것이다. 이는, 소재와 대상을 구별하지 못한 데서 기인하는 오해이다'라고 했다.

이 서문에 그는 한자 있는 시를 쓰지 않았을 뿐이지 동시를 쓰지 않았다고 밝히고 있다. 그러면서 소재와 대상을 구별하지 못한 무지들을 안타깝게 바라보고 있었다고 할까. 그러나 아동만을 대상으로 하는 시작을 하고 있는 줄 잘못 알고 있는 바람에 시인의 명렬에서 빠져버린 일도 당한다. 시와 아동문학을 구별 없이 소화하는 동안에 시인으로서, 아동문학가로서 입지는 점점 좁아지고 말았다. 어느 한 쪽을 선택하라면 시인이 더 어울렸으리라 본다.

시어들이 쉽고, 리듬이 살아있고, 천진스럽고, 동심이 느껴지는 작품들도 그 속에 들어있는 정서들이 철학적 메시지거나, 주제를 쉽게 노출시키지 않는 시적 무게감이 느껴지도록 장치를 해놓았다. 그러니까 동시처럼 보여도 오히려 시적 요소가 강한 동시 같은 시라는 느낌을 받았다. 또한 한결같이 아동문학가가 아니라고 하지 않았는가. 굳이 동시인으로의 편입을 고집할 필요는 없겠지만, 그의 문학적 입지를 분명히 하기 위해 선을 그어두는 것이 바람직하지 않나 싶다. 조유로 시인은 아동문학가다. 이미 그렇게 인식하거나 인정하고 있으니까.

> 아가 말은/ 햅쌀 같이/ 보이공.//
> 언니 말은/ 콩팥 같이/ 들리공.//
> 누나 말은/ 좁쌀처럼/ 보이공.//
> 엄마 말은/ 그렇지/ 늦보리 같공.//
> 아빠 말은/ 키를 닮아 /기장만 같공.//
> 그런데/ 그런데/ 그런뎅.//
> 하루에도 세 끼/ 말로 밥을/ 한다명.//
> 차곡 차곡/ 오곡 밥/ 이 여름동.//

하루가/ 한 해도록/ 가을일 것잉!

-「제목이 없는 동시」 전문

'끝말에 <ㅇ>이 붙은 것은, 아기들의 애교 있는 귀염말'이라고 주석을 달아놓기도 했다. 그러니까 이 동시는 귀염말로 실험을 한 것이지 무엇을 이야기하려는지 알 수 없다. 다만 말로써 밥을 지어 먹으면 이 여름도 가을처럼 하루가 한 해만큼 즐거울 수 있겠다는 은유적 메시지가 느껴질 뿐이다. 또한 표준말, 문법, 띄어쓰기 등에도 얽매이지 않았고, 표현의 효과와 개성미를 살리려고 조어도 사용했다.

이런 실험시들이 독자와 소원하게 되는 요인이기도 하지만 형태적 미를 살리기 위해, 암시와 강조를 위해, 시각적 여백을 확보하기 위해, 또는 리듬을 살리기 위한 동시의 천착 행위로 파악하는 것도 의미가 있으리라. 그래서 신현득 시인은 자유 동시 성장기(1960~976)에서 '성장을 위한 실험시'로서 조유로 시인의 동시를 무게 있게 다루고 있다.

5. 동심파 시의 선언

계간 『아동문학평론』 제25호(1982. 겨울)에 '조유로 특집'이 실린다. 이 때 자선시 21편을 발표하고 열아홉 가지 형태의 실험을 했다고 밝힌다.

(1)최초의 산문시형-제1 동시집 『하아얀 칠판』의 「일학년 교실처럼」
(2)시동화형-위의 책 「바위 속에는」
(3)무의식(동심) 모더니즘형-위의 책 「고목」

(4)애가형-제2 동시집 『산넘어 온 편지』의 「빨간 장갑」
(5)서정형-위의 책 「가을 산소리」
(6)맥운을 살려 쓴 시형-제3 동시집 『제목이 없는 동시』의 「제목이 없는 동시」
(7)현실 참여의 시형-위의 책 「가을 산소리」
(8)편지 시형-제4 동시집 『씨씨한 시집』의 「서울에 오면」
(9)현실시-제5 동시집 『노리개 실은 화물선』의 「사이소 소리」
(10)아이들의 말에서 되는 시형-위의 책 「오! 참 그렇구나」
(11)속담 인용형-위의 책 「가을②」
(12)아이, 어른 함께 보아도 좋은 시형-제6 동시집 『고만큼 조만큼』의 「아하! 그런 때는」
(13)어른 시에의 접근을 위한 시형-위의 책 「스물 한 이틀」
(14)낡은 주제도 쓰기에 따라 좋은 시가 되는 유형-제7 동시집 『부산 부두에 오면』의 「우체부 아저씨」
(15)상징시형-위의 책 「바람이 없는 날도」
(16)새 형식형-제8 동시집 『그래요 그래서』의 「아빠 보고 다 모두 다아 말을 탕탕 놓더라」
(17)아이들을 위한 민요시형-위의 책 「개야 개야」
(18)비유로 되는 시형-제9 동시집 『나달은 없어도 해는 갔더라』의 「서울 귀뚜라미」
(19)마음의 눈으로 되는 시형-위의 책 「가을 비」

앞 장에서도 언급했지만 실험을 목적으로 해서 쓴 작품이 많다는 점을 알 수 있다. 내용면의 실험 뿐 아니라, 형식면으로도 실험을 했음을 알 수 있다.

어쩌면 이런 실험시형들도 그에게는 '동심파 시'를 위한 것이었다. 제11 시집(제10 동시집) 『그 달이 방금』에 이르러 '동심파 시의 선언'을 한다. 이 선언으로서 그의 동심과 동시관이 드러나게 되고, 동심파 시의 문학성을 옹호하고 강조하면서 그의 동시론도 드러난다. 그 내용은 다음과 같다.

(1)동심이 아니라 인간이 최초로 가졌던 순수한 마음 곧 천심을 다룬 시
(2)경이를 모티브로 하는 직관의 시
(3)아이에로 자람, 즉 인간 원심에 접근을 추구하는 시
(4)아이의 행동처럼 감정대로 표현하는 가장 자유로운 시
(5)평화 실현을 위한 참여(그러나 문학성을 전제로 한)의 시
(6)어른의 동국童國 실현을 위해 정의성 문학의 추구와 실천을 마지막 목표로 하는 시

'동심파 시'라는 문학은 그의 적성에 맞게 표현한 것이겠지만, 장르의 개념이 아니고 시의 한 갈래가 아닌가 싶다. 이를 분석하면 (1)에서 (4)까지는 순수서정시 또는 서정시이고, (5)와 (6)은 참여시의 경향이 강하다. 그렇다면 '동심파 시'는 인간의 본성에 충실하면서 현실을 외면하지 않는 것이다. 그러나 첫 시집 『부동항不凍港』에서는 참여시의 경향을 보였지만, 두 번째 시집부터는 동심의 눈높이를 감안한 순수시의 경향으로 나아갔다. 그렇다면 '동심파 시'는 현실참여와 순수의 경계를 자유롭게 넘나든 것이 아니라, 동심이라는 순수성을 지향한 것이라 할 수 있다.

황선열 문학평론가는 그의 평론 「'동심파 시'의 실험성과 방법론 연구」(경남문학관. 2010)에서 '동심파 시'는 몇 가지 재고의 여지가 있다고 평설하고 있다. '동심파 시'는 시의 본질적 측면에서 볼 때, 서정시와 동시의 범주를 아우르고 있다. 그런데 굳이 '동심파 시'라고 명명하면서 그 실험성에 매몰되어야 할 필요가 있었는지에 대해서 의문이 제기된다. 그의 '동심파 시'는 형식적 방법의 새로운 실험을 꾀하면서 오히려 그 시적 의미를 훼손시키고 있다는 점을 간과하고 있는 것이다. 시적 방법론의 새로움은 낯선 기교주의 때문에 소통의 구조가 막힐 수 있으며, 그것은 오히려 자기 위안으로서

의 문학에 빠질 수 있는 위험성이 있는 것이다. 그가 시집을 한정본으로 발간한다든지, 고의로 높은 값을 매기는 것은 시적 의미가 뛰어나기 때문에 그렇게 한 것이라고 말할 수도 있지만, 반대로 소통의 구조를 차단하고 자기 위안으로서의 사회 문학으로 나아가기 위한 수단이었다고 말할 수도 있는 것이다.'라고 했다.

또한 조유로의 시는 언어의 해체와 기호의 도입과 같은 극단의 실험 형식을 취하지 않으면서도 끊임없이 형식과 내용의 방법론적 일탈을 꾀하고 있다. 이것은 문학의 본질을 벗어나지 않으려는 그의 노력이라고 할 수는 있지만 다른 한 편으로 생각하면, 그의 문학은 '언어의 감옥'에 갇혀서 그 이상의 새로운 시도를 취하지 못한 채 미완의 실험 문학으로 끝나고 말았다고 할 수도 있다'라고 했다.

문학은 독자와 작가의 소통을 전제로 하기 때문에 작가는 치열하게 고민하고, 형상화하여 독자들이 공감하는 예술로 승화시켜야 한다. 이 점에서 '동심파 시'는 자기만의 새로운 방법론을 시험하면서 독자들을 염두에 두지 못한 점이 있었지만, 새로운 시적 방법론을 제공하려고 노력한 점에서 긍정적인 측면도 간과할 수 없다.

6. 대 숲 같은 선생을 기리며

현재 대표작으로 널리 읽히고 있는 「그래요 그래서」는 다음과 같다.

사이좋게/ 내려요/ 사이좋게/ 비켜 나요//
비 아기/ 신나는/ 뜰을/ 보셔요.//
앞서 내린/ 빗방울/ 비켜 난/ 자리//

고 자리/ 내리고/ 비켜 나고/ 내려요.//
고 마음/ 되되풀이/ 사이좋은/ 비 동무//
그래요/ 그래서/ 비 오는/ 소리//
사이좋게/ ―또!/ 사이좋게/ ―닥!

-「그래요 그래서」 전문

이 동시는 『한국명작동시』 외에도 『한국명작동시마을』(아동문예. 1994)에도 실려 있다.

조유로 시인의 실험 동시들은 아직 실험이 끝나지 않았는지 모른다. 그의 '동심파 시'는 행갈이의 새로움, 장르의 경계 넘나들기, 새로운 시어의 사용 등 실험을 통해 동시문학의 다양한 지평을 열었다는 분명한 의의를 찾을 수 있다. 그러나 보편성을 획득하기 위해서는 연구와 관심이 더 필요하리라.

선용 시인이 조유로 시인을 회고한 내용이 부산아동문학카페 '부산아동문학의 맥-선용 선생 편'(김문홍 동화작가 대담)에 실려 있다.

'조유로 선생님과 함께 따라다니는 말은 아주 특별하다, 기인이다, 별나다, 보통 아니다, 말이 많고 독설가이다, 옹고집 똥고집, 등등의 수식어가 항상 붙어 다닐 정도로 특이한 분임에 틀림없습니다. 하지만 저는 그분에 대해 기발한 아이디어, 다재다능, 대단한 통찰력, 불타는 정의심, 표리부동하지 않고, 명암 그리고 호불호가 너무나 뚜렷한 분이라 생각합니다. (중략)

특히 아동문학은 순수한 동심을 강조하셨고, 순수하지 않은 동심, 동심 같은 가짜 동심, 흉내와 표절은 용납하지 않았습니다. 선생님이 어린이를 얼마나 생각하느냐 하면 6×20의 선생님만의 원고지를 보면 아실 겁니다. 어린이의 짧은 호흡까지 생각하며 시를 쓰시고, 후배들에게 "이름을 가려도 그 사람의 시임을 알 수 있는 시를 쓰라!" 하셨는데 과연 이름을 가리고 그 사람의 글이란 것을 알 수 있는 작가가 우리나라에 몇이나 될까요? (중략)

선생님은 항상 고고하게 지내시면서 우리 문인들에게 귀감이 되는 참 문인, 참 시인이라 평가하고 싶습니다.'라고 했다.

그의 동시들도 '대 이파리/ 만큼/ 참새도/ 많고// 강여울/ 만큼/ 붕어도/ 많고// 원두막에는/ 외수박/ 만큼// 할아버지/ 손주도/ 많아'질 만큼 진정으로 사랑을 받을 날이 꼭 오리라 믿는다.

(2019. 시민문예강좌 『부산작고문인작품집』)

한결같은 삶에 대한 옹호

- 박돈목의 동시 세계

1.

성지곡 수원지를 지나 백양산 쪽으로 가다보면 '시가 있는 숲'을 만난다. 산책에 어울리는 시비詩碑가 서 있다. 플라스틱, 금속류거나 널빤지 따위에 새겨놓은 것이 아니다. 키 높이 정도의 바위에 새겨 놓았으니, 시의 무게감이 느껴진다. 시를 읽다보면 새삼 놀라움을 감출 수 없다. 김소월의「산유화」, 이은상의「심산풍경」, 노천명의「사슴」, 김남조의「산에게 나무에게」, 박두진의「낙엽송」, 조지훈의「완화삼」, 박화목의「산여울」, 이형기의「나무」 등등…. 이름만 들어도 한국에서 내로라하는 시인들이다. 그 속에 박돈목(1922~2002)의「산의 말씀」이 서 있다. 당당히 어깨를 나란히 하고 있다.

산의 말씀은
작년에도 올해도
꼭 같은 말씀.

솔바람 소리도
산의 말씀,

바위 밑에 꼴꼴
흐르는 개울물 소리도
산의 말씀,

붉게 타는 진달래도
산의 말씀,

산의 말씀은
작년에도 올해도
꼭 같은 말씀.

-「산의 말씀」 전문

그의 대표작이다. 수미상관법을 이용하여 안정된 형식을 보여주고 있다. 낯설거나 어려운 시어도 보이지 않는다. 솔바람 소리, 개울물 소리는 물론 붉게 타는 진달래가 모두 산의 말씀이란다. 의인법은 자연을 반려자로 보는 의인관에서 발생한다. 아마 작년에도 올해도 변함이 없다고 한 산의 말씀은 한결같이 살아온 삶을 동경하거나 그런 삶을 옹호하고 있는 그의 의인관에서 비롯했으리라.

조유로 시인은 동시 작품들을 체에 담아 거르면 「산의 말씀」은 남을 거라며 호평을 하기도 했다.

2.

기록이 많지 않다. 그나마 소민호 동화작가의 「봉래산 붙박이 시인」(2018. 시민문예강좌 『작고문인재조명』)과 김상남 동화작가의 「시가 있는 바닷가와 시인」(부산아동문학인협회연간지 『바다라는 책』. 2006)이 있을 정도다.

1922년 밀양에서 태어났다. 김상남은 그의 청소년시절의 이야기를 '기차를 타면 만주 벌판을 지나 시베리아까지 갈 수 있고, 부산으로 가서 부관연락선을 타서 일본을 거쳐 미국으로 갈 수 있겠다 싶었다. 그러나 집에서는 밀양농잠학교를 나와 농삿일이나 하자고 했다. 할아버지가 한 때 현감(지금의 면장)을 지냈기에 이 고을에 뿌리내리며 사는 게 좋겠다는 거였지만 일본이 조선을 병탄한 후에는 가세가 기울어 부칠 땅도 넓지 않았다.

박 소년은 서당공부를 하다가 20리나 떨어진 초등학교에 2학년으로 입학하고는 다음에 4학년으로 건너뛸 만큼 영특했다. 특히 일본말을 잘했고, 일본 소본책 읽는데 취미를 붙였다. 일본의 욱일상업학교에 다니면서도, 부기, 주산 과목보다 어학에 더 열을 올렸다. 웬만큼 일본생활에 이력이 생겼고, 내친김에 조선 학생들이 많이 다니는 입명관대학 예과에 들어갔는데 고향에서 편지가 날아든다.

태평양 전쟁이 터진 지 어언 2년, 조선의 유학생들은 학병으로 전쟁터에 가게 되니 부모와 잠시라도 같이 살자는 애틋한 사연이었다. 일본을 위한 총알받이가 되느니 고향에서 농사지으며 야학을 여는 게 옳겠다고 여겨졌다.'라고 적었다.

한국 유학생들의 삶은 편한 것은 아니었다. 신문배달, 공장 노동자나 가게 점원과 같은 일용직 노동을 하면서 학비를 벌었다. 그도 학비를 벌기 위해 일용직 노동을 할 수밖에 없었다.

귀국 후, 곧장 일자리가 생겼다. 마산시청이었다. 당시 어업을 하는 정씨 가문의 청혼을 받아들여 결혼도 한다. 얼마 후, 한국전쟁이 터져 나라가 뒤숭숭해졌지만, 영어를 잘해서 통역관으로 미군들과 생활하기도 했다.

부산 영도 신선동에 한산여자중학교가 개교한 것은 1952년이었다. 장인어른은 그에게 그의 사업(어업 계열)을 물려주고 싶었지만, 교사가 적성이라고 생각하고 이 학교를 소개했다. 영어 통역관 생활이 자격증 습득에 영향을 주었으리라. 당시에는 학교 행정의 체계가 잡히지 않았을 때였기 때문에, 영어, 국어, 공민, 국사 등 여러 과목을 가르쳤다고 한다.

이 학교는 1954년 남도여자중학교로 개명했고, 학교장으로 1986년 명예퇴임했다. 한 학교에서 30여 년을 근무한 것은 사립학교였기 때문에 가능했지만, 그의 '한결같은 삶'의 모습이 아니었을까?

1960년대 부산에는 이주홍, 최계락 그리고 조유로 등 한국을 대표할 만한 아동문학가들이 활동하고 있었다. 이들과 함께 활약하기 시작한다. 1954년 부산일보(10월 17일자)에 시 「야국野菊」, 「면화棉花」 그리고 「봉숭아」 등을 발표하고, 1956년에는 '시영토' 동인으로 활동하면서 본격적으로 문학 활동을 시작한다. 1963년에 『가톨릭소년』 지에 동시 「갈꽃」 등을 발표하면서 아동문학가로 데뷔한다.

저서로는 동시집 『오동잎 우산』(아성출판사. 1969년), 『살여울에 송사리』(시로출판사. 1985), 『아름이와 나』(빛남. 1992) 그리고 『할아버지 옛동산』(빛남. 1996) 등이 있다. 1991년에는 제4회 우봉문학상을 수상한다. 첫 동시집의 표제작 「오동잎 우산」은 다음과 같다.

> 또래 동무 내 동무/ 함께 모여서/ 구름 가린 하늘에는/ 햇빛 없는 날. //
> 보리 피는 보리밭에/ 깜부기 뽑을 때/ 빗방울이 뚝뚝/떨어지며는//
> 오동잎을 따서/ 우산 만드니/ 죄그만 꼬마 우산/ 오동 잎 우산. //
> 빗가락은 흥겨운/ 손가락이 되어/ 오동잎 우산은/ 뚜뗑뗑 뚜뗑뗑/ 가야금 되고요. //
> 빗방울 방울방울/ 굵어지면서/ 오동잎 가야금이/ 힘이 지치면/ 오동

잎 큰 나무/ 큰 우산 밑에//
또래 동무 내 동무/ 어깨동무하고/ 깜부기는 던지고/ 비를 피했지.

-「오동잎 우산」 전문

3.

부산아동문학인협회 카페 '부산아동문학의 맥' 방에 '선용 시인 편'(김문홍 대담)이 실려 있다. 선용 시인은 박돈목 시인과 관련하여, '60년 대 후반으로 생각되는 어느 날, 서울에서 우연히 고등학교 은사인 김봉진(화가, 수필가) 선생님을 만났죠. 이야기 중에 외국문학 작품을 번역하고 있다고 했더니, 부산에 이주홍, 조유로, 박돈목 선생님이 계시는데, 아동문학의 원로라 꼭 만나서 인사를 올려라 하셨습니다. 시간을 내어 당시 영도의 남도 여중에 근무하는 박돈목 선생님을 찾아갔죠. 그 뒤로 박 선생님과 남포동의 보리수 다방에서 자주 만났는데 하루는 얼마 전에 포항에서 부산으로 온 아동문학가가 있는데 함께 만나보자고 했습니다. 바로 동화작가 정진채 선생님이었습니다. 그 이후 세 명이 자주 만났는데, 정진채 선생님이 부산에 아동문학에 관심 있는 초등학교 선생님이 몇 분 있는데 모임을 갖는 게 어떻겠냐고 제의했습니다. 의견이 일치되어 이주홍, 조유로 선생님을 고문으로 모시고, 박돈목 선생님이 회장, 정진채 선생님이 사무국장, 저는 총무, 이렇게 하여 모임을 가졌습니다. 그 때 김종목(김향) 시인, 노금섭, 김용석, 조청차랑, 얼마 뒤에 KBS 황하주 선생까지 합류했지만, 다들 직장일로 모임이 잘 되지 않았는데, 2년 뒤쯤 다시 모여 정진채 선생님이 회장이 됨으로써, 동인

모임에서 명실공히 부산아동문학회가 탄생되었고, 얼마 뒤 김상남, 김문홍 선생님 주축으로 부산아동문학가협회가 설립되어 각각 활동하다가 향파 이주홍 선생님의 주선으로 두 단체가 합하여 오늘의 부산아동문학인협회가 되었'다고 회고하고 있다.

부산아동문학회 이야기는 주성호 동시인의 「부산아동문단의 어제와 오늘」(『부산문학사』 부산문인협회. 1997)에서도 밝혀놓고 있다. '부산아동문학회는 처음 네 사람(정진채, 김향(김종목), 선용 그리고 주성호)이 뜻을 모아 1972년 3월 박돈목 초대회장을 모셔 출범했으나, 부산의 원로작가 등이 참여치 않은 점 등 부딪친 상황을 헤쳐 나가지 못하고, 다음 해 1973년 2월 10일 재발족의 과정을 거치게 된다. 이주홍, 조유로 시인을 고문으로 모시고, 정진채가 회장을, 선용이 사무국장을 맡았으며, 심군식, 김상련, 공재동, 안수희, 김용석, 박원돈, 신택용, 강태기, 이금옥, 황화주, 최향숙 그리고 김용호 등이 합류하여 명실상부한 문학 단체로 출발하게 된 것이다.'라고 했다.

그는 부산아동문학회의 감사 및 동시분과 위원장을 맡았다. 부산아동문학회는 9월에 연간집 『부산아동문학』을 창간하고, 3호까지 발간하면서 활동하지만 분열이 일어난다. 1977년 9월 광복동 목마화랑에서 '부산아동문학가협회'의 창립총회가 있었다. 회장은 김상남, 부회장은 박원돈, 한정규, 상임이사에 김문홍으로 임원진을 구성한다. 이들은 아동문학선집 『하얀 뱃고동』(문성출판사. 1979) 등을 출간한다.

1984년에 이르러 두 단체는 '부산아동문학협회'라는 이름으로 통합한다. 회장은 이주홍이었다. 이 단체가 '부산아동문학인협회'로 발전하면서 현재에 이르고 있다.

그는 두 단체에 우호적이었다. 『하얀 뱃고동』에도 「산의 말씀」

외 6편의 동시를 발표하기도 했으니까. 순박하고 온화한 성품이었기 때문에 앞에 나서는 것보다, 화합의 모색을 위한 조용한 밀어주기를 택하고 있었던 것은 아니었을까?

거기에 실린 동시 한 편 옮긴다.

> 개울에는 맑은 물이/ 통댕통댕 목금 치는 소리.//
> 개울에는 맑은 물이/ 뚱뎅 뚱데뎅뎅/ 장구 치는 소리.//
> 개울에는 맑은 물이/ 골 골 골/ 씨암탉 알암는 소리.//
> 개울에는 맑은 물이/ 팔랑팔랑 하얀 리봉//
> 개울에는 짝짝/ 청개구리의 즐거운 소리.//
> 개울에는 맑은 물이/ 상냥한 할머니의/ 손이 되어/ 돌 어르는 소리.
>
> -「개울에는」 전문

4.

> 태평양 파도/ 태풍이 바로/ 치닫고 밀어 붙일 때,//
> 영도 봉래산이/ 버티고 앉아서/ 가로 막으니 항구가/ 된 것 아닌가.//
> 영도 봉래산이/ 미쳐 날뛰는 물기둥/ 파도를 막아주지 않으면/ 드나드는 배들을/ 어찌 얌전히 감싸 주겠나.//
> 영도 있고 항구인 것을/ 영도 있고 부산인 것을/ 두 말 할 것 있나.
>
> -「영도 있고 부산」 전문

영도 봉래산이 태풍을 막아주고, 미처 날뛰는 파도를 막아주니까 부산의 항구가 이루어졌다고 했다. 영도와 봉래산에 대한 자긍심이 대단하다. 봉래산 정상엔 영도를 지켜준다는 삼신 할매바위가 있다. 어쩌면 그도 봉래산 할매바위처럼 영도의 붙박이가 되어 영도를 지켜온 것은 아닌가.

영도문학회가 창립된 것은 1997년이다. 초대회장을 맡고 『절영문예』를 창간한다.

태백의 멧줄기 남으로 남으로
내달아 용두에서 멈추다.

앞바다는 대양의 자락
허허롭고 거칠은 물굽이를 그냥 놓아두지 못해
그 산맥의 정기를 한차례 힘주어
봉래산을 앉혀 뜻있는 섬으로 점지하였기로
은혜로운 항구를 마련하였다.

일찍이 찌르릉 찌르릉 말 떼들도
즐거이 뛰놀던 보금자리였던 곳.

지금은 거함巨艦을 만드는 굉음轟音이 힘찬데
우람한 기중기도 가볍고
노란 헬멧 역군들의 눈빛은
부를 일구는 내일의 기약

항구를 들고 나는 미더운
눈앞의 화물선을 보아라

이제는
하늘도 우리의 것, 바다도 우리 것
의젓한 섬이여, 자랑스런 항구여
아! 보람의 영도여.

-「영도찬가」 전문

태백산맥이 용두에 머물고, 그 정기로써 다시 한차례 힘을 주어 봉래산이 이루어졌다고 한다. 그런 영도니까 자랑스럽다. 조선소의 굉음, 내일을 일구는 산업 역군들의 눈빛, 항구를 드나드는 화물선

등 영도는 활기차고 힘이 솟는다. 그러니까 하늘도 바다도 영도를 위해 존재한다.

그는 남 앞에서 허튼 소리를 하지 못한다. 자신을 내세우는 것도 경우가 아니라고 여겼기 때문에 『절영문예』를 창간하면서도 책의 앞 페이지에 그의 명함도 넣지 않았다. 「영도찬가」로써 창간사를 대신한 것일까? 그래서 소민호는 「봉래산 붙박이 시인」이라고 하면서 '남에게 싫은 말 못하고 조용히 살기를 원했'다고 했고, 김상남은 '여리면서도 속은 단단했던 시인'이라고 했다.

5.

『할아버지 옛동산』은 제4 동시집이다. 서문에 실린 글은 그의 아동문학관이다. 일부 옮긴다.

'예술 과목을 학교나 학원가에서 얼마나 경시해 왔던가. 아이들의 정신적인 성장은 어떠한 상태인가 궁금하지 않을 수 없다. 메스미디어의 범람으로 심성이 올곧은 단계로 배양 발달되고 있는가 걱정거리가 아닐 수 없다. (중략) 아동물에 있어서도 비디오, TV 프로, 만화 등 방송매체의 영상물에 빠져들어 그들의 심성에 동시, 동화 따위가 먹혀들 것인가, 매우 서글픈 상황이라고 생각한다. (중략) 아동들은 어른들보다 후각, 미각, 촉각이 더 예민하다. 그러나 한편 아동은 사고력이 약하고 이성의 발달도 미숙하여 그들의 구미를 맞추기란 매우 어렵고, 구성상의 한계와 폭이 퍽 좁은 것이다. (중략) 예술에는 특히 완성품이 없지 아니한가. 끝없는 모색이며, 한 개인의 일생을 두고 개척해 가야 할 과제가 아닌가 한다.'

예술 과목이 경시되고, 메스미디어의 범람으로 아동들의 인성 교육이 제대로 되지 못하고 있는 현실을 걱정했고, 방송매체의 영상물에 빠져들고 있는 아동들에게 문학교육이 필요하지만, 아동문학이 제대로 본령을 인식하지 못하고 있는 것과 아동들의 사고력이나 이성의 발달에 기여하지 못하고 있는 것을 아쉽게 생각한다. 그래서 예술가로서 끝없는 모색과 개척의 길을 걸어야겠다는 포부도 밝히고 있다.

나옹선사(1262-1342)의 시 「청산은 나를 보고」는 널리 회자되고 있다.

> 청산은 나를 보고 말없이 살라하고
> 창공은 나를 보고 티 없이 살라하네
> 사랑도 벗어놓고 미움도 벗어놓고
> 물같이 바람같이 살다가 가라하네
>
> \- 나옹선사 「청산은 나를 보고」 1절

산은 나를 보고 말없이 살라 한다. 사랑도 미움도 벗어놓고, 성냄도 탐욕도 벗어놓고, 물같이 바람같이 살다가 가라고 한다. 어쩌면 「산의 말씀」은 이 시의 후속편이 아닐까? 청산처럼 살아온 한결같은 삶을 옹호하는 산의 말씀을 전하고 있으니까.

초임해서 퇴임까지 줄곧 한 학교에서 근무했다. 교직을 떠나 다른 삶은 상상도 하지 않았고, 학생들과 생활하는 것이 즐거움이었다. 그랬으니 「산의 말씀」은 한결같은 삶의 변호였다.

소민호는 '산은 큰 변화를 원치 않는다. 그냥 품고 있는 솔바람 소리와 개울물 소리와 새 소리, 그리고 해마다 잊지 않고 피는 산꽃들이 그대로이기를 원한다. 그게 산의 모습이며 그 소리들이 곧 산의 말씀인 것이다. 그래서 산은 믿음이 간다. 이게 준엄함과 살가움과 변함없는 모습을 지니고 있는 산을 닮고 싶은 시인의 마음이며, 모든 이들의 바람이 아닐까 싶다.'라고 했다.

산은 새와 짐승의 안식처이며, 솔바람 소리와 개울물 소리도 있다. 붉게 타는 진달래도 있다. 모두 산의 말씀이다. 그 말씀대로 산처럼 꿋꿋하고, 차분하고, 한결같이 일관된 삶을 살아온 것이다.

(『영도문학』 2020 第16호)

동시의 생명력과 건강한 상상력

- 주성호 동시선집『동시야 놀자』

1. 동시의 힘으로

"선생님! 완쾌되지는 않습니까?"

"현대 의학으로도 아직 불가능하다네요. 다만 환자의 노력 여하에 따라 속도를 늦출 뿐…."

순간, 내 눈시울이 붉어졌다.

2010년 1월, 부산아동문학인협회 총회에서 그와 나눈 대화였다. 그는 사모님에게 의지하여 참석했고, 그 이후로는 공식적인 행사에 참석하지 못했다. 병마에 시달리고 있기 때문이다. 이미 방향감각도 상실했고, 감독과 보조가 없으면 신체적인 문제가 발생할 정도로 심각한 상태다.

조금씩 자신이 상실되어가고 있지만, 아직도 주옥같은 동시들을 발표하고 있다. 그를 모르는 이는 건재하고 있구나 생각하겠지만 그게 아니다. 오직 동시라는 문학이 그의 상상력과 삶의 의욕을 붙잡고 있는 것이다. 한 편 한 편이 생명의 불꽃이다. 동시가 그의 삶의 끈을 붙잡고 있는 것을 알면 동시가 얼마나 거룩한 문학인지 알 수 있을 것이다.

계간 『어린이 문예』(2009. 여름)에 최영희 동화작가는 주성호 동시인의 고향(창원시 신곡마을)을 동행 취재한 기사를 실었다. '동심의 고향을 찾아서'다.

주성호(1947~2014)의 동시집은 6권이다. 1972년 『아동문학』지로 등단한 이후, 『꿈나라의 집』(1974), 『숲에는 바람이 살고 숲에는 별들이 살고』(1985), 『별똥별』(1992), 『일등은 쓸 수 없는 시』(1994), 『봄 여름 가을 겨울』(2006) 그리고 『동시야 놀자』(아동문예. 2009) 등이다. 최영희는 그 글에서,

'시인은 37년의 문단활동 동안 총 6권의 동시집을 발간했다. 그것에 대해 어떤 사람은 너무 과작이 아니냐고 말할지도 모른다. 그러나 역량과 관계없이 수많은 작품집이 경기장 깃발처럼 펄럭이고 동시와 동화가 한 권의 책으로 발간되는 이즈음, 필자는 땅 속에 매몰된 태고의 식물이 다 같이 열과 압력을 받았지만, 어떤 것은 석탄이 되고, 어떤 것은 금강석이 되지 않느냐고 말하고 싶다.'라고 적었다.

제6 동시집 『동시야 놀자』는 동시선집이다. 일부 신작도 들어있다고 했다. 총 100편의 동시를 다섯 마당으로 나누어 실었고, 부록으로 '주성호 동시집에 부쳐'에는 공재동의 발문과 그 동안 그의 동시집에 대한 평론의 글을 모아 실었다. 분량도 230페이지가 넘었다.

이 동시집의 서문에 '동시는 박하사탕과 같은 것입니다. 동시는 나에게 청량제요 활력소 역할을 다해줍니다. 동시를 생각하고 동시를 창작할 수 있다는 것은 나에게 얼마나 큰 행운인지 모르겠습니다. 특히 요즘 그런 심정이 더합니다.'라고 했다. 그리고 '비록 몸이 불편하여 2년 6개월 전에 명예퇴직을 했지만, 건강을 잘 지켰더라면 8월에 정년을 맞게 될 것입니다.' 하면서 건강 때문에 퇴임할 수밖에 없었던 아쉬움을 적고 있다. 어쩌면 이 동시집이 마지막 잎새

쯤으로 생각했는지, 동시에 대한 애정을 강하게 피력했고, 평소에 도움을 준 분들과 서평을 써준 분들에게 일일이 감사의 인사를 올리고 있다.

공재동 동시인은 「서정동시의 재발견」이라는 발문을 통해서, 주성호 동시가 가지는 서정성을 중심으로 평설을 했다.

본고에서는 주성호 동시가 가지는 동심세계의 시원과 그의 동시의 매력은 어떤 것인지, 그 세계의 일부분이라도 탐색해보고자 한다. 이 글이 그에게 병마를 이길 수 있는 생명력과 불꽃이 되기를 소망하면서.

2. 동심, 그 시원始原의 상상력

제7회(2007) 최계락문학상 수상자를 주성호로 결정했다. 심사평(김규태, 조영서, 구모룡)은 '주 시인의 작품들은 동심이라는 정점으로 곧장 회귀하는 것이 아니라 동심을 향하면서 더 큰 시원의 세계를 상상하고 있다.'며, '이는 동시의 독자를 어린이에게 한정하지 않고, 인사人事와 자연의 합일을 이끌면서 나아가 선시풍을 지닌다는 평가를 받은 최계락 시인의 문학과 맥이 닿는다.'라고 했다.

동심은 가능하면 상상의 세계에 머물고 싶어 한다. 그러기에 눈과 귀와 촉각을 비현실적 공간에 열어 놓는다. 시인은 그 공간에서 판타지의 세계를 즐긴다.

> 1살 때는 기고
> 2살 때는 걷고

3살 때는 뛰고

4살 때는 날아야 하는데
난 날지 않았다.

날지 않았기 때문에
이렇게
학교에도 갈 수가 있다.

그 때 날았다면
난
참새가 되었을까?
제비가 되었을까?

-「혼자 생각」 전문

혼자 생각을 해본다. 성장의 과정에 맞춘다면 네 살 때는 날아야 한다. 그러나 날지 않았다. 상상력은 얼마든지 새로운 세계를 열어주거나 접근시키니까 가정법과 잘 어울린다. 그때 날았다면 참새나 제비가 될 수도 있었을 거라고.

이슬은
처음부터 빈 마음입니다.

빨강 꽃잎에 앉으면
그냥
빨강 이슬이 되고

노랑 꽃잎에 앉으면
그냥
노랑 이슬이 되고

이슬은
처음부터 가진 게 없어
그 무엇이나 될 수가 있습니다.

-「이슬·1」전문

빈 마음이 동심의 시원이었다.「이슬」을 통하여 그 세계를 구현하고 있다. 이슬은 소유나 욕심을 허락하지 않는다. 빨간 꽃잎에 앉으면 빨갛게 되고, 노란 꽃잎에 앉으면 그저 노랗게 될 뿐이다. 처음부터 가진 게 없었으니까 욕심 부릴 것도 없는 것이다. 어쩌면 이슬 같은 마음이 그의 본성이었다. 지금은 건강까지 문제가 되고 보니 빈 마음이 더 절실해진 것이다. 그러나 그 빈 마음이 '그 무엇이나 될 수 있'다는 것도 알고 있다. 불교에서 말하는 공즉시색空卽是色의 경지를 느끼게 한다.

도 심은 자리에선
도 소리가 난다.

레 심은 자리에선
레 소리가 난다.

미 심은 자리에선
미 소리가

파 심은 자리에선
파 소리가

다시 한 번 솔라시도
다시 한 번 도시라솔

꼭꼭 심어 논 제자리에
꼭꼭 심어 논
제 소리 난다.

-「피아노」 전문

본성은 중요하다. 그 성품을 바꾸려하기 때문에 욕심이 생기고, 변화가 일어난다. 「피아노」는 건반마다 각각의 음을 가지고 있다. 어쩌면 개인도 건반처럼 각각의 음을 내는 개성을 가지고 있다. 그 개성을 잘 발휘하여 세상의 화음을 만들 수 없을까? '꼭꼭 심어 논 제자리에/꼭꼭 심어논/ 제 소리'만 내면 가능하지 않을까?

할머니께서 오신 날은
빈둥빈둥 누워서
게으름을 피울 수 있는 날입니다.

할머니께서 오신 날은
어른들 옆에 붙어 앉아
세상 이야기를 들을 수 있는 날입니다.

할머니께서 오신 날은
신나게
만화를 볼 수 있는 날입니다.
이렇게
텔레비전을 볼 수 있는 날입니다.

할머니가 오신 날은
어머니가 답답해 죽는 날입니다.

-「할머니 오신 날」 전문

요즘 아이들의 세계나 정서에도 닿아 있다. 요즘 아이들에게는 꽉 짜인 일과가 얼마나 고달픈가. 할머니 오신 날은 게으름도 피울 수 있고, 세상 이야기도 들을 수 있고, 만화나 텔레비전을 볼 수도 있다. 대신 어머니가 답답해 죽는 날이다. 읽을수록 웃음이 나온다.

> 가방을 옆에 끼고 쏜살같이 뛰었습니다.
> 교문을 나와
> 골목길로 딱 들어섰을 때
>
> 가게집 차양 밑에 쪼그려 앉은
> 어머니와 마주쳤습니다.
>
> -다음부턴 여기서 기다릴게.
>
> 어머니 말씀에
> 목구멍에서
> 울컥울컥 울음이 나오려 했습니다.
>
> 우리 어머니는
> 다리를 절룩거립니다.
>
> -「어머니 마음」후반부

직설적 화법이다. 갑자기 비 오는 날이 싫다. 어머니가 우산을 가져오기 때문이다. 다리를 절룩거리는 어머니 때문에 놀림 받기 싫다. 소외와 갈등을 해소하지 못하고, 울컥울컥 나오려는 울음을 참는 화자의 모습이 안쓰럽다. 오히려 항거나 호소라도 하면 좋았을 텐데. 어쩌면 그의 내향적 성품이 동심의 본성에 닿아 있는 것은 아닐까.

그의 동심 세계는 맑고 투명하고 순수하다. 싱싱한 생명력과 건강한 상상력을 바탕으로 하기 때문이다. 그런 동심세계를 시원으로 하기 때문에 그의 동시는 무한한 상상력의 보고라 할 수 있다.

3. 주성호 동시와 그 평가

『동시야 놀자』의 부록에 해당하는 것은 '주성호 동시집에 부쳐'라는 서평들이다. 그의 동시집에 대해 아동문학평론가나 동시인들이 쓴 서평(공재동, 이준관, 노원호, 허호석, 박일, 이국재, 윤삼현, 김종순 등)을 스크랩한 것이다. 일부분만 옮기면서 그의 동시세계의 부분이라도 접근해보고자 한다.

공재동은 이 동시집의 발문을 「서정의 재발견」이라는 제목으로 썼다. '주성호가 추구해온 서정적 세계는 탁월한 상상력과 빼어난 서정적 자아가 빚어낸 결과로 우리 곁에 다가온 것이다. 그는 첫 동시집을 내고 10년 만에 제2 동시집을 발간할 만큼 과작이다. 그러나 최근에 와서 그는 동시에 대한 강한 애착과 함께 서정동시의 정수라 할 수 있을 빼어난 작품들을 창작해내는 열의를 보이고 있어, 주위를 놀라게 한다. 주성호의 동시 세계를 지탱하는 힘이 무엇인지를 이번 동시집을 알게 된 것은 참으로 다행한 일이다.'라고 했다.

이준관 동시인은 제2 동시집 『숲에는 바람이 살고 숲에는 별들이 살고』를 읽고, '그는 두 번째 동시집에서 강렬한 생명력과 동심으로서의 "바람"의 세계와, 꿈과 그리움으로서의 "별"의 세계를 아름다운 이미지로 보여주고 있다. 그의 동시의 매력은 소박함과 천연의 아름다움과 순수무구한 동심에 있다 하겠다. 그의 견고하고 투명하며, 아름다운 동시들은 우리 동시단에 많은 자극과 활력을 주리라 믿는다.'라고 했다.

노원호 동시인은 '시는 이미지의 명확과 시적 감흥이 뒤따라야 한다. 이미지가 명확하지 못한 시는 감흥이 없다. 반면, 감흥이 없는 시는 이미지가 불투명하다. 시인이 가진 가장 큰 재능이 있다면 그것은 이미지의 명확과 감흥을 자아내게 하는 솜씨일 것이다. 즉 주성호 선생은 바로 그런 재능을 가지고 있다. 누가 감히 봄 냄새를 오려붙일 수가 있을까? 그의 특유한 시적 농축이 빚어낸 결과이다.'라고 덧붙였다.

제3 동시집이며 동화시집 『별똥별』에 대해서 허호석 동시인은 '곤충을 사랑하는 아름다운 이야기(동화)를 동화시로 형상화한 주 시인의 의도적 실험은 동화의 특성을 동시와 연관시켜 그 이미지를 집약시킴으로써 동화도 시임을 증거한 보기 드문 재미있는 시편들이다.'라고 했다.

제4 동시집 『일등은 쓸 수 없는 시』의 글은 이국재 동시인이 '강한 풍자와 풍유로 인간의 진솔한 삶을 표출'했다는 제목으로 '주 시인은 언제나 어린이의 눈높이로 동심의 세계에 몰입하여 어린이들의 생활현장에서 작품 소재를 찾아내어 생활시로 내면의 심적인 갈등을 자유자재로 묘사할 줄 아는 능력을 지녔기에 마냥 부러울 뿐이다.'라고 서술했다.

김종순 동시인은 제5 동시집 『봄 여름 가을 겨울』의 서평에서 「해맑고 정감 넘치는 시어의 향」이란 타이틀로 '그 속에 시인의 재담과 해학도 한껏 녹아 있어 시를 읽는 독자들의 마음을 훈훈하게 데워준다.'라고 했다.

끝으로 제7회 최계락 문학상을 수상할 때, 국제신문(2006. 10. 5)은 '주성호 시인은 "나는 최계락 선생의 젖(동시)을 먹고 자랐다."고 밝혔다. "제가 요즘 몸이 좋지 않아 운동 삼아 금강공원을 매일

같이 거닐며 거기 있는 최계락 선생의 「꽃씨」 시비를 봅니다. 선생님의 영혼이 어딘가에서 저를 지켜보고 계시려니 생각했는데….”

제7회 최계락문학상 수상자로 선정된 주성호 시인은 “나뿐 아니라 우리 세대 아동문학인들은 최계락 선생의 젖을 먹고 자랐다.”며 “그분의 이름을 받든 상을 받는다는 것은 정말 자랑스럽고 기쁘기 그지없는 일”이라고 말했다. (중략)

“나는 평소 시인들에게 농담처럼 동시는 시보다 더 어렵다고 말해왔습니다. 동시는, 먼저 시로서 생명력을 가져야 하면서도 그것을 넘어서서 동심에 닿아야 하기 때문입니다.” 주 시인은 “아이들도 읽어야 하므로 쉬워야 하지만 쉽게 쓴다고 동시가 되는 게 아니다. 시는 감흥을 받으면 곧장 쓸 수도 있지만 동시는 그런 감정이 승화되고 내면화돼서 어린이의 천진한 심성, 동심에 닿아야 한다.”며 “그런 점에서 말장난하듯 쓰거나 자신의 어릴 적 추억만 나열하는 것은 동시가 안 된다는 생각을 해왔다.”고 말했다. (중략)

주 시인은 몇 달 전부터 몸에 이상이 생겨 거동이 불편하고 약간의 언어장애까지 생겼다. 병원에 다니고 있지만 아직 정확한 병명은 나오지 않았다. 정년을 조금 앞두고 얼마 전 교직에서 명예퇴직한 것도 건강과 관련이 있어 보인다.

주 시인은 1972년 『아동문학』을 통해 등단한 뒤 지금까지 부산에서 열심히 문학 활동을 펼친 아동문학인으로 꼽힌다. 2000년대 초 부산아동문학인협회 회장의 임기를 끝내고 물러날 때, 후진을 위해 기금 1000만 원을 희사한 것은 지금까지 부산 문단에서 선배 문인이 남긴 좋은 선례로 기억되고 있다.

그는 “1968년 부산 미문화원에서 최계락 선생이 문학 강연을 할 때 부산교대 새내기로 참가해 열심히 들었던 기억이 지금도 새로운

데 이렇게 상까지 받으니 생이 다하는 날까지 더욱 노력할 수 있는 힘을 얻었다"고 했다.'라고 썼다.

동시의 생명력이 그의 건강을 지켜 주리라.

(『문학도시』 2011, 3)

무지개를 안고 싶은 수염난 아이

- 강구중 동시 세계

1. 무지개 같은

"형님요! 이번에는 근사하게 한 번 만듭시다."

"알았어."

"우리 지역 출판사에 대한 애정은 알겠지만 그래도 중앙이 낫습니다. 삽화도 그렇고, 책의 제본, 장정 수준이 다릅니다. 내가 주선할 테니까 원고만 주이소."

2013년 봄이었다. 부산문화재단의 창작지원금을 받게 되었으니 이런 대화도 자연스레 나눌 수 있었다. 그런데 9월 말쯤 동시집이 날아 왔다. 제7 동시집 『고향은 지도 위의 한 점』(세종출판사. 2013)이었다. 책의 중량감을 가늠했다. 내가 기대했던 것이 아니었다. 또 지역출판사에서 출간해버린 것이었다. 그(강구중: 1941~2014)는 1979년에 등단하고 일곱 권의 동시집을 상재했으니, 문단 연륜이나 경력을 보면 익히 중앙 문단에도 널리 알려졌을 게다. 그런데 자신을 결코 내세우지 않는 성격이니까 막역한 문인들도 많지 않으리라. 아무튼 이 동시집이 유고집이 되어 버렸으니 뜨거운 애정이 느껴지기도 한다.

바닷길 열리는 날
걸어서
건너가면

도망가는 꼬마 게
잡힌 고동
내 손에서 울고

돌밭 새로 담긴
바닷물엔
하늘이 떠 있다.

하늘까지 가는
길은 없을까?
무지개 안고 싶은데

무지개
안고
싶은데.

-「하늘까지」 전문

이 동시집에 실려 있는 동시다. 무지개가 사는 하늘나라가 그리도 그리웠을까? 바닷길 열리는 날 바닷길을 걸으면서 문득 하늘길을 걷고 싶었다. 왜 하늘 길인가. 하늘은 절대 세계거나 이상 세계다. 그러니까 삶의 초월 공간이다. 그곳은 무지개 같은 세상이니까 가고 싶고, 안고 싶었나 보다. 2014년 1월 2일! 하늘 길로 떠났다.

2. 약력

1941년 경남 진주에서 태어나 어린 시절을 보냈고, 부산중학교에 합격을 하면서 부산으로 오게 된다. 당시 시골에서 부산중학교에 합격하는 일은 하늘의 별 따기였다. 부산고등학교를 졸업하고 부산대학교 약학대학에 진학했으나, 적성에 맞지 않아 중퇴한 후 부산교육대학에 입학했다. 초등학교에 근무하면서 동아대학교 국어국문학과에 편입학하였고, 졸업 후 중등학교로 진출했다. 개성고등학교에서 35년 교직생활을 마감하고 1999년 명예퇴임했다.

1979년 『아동문예』에 동시 3회 추천을 받은 후, 1995년 첫 동시집 『꿈을 터뜨리는 봄불』을 출간했고, 이어서 제2 동시집 『달맞이꽃』(1997), 제3 동시집 『꽃길을 거닐며』(1999), 제4 동시집 『갈숲에 해가 뜨면』(2001), 제5 동시집 『풀잎에 쓴 편지』(2004), 제6 동시집 『대추 한 알』(2009) 그리고 제7 동시집 『고향은 지도 위의 한 점』(2013)을 상재했다.

그는 동요 「우리집 책꽂이」로 KBS부산창작동요대회 은상(2002)을 받았고. 제18회 부산아동문학상(1996), 제16회 부산문학상 본상(2009) 그리고 제5회불교아동문학작가상(2010) 등을 수상했다. 또한 부산아동문학인협회 회장(1999~2000)을 맡아 연간집 『꿈이 열리는 바다』, 『바다로 소풍가는 우주선』을 출간하는 등 부산아동문단에 기여한 공로가 적지 않다.

나와는 동아대학교 교육대학원에서 동문수학을 했다. 나보다 연세가 높아 "형님!"하고 불렀는데, 수더분하고, 가식 없고, 진솔해서 어깨를 기댈 만큼 좋았기 때문이었다. 동질성도 많았다. 교육대학을 졸업했고, 초등학교에 근무를 했고, 다시 학부를 졸업하고 중등학교에 올라갔고, 등단 시기도 같았다.

1979년 『아동문예』 11월호에 3회 천료된 작품은 「해운대 아침」이다.

뽀골
뽀골
뽀골…
꽃게가 기지개를 켜면
해운대 바닷가는
이른 아침이 열린다

아직 불빛이 가시지 않는
바닷물 위엔
물오리 한 쌍 물장구치고
돌섬 새로 뛰쳐나온
새벽 솔바람은
우리 석이 아침을 깨운다

총총총 발자국마다
영이 얘기
주야 얘기…
밤새
다 못한 이야길랑
고이고이 모래밭에
묻어 두고

하늘 닿는
수평선 너머로
우리들의 꿈을 날리면서

하나씩

둘씩
조가비들의 얘기를 줍는다

통통통…
쉬이 쉬이 쉬이…
해운대의 이른 아침은
깃발 솟은 고깃배들의
행진으로 시작된다.

-「해운대 아침」 전문

추천사(김사림)는 '신선한 감정을 표출'이라는 제목 아래, '작품과 생활은 일치해야 진실성을 찾을 수 있다. 이런 생각은 작품을 매만질 때나 남의 작품을 접할 때마다 느끼는 문제다. 신인 추천 작품을 대할 때 과연 이 정도의 수준을 가지고 시단에 데뷔하면 얼마만큼 진실을 토해낼 수 있을까 하는 의구심을 가질 때가 있다. 더욱이 진실을 얘기할 수 있다는 사실은 그만큼 삶이나 문학에서 무르익고 있다는 사실과 일치할 수 있을 것이다. 이번 추천 완료되는 강구중의 시가 바로 진실성의 표출이 아닐까 싶다.'였다.

그는 '시작詩作의 촉진제' 역할을 할 것이라는 각오를 보이기도 했다.

3. 수염난 아이

그는 수염난 아이다. 정말 순박하고 가식이 없다. 번잡하고 화려한 게 싫다. 그러니까 수더분하고 소박하다.

가족 앨범을 보다가/ 어릴 적/ 내 사진을 보았다.//

아기 때의/ 얼굴/ 우유처럼 맑다.//
지금은/ 거짓말 하고/ 욕도 하고…//
푸른 하늘같은/ 어릴 때의/ 사진처럼//
꼭, 꼭/ 닮고/ 싶다.

-「어릴 때의 사진」 전문

살아오면서 거짓말도 하고, 욕도 하면서 세속의 때가 묻기 마련이다. 그에게는 그것이 허락되지 않는다. 문득 그런 삶을 살고 있다는 것을 깨닫게 한 것이 어릴 때의 사진이다. 그때는 우유처럼 맑고, 하늘같은 동심이었다. 그 사진을 본 순간 카타르시스가 일어난다. 어쩌면 종교심 같은 숭고함이었다. 그래서 동심에 묻혀서 때 묻지 않은 삶을 살아야 한다고 결심한다. 가식 없고, 겸손하고, 순박한 수염난 아이였다. 승진에 대한 욕심도 없었고, 마냥 안분지족이었다.

하늘 가운데/ 피어나는/ 하얀 꿈//
한 줌 따러/ 내 마음은/ 나들이 간다.//
희망이 있고/ 내일이 있고/ 티 없는 세상을//
안고 싶어/ 그네를 탈까?/ 풍선을 탈까?

-「뭉게구름」 전문

한 때 이명耳鳴 때문에 고생했다. 이것이 불면증을 일으켰고, 견딜 수 없는 고통이 동반되기도 했다. 건강 때문에 교직 생활의 마무리도 짓지 못하고, 명예퇴임했다. 2천 년 대 들어서 건강이 악화되어 만남이나 모임도 피했다. 그래도 틈틈이 동시를 써서, 동시집 몇 권을 상재한 것은 그의 뜨거운 집필 집념 때문이었다. 가끔 뭉게구름을 보며 '하늘 가운데 피어나는 하얀 꿈'을 품고 있었다. 그것이 희망이었고, 꿈이었고, 미래였다. 제16회(2009) 부산문학상을 수상할 때는 사모님이 대신 수상하기도 했다. 단박에 무슨 일이 일어나지 않을까 걱정하기도 했다.

그때의 상황을 제5 동시집 『풀잎에 쓴 편지』에서 술회한다. '귀울림 때문에 괴로웠지만 동심의 시를 씀으로써 마음을 달래 보았습니다. 작가는 글을 창작해야 한다는 믿음 때문이었습니다.'라고. 고통 속에서도 무지개 같은 그리움은 버리지 않았다.

> 늦은 밤 배고플 때
> 엄마가 부쳐주신
> 사랑 한 접시
>
> 매콤한 맛
> 짭조롬한 맛
> 한입씩…
>
> 가족회의
> 웃음꽃 핀다
> "하, 하, 하…"
>
> 어머니 마음
> 자꾸
> 먹고 싶다
>
> 솔솔
> 입안에서
> 녹을 때까지.
>
> -「김치 부침개」 전문

김치 부침개에서도 어머니의 사랑을 찾아낸다. 매콤하고 짭짤한 김치 부침개지만 그게 어머니의 마음이다. 입안에서 녹을 때까지 먹고 싶은 맛이다. 그리움은 고통도 이겨내는 힘이고 에너지였다.

멀고도/ 먼/ 그리운 고향//
지도를 보면/ 금방/ 찾아간다//
그 점 하나에/ 숲이 있고/ 냇가가 있다//
지도 위에도 피었다/ 한 그루 감나무/ 노란 꽃//
가깝고도/ 먼/ 고향//
지도 위의 한 점/ 보면 금방/ 보인다//
그 점 위에/ 초가집이 있고/ 개나리 울타리가 있다//
한 송이/ 해바라기 꽃도/ 피어 있다.

-「내 고향은 지도 위의 한 점」 전문

이 동시는 『계절문학』(2012. 봄)에 실렸었다. 『월간문학』 (2012. 5월)에 정용원 시인은 '세계지도를 펴놓고 보면 남극도 아프리카도 지구 어디라도 금방 갈 수 있다. 꿈에도 그립고, 달려가고픈 고향집은 지도 위의 한 점일 뿐이다. 강구중 시인이 어릴 적 살던 초가집에는 숲, 냇가, 감나무, 개나리, 해바라기도 있다. 지도 위에 있는 고향집은 지울 수 없는 마음의 점이고, 고향을 그리워하는 것은 원초적 동심이다. 그 동심의 상상력을 회화적 기법으로 잘 시화詩化했다. 동시단의 중진 시인이 순수하고 아름다운 우리말로 직조한 서정시를 감명 깊게 읽었다.'라고 평했다.

고향은 한 점에 불과하지만 지도를 보면 찾아낼 수 있다. 그 점 위에 초가집, 개나리 울타리 등이 그려진다. 한 송이 해바라기 꽃도 있다. 가깝든 멀든 고향은 지도 위의 한 점으로 남아 있지만, 한 점도 보이지 않는 곳으로 떠나버렸다.

이른 아침 풀잎에/ 누가 몰래/ 편지를 써 놓았다//

은구슬/ 총총총/ 점자로 쓴 편지//
새벽의 맑음처럼/ 깨끗이/ 살아가자고//
새날의 밝음처럼/ 힘차게/ 살아가자고//
동그란/ 이슬로/ 써 놓은 편지//
괴로운 마음/ 응어리 진 마음/ 햇살로 솔솔 풀어 헤치고//
가슴 가득/ 희망을 담고/ 사랑을 담아//
풀잎에/ 대롱대롱/ 매달아 놓은 편지.

-「풀잎에 쓴 편지」 전문

이슬을 보면서도 '새벽의 맑음처럼/ 깨끗이/ 살아가자고// 새날의 밝음처럼/ 힘차게/ 살아가자'는 각오를 한다. 희망과 사랑을 시리도록 가슴에 담아 놓고 살았다. 이런 마음을 가졌으니까 어찌 수염난 아이가 아니랴!

4. 하늘을 닮아 버린

안산으로 이주를 했다. 아들 내외를 돕기 위해서였다. 그곳에서 소일거리로 손주를 돌보면서 삶의 즐거움을 누리고 있었다.

동네 해님들이
어울려
논다

그네를 타고
오리도 타고
시이소도 타고…

다칠까 봐
엿 눈질 바쁜
엄마, 할머니

흩어지는 웃음소리
하늘가를
맴돌고

간식 먹고 놀다가
가슴에 안긴
해님들.

-「놀이터」 전문

그의 모습이 보인다. 해님들과 어울려 놀고 있다. 해님들이 다칠까 봐 염려하면서도 '흩어지는 웃음소리/ 하늘가를 맴'돌고 있다. 해님과 어울리면서 정작 자신도 해가 되어 있었다.

그는 형상화 과정에서 표현이나 형식의 기교를 부리지 않는다. 서사도 두려워하지 않는다. 또한 제재를 선택한 상황이나 배경을 깔아놓기도 하는데, 이것은 어린이 독자의 배려 차원에서다. 그러니까 깔끔하고 상큼한 맛은 없지만, 어울려 놀고 있는 손주들처럼 천진하고 순박하고 진실하다.

제5 동시집 『풀잎에 쓴 편지』부터 '동심시집'이라고 명명했다. 동심시에 상당한 애착을 가지고 있었나 보다. 동심시는 시라는 명제를 확보하면서, 동시의 소재가 동심이니까 시의 장르 안에서 일반화시키고 싶었기 때문일 것이다. 시를 통한 동심의 확산에 노력하자는 의미가 강하다. 그러나 문제점이 없는 것도 아니다. 난해성의 극복과 이미 문학 장르로 굳혀진 동시라는 명칭에 대치될 수도 있으니까. 어쩌면 조유로 선생이 주창한 '동심파 시'와 맥이 닿기도 한다.

끝으로 제4 동시집 『갈숲에 해가 뜨면』의 서문 일부를 옮긴다. '어느 누군가 말했던가? 봄인가 했더니 어느 새 가을이라고…. 마음은 청춘인데 벌써 회갑을 맞았으니, 세월이 쏜살 같이 빠름을 실감한다. 그 동안 무엇을 했는지, 또 무엇을 남겼는지…. 동심을 빚는 작가로서 그 이름값을 했는지. 살며시 피운 동심의 노래가 어린이들의 가슴에 와 닿았는지. 스스로 되물어 본다. 정말 부끄럽다. 나이가 들면 어린이가 된다고 했는데 나도 이제 어린이로 돌아가 그들의 가슴에 별로 남을 동심 시를 쓰고 싶다.' 라고.

이제는 그의 동시들만 남아 있지만, 되돌아보면서 그리워하고 추억할 수밖에 없다. 늘 무지개를 안고 싶어 했으니까 그 무지개 동산에서 무지개로 뜨고 있지 않을까. 아이들 가슴에 별로 남는 동심 시를 쓰고 싶다고 했지만, 아이들 가슴에도 분명 무지개로 떠 있으리라.

배소현 시인이 쓴 이름 삼행시는 공감을 준다.

강 : 강물 흐르듯 담담히 순리를 따르고

구 : 구변으로 현혹하려는 생각은 더욱 없고

중 : 중요시하는 건 오직 해맑은 동심의 세계 뿐.

(2019. 시민문예강좌 『부산작고문인 작품집』)

Ⅱ

정진채
선 용
박지현
공재동
최만조
강현호
박 일

「바닷가에서」의 울림과 그 서정의 파장

- 정진채의 동시 세계

1. 동시를 쓰는 동화작가

파도가 밀려간
바위 틈,
소라게가 집을 업고 놀러 나왔다.

동그란 처마 밑으로
빨갛고 예쁜 발이 하나
햇빛에 반짝인다.

이 넓은 바다의 한쪽에
요렇게 작은 꼬마 소라게가

용하게 살고 있다.
바다의 한 식구
소라게가

-「바닷가에서」 전문

정진채는 동화작가다. 수십 권의 동화집을 상재했고, 대한민국 문학상을 받았다.

그는 산문만을 고집 하지 않는다. 주옥같은 운문도 썼다. 소설 「상록수」로 브나로드 운동의 횃불을 밝힌 심훈이나, 「등신불」, 「을화」 등 순수소설로 사랑을 받은 김동리도 소설 틈새에 시를 발표하기도 했다.

산문을 쓰는 이도 운문으로 처리하고 싶을 때가 있고, 운문을 쓰는 이도 산문으로 표현하고 싶을 때가 있다. 아동문학은 이 넘나듦이 쉬운 편이어서 시를 쓰는 동화작가가 있고, 동화를 쓰는 동시인도 상당수 있다. 아동문학은 산문과 운문을 함께 묶는 횡적인 문학이기 때문이다.

이에 대해서 신혁득 동시인은 '모든 아동문학인들이 동시와 동화를 함께 쓰는 것은 지극히 자연스런 것이다. 시를 쓰는 이는 쉬 동화에 접근할 수 있다. 왜냐 하면 동화는 소설과는 달리 시적인 문장으로 엮어져 있다. 좀 더 정확히 말하자면 동화는 지어내는 것이 아니라, 시를 노래하는 마음으로 읊어내는 것이다.'라고 말한다.

1936년 경상북도 청도에서 태어났다. 고등학교를 다닐 때 『학원』에 시를 발표했고, 1959년 초등교원으로 임용되었으며, 1967년 영남일보 신춘문예에 동화가 입상한다. 이후 『하얀 꽃사슴』을 비롯한 수십 권의 동화집을 발간하면서 동화작가로서 입지를 굳건히 한다. 그런데 첫 동시집 『꽃밭』을 출간한 것은 1965년이었다. 그렇다면 동화보다 동시가 먼저다. 동시가 첫사랑이었다. 운문으로 서정을 다졌기 때문에 주옥같은 동화를 생산할 수 있었으리라.

세 권의 동시집을 상재한다. 『꽃밭』(중외출판사. 1965), 『꽃동네』(백민사. 1971) 그리고 『바닷가에서』 (시로. 1987) 등이다. 인용한 동시 「바닷가에서」는 동시집 『바닷가에서』의 표제작이며, 초등학교 교과서(쓰기 4학년)에 실렸었고, 그의 대표작이다.

본고에서는 이 동시가 갖는 서정과 기품을 중심으로 하면서, 그 서정이 일으키는 파장이 어떤 것인지 다른 작품과 연계하여 그의 동시세계의 일부라도 탐색해 보았다.

2. 작고, 아름다운 것에 대하여

「바닷가에서」는 작은 것에 대한 애정이 얼마나 깊은지를 알게 한다. 파도가 밀려간 바닷가 바위틈에 조그만 소라게가 껍데기를 업고서 놀러 나왔다. 빨갛고 예쁜 발이 햇살에 빛난다. 이 넓은 바다 한쪽에 살고 있는 것이 기특하다. 바다는 그렇게 작은 것들까지 버리지 않고, 가족으로 품고 있는 것이다.

별들이 쉬다 간
풀잎에는

서럽도록 아름다운
세상 얘기가
아롱다롱
열려 있다.

뻐꾸기 울다간
마음 자리의
서럽도록 고인
지난 기억

무지개 뜨는
마음 자리의

꿈을 이어주던
그 고운 기억

이 아침은
반짝이며 반짝이며
하늘로 오르는

아!
눈빛 또렷한
이슬방울.

-「이슬」 전문

마지막 연의 압축이 무게를 강하게 한다. 그만한 무게를 싣기 위해선 서사나 형상화의 과정이나 시의 진술이 새롭고 참신해야 한다.

그의 자연은 그냥 '별들이 쉬다 간/풀잎' 같은 것이 아니다. 곱고 아름다운 기억이 어울려 있다. 그 기억과 어울려 독백을 하고 있지만, 그 기억이 '눈빛 뚜렷한/이슬방울'에 집결하여 한층 빛나고, 서럽도록 아름답게 한다. 조그만 소라게처럼 작고 아름다운 것에 대해 깊은 애정을 보인다.

3. 생명에 대한 외경감

강한 생명력을 엿볼 수 있다. '이 넓은 바다의 한쪽에/ 요렇게 작은 꼬마 소라게가// 용하게 살고 있다.'고 했으니까. 바다는 넓다. 작은 꼬마 소라게 하나쯤은 하찮은 존재일 수 있지만, 생명을 소중히 한다. 생명에 대한 외경심 때문이다.

채송화 씨앗은 작아서
너무 작아서

손가락 끝으로
꼭 찍어 봉지에 담지만

온 여름
채송화는

지구의 끝에서 불어오는 바람과
지구의 물샘마다 뿜어 올린 빗방울과
세계를 골고루 만지다 온 해님과
내 예쁜 아가의 손길과
한 마리 나비에 이르기까지

씨앗은 작아도
꿈은 만만치 않아
옷깃 여미고
소중히 꽃씨를 받으며
손가락 끝이 저려온다
가슴은 하나 가득 꽃씨로 차오른다.

-「꽃씨를 받으며」 전문

채송화 씨앗은 작다. 손가락 끝으로 꼭 찍어 봉지에 담을 만큼 작은 것이지만, 그 작은 것의 생명을 소중히 받으며, 손가락 끝이 저려오도록 친밀감을 가진다.

그러면서 그 작은 생명을 통하여 그것이 가지고 있는 꿈의 세계까지 본다. 그의 동시도 동화처럼 전지적 작가시점이다. '지구의 끝에서 불어오는 바람과/ 지구의 물샘마다 뿜어 올린 빗방울과/ 세계를 골고루 만지다 온 해님과/ 내 예쁜 아가의 손길과/ 한 마리 나비에 이르기까지' 다 헤아려 씨앗의 꿈을 그려 놓는다. '작아도/ 꿈은 만만치 않은' 생명(꽃씨)이기에, 옷깃을 여미며 소중히 받는다.

4. 동심의 순수성

'동그란 처마 밑으로/ 빨갛고 예쁜 발이/ 햇빛에 반짝인다.'라는 시구는 얼마나 동심 지향적인가. 햇빛에 빨갛게 보이는 소라게의 발! 예쁘기 그지없다.

지금도 있을까?
그 냇가에는
호주머니에서 귀염받던
조약돌 한 개.

지금도 있을까?
그 냇가에는
고운 꿈 담겨 있을
조그만 발자국들.

지금도 있을까?
그 냇가에는

잡힐 듯 잡히지 않아
종일 쫓다 놓친
파랑 깃의
물새 한 마리

-「그 냇가에는」 전문

냇가에서 경험한 동심이 진하게 배어 있다. 냇가에서 조약돌을 갖고 놀던 추억, 고운 꿈 남겨놓은 발자국, 파랑 깃의 물새와 있었던 기억들이 잔잔한 동심이 되어 들어 있다.

인상 깊게 드러내기 위하여 '지금도 있을까?'라는 의문문으로 정서를 환기시킨 후, 시적 화자가 겪은 세계 속으로 끌어들이고 있다. 미적 쾌감을 주기 위한 형태적 배려다.

그는 동심의 순수를 아름답게 노래한다. 어쩌면 '빨갛고 예쁜 발이/ 햇빛에 반짝'거리는 환타지로 동시를 빚은 것은 아닐까?

5. 희망이란 것에 대하여

「바닷가에서」는 세계인이 평화롭게 살아야 한다는 그 꿈을 간직하고 있다.

> 우리의 안으로/ 출렁이며/ 출렁이며/ 바다가 하얗게 일어서면//
> 구리로 빚은 인어도/ 철버덩!/ 물 속으로 뛰어들고//
> 세종 임금님이/ 빙그레/ 한글을 만드시고//
> 이순신 장군도/ 거북선을 띄우신다.//
> 우리의 안으로/ 우리가 출렁이면//
> 내 안으로/ 내가 출렁인다.//
> 출렁이며/ 출렁이며/ 바다가 하얗게 일어선다.
>
> -「일어서는 바다」 전문

희망은 그냥 이루어지는 것은 아니다. 바다처럼 내 안으로 출렁이는 변화가 있어야 한다. 가슴 안에서 일렁이는 바다를 경험하면 희망(꿈)도 이루어질 수 있다. 세종 임금이 한글을 만들고, 이순신 장군이 거북선을 만들 수 있었던 것도 바다를 경험했기 때문이다. 소라게가 바다의 한 식구로 용하게 살고 있는 것도 그들만의 꿈이 있었기 때문이리라.

아래로 보면
우쭐해지고

앞으로 보면
신나지만

위로 보면
무섭다.

하늘이
먼저 내려다보기 때문이다.

-「오늘」 전문

하늘의 섭리를 알고 있다. 하늘이 내려다보기 때문에 그의 오늘은 정직하고 양심적일 수밖에 없다. 또한 친구를 좋아한다. 마음을 통할 수 있는 친구라면 밤을 새워도 좋다. 거나하게 취해도 좋다. 최백호의 '낭만에 대하여'를 부르며.

만나면 서로 반가운 것은
네 속에
내가 있기 때문이다.

말하지 않아도 통하는 것은
몸빛이
서로 같은 까닭이다.

헤어져 참말 보고 싶은 것은
네가 아니고
네 마음이다.

-「친구」 전문

포용할 줄 안다. 네 속에 내가 있기 때문에 말하지 않아도 통한다. 진정한 사랑은 네 마음을 얻는 것이 아닌가. 그것이 진정한 사랑의 본질이며 친구의 의미이기도 하다.

당당함은 그의 본성이다. 아동문학가이기 때문에 그럴 수 있다. 부드러움이 강한 것을 꺾는다고 하지 않던가. 동심의 문학을 하기 때문에 당당하고 강한 힘을 키울 수 있었으리라.

그는 세 권의 동시집을 상재했다. 본고에서는 그의 대표작 「바닷가에서」를 중심으로 하여, 이 동시가 갖는 서정의 울림과 파장을 다른 작품과 연계하면서, 그의 동시 세계의 일면을 고찰해 보았다. 부끄러운 필력이지만 그의 회갑을 기리는 작업에 작은 기쁨이라도 되었으면 좋겠다.

(1996『정진채 선생 회갑 기념 문집』)

세상을 밝게 하는 동심의 노래

- 선용의 동심시와 동요 세계

1.

문학평론가 이재철 박사는 선용 선생의 첫 동심시집 『가을바람』(아주출판사. 1972) 의 발문에, '선용씨는 중국문학을 한국에 소개하는 일에 거의 독보적으로 노력하고 있는 분이다.'라고 하면서, '선용 시인도 이러한 "동심도 시"라는 명제를 좇으려고 시집 제목을 그냥 동시집이라 하지 않고, "선용 동심시집"이라고 이색적으로 표현하고 있어 매우 흐뭇하고 믿음직스럽다'고 했다. '그러나 아직도 소년소녀적 감상주의적 시각이 순수서정의 울타리를 형성하는데는 넘어야 될 대장정의 어려움도 많을 것이지만 우선 출발은 산뜻하다. 그리고 시를 어떻게 써야 된다는 것을 터득한 이상 그의 미래는 매우 밝다.'고 한 바 있다.

그는 아동문단의 독보적 존재다. 제10회(2020) 열린아동문학상도 차지했다. 상은 스스로 찾아오는 것일까? 『열린아동문학』(2020. 봄)에 그의 문학 연보가 실려 있다. 시집, 번역동화집과 설화집, 한・일 대역시집, 어학교재, 가곡집, 동요곡집, 음반 발매 그리고 주요 저술, 경력과 수상 등 엑기스만 뽑아 나열했는데 장장 5페이지다. 감탄이 나온다. 문학상은 그저 주고받는 상품과 다르다. 문학적 경륜과 작품성이 뒷받침되어야 한다.

동심시집 23권, 노랫말 동요곡집 27권! 어학교재, 가곡집, 음반, 번역 및 편저, 일한대역시집, 발표회 등은 헤아릴 수 없이 많음. 정말 어마무시하다. 태산준령이다. 고개가 숙여진다. '그대 앞에만 서면 나는 왜 작아지는가'라는 유행가 가사처럼 그 앞에서는 아동문학가란 이름이 부끄러워진다.

1942년 일본 동경에서 태어났다. 해방과 함께 귀국한다. 이때를 회상한 내용이 부산아동문학인협회 카페 '부산아동문학의 맥'(김문홍 인터뷰)에 소상히 기록되어 있다.

'70여 년 전 일이라 기억할 수는 없지만, 조부모님께서는 기술자로 아버지 형제분들을 데리고 일본에 가서 동경의 큰 공장에서 일을 하셨습니다. 아버지는 동경에서 공부를 하셨고, 고향이 밀양인 어머니와 결혼하셨습니다. (중략)

1945년 8월 15일 해방이 되자 우리는 서둘러 모든 것을 정리하고, 10월26일 부관연락선을 타고 부산으로 왔죠. 잠시 부산에 살다가 할아버지의 고향인 김해 한림면 장방리에 정착했습니다. 그런데 1950년 6월 한국전쟁이 일어났습니다. (중략) 고국이라고 돌아왔는데 또 전쟁이 일어났으니 말로 표현할 수 없는 고통의 연속이었죠. 그 후유증으로 어머니는 돌아가셨고, 나는 김해 한림에서 초등학교와 진영 중학교를 졸업한 뒤, 아버지의 사업지인 부산으로 와서 줄곧 살게 되었습니다.'

그는 '동심시'라는 명칭에 애착을 두고 있다. 그의 시집은 모두 '동심시집'이다. 이에 대하여 다음('부산아동문학의 맥')과 같이 진술한다.

'지금까지 동시란 말을 쓴 적이 별로 없습니다. 실제로 아동문학이라든지 동시, 동화는 한중일 3국에서나 사용하지, 다른 나라에서는 잘 사용하지 않는 것으로 알고 있습니다. 외국문학을 먼저 접한 나로서는 동시童詩란 말이 어린이들이 쓰는 아동시兒童詩 같이 느껴져, 어린이를 위해 쓴 시도 시인데 왜 아이 동童자를 시 앞에 붙였을까 의심을 했습니다. 동시는 물론 주 독자가 어린이기는 하지만 꼭 어린이만 읽으란 것은 아니잖습니까? 누가 읽어도 좋은, 그리고 동심을 잃은 사람이나 동심이 그리운 사람, 또 동심을 느끼고 싶은 사람 누구나 읽을 수 있는 동심童心이 깃들어 있는 시라 생각하기에, 저만은 동심시가 옳을 것이라 그렇게 고집해 온 것입니다.'라고.

최명표 문학평론가는 '그가 동시를 가리켜 굳이 "동심시"라고 부르는 것도 그만의 고집이다. 이러한 용어가 관용례로 쉽게 자리잡기는 난망한 듯 보이는 것이 현실인데도, 그는 여전히 예전의 용법을 내세우고 있다. 이만 하면 현시적인 과욕이라고만 하기 어려워진다. 그의 자세가 사뭇 진지하기 때문이다. 곰곰 생각해보면 그는 시를 쓴다기보다는, 도리어 시를 통한 동심의 확산에 노력하고 있다는 느낌이 든다.'라고 하면서, 그의 시작품에서는 시스러움보다, 동심의 실체가 구체적인 형상으로 발견된다고 했다.

동심시는 동심의 확산을 위해 필요한 것이긴 하다. 아마 동심시는 시라는 명제를 확보하면서, 동시의 소재가 동심이기 때문에 굳이 유아적 냄새가 나는 동시보다 시의 장르 안에서 일반화시키고 싶었기 때문일 것이다. 그러나 시로서의 난해성을 극복하고, 이미 문학 장르로 굳혀진 동시라는 명칭에 대치될 수도 있다는 점은 고려해야 할 일이다.

2.

노랫말에 남다른 애정을 보인다. 가곡집은 『능소화』(2012)를 비롯하여 3권, 동요집은 『우리는 나무처럼』(1993)을 필두로 『공룡의 초대장』(2018)까지 27권이다.

그리고 1998년 12월 '선용 동요의 밤'(부산시민회관), 이듬해 9월 '선용 동심시와 창작동요의 밤'(부산문화회관)을 비롯하여 '아름다운 김해로'(김해문화의 전당), '선용 시에 의한 독도이야기'(부산문화회관) 등 발표회도 여러 번 가졌다. 또한 한국동요동인회 회장, 동요 사랑회 고문, 한국동요음악 연구회 자문위원으로 활동하였고, 1999년 5월 일본 구마모토에서 제1회 세계 동요 회의가 한국, 중국, 미국, 영국, 프랑스, 일본 등 6개국 대표가 참석한 가운데 열렸는데 한국대표로 참석하기도 했다. 그 해 5월에는 제12회 대한민국 동요대상(작사부문)을 수상했고, 이어서 부산동요대상(작사부문), 2016년에는 한국창작가곡대상(한국창작가곡협회)을 수상하기도 했다. 중학교 음악 교과서에 「우리는 나무처럼」이 실리기도 했다. 애창되는 동요는 「아이들은」, 「잔디밭에는」, 「들판으로 달려가자」, 「비오는 둑길」 그리고 「저녁 무렵」 등이다.

> 세상이 이렇게 밝은 것은
> 즐거운 노래로 가득찬 것은
> 집집마다 어린 해가 자라고 있어서다.
> 그 해가 노래이기 때문이다.
> 어른들은 모를 거야
> 아이들이 해인 것을
> 하지만 금방이라도 알 수 있지, 알 수 있어.

아이들이 잠시 없다면 아이들이 잠시 없다면
낮도 밤인 것을
노래소리 들리지 않는 것을.

- 동요「아이들은」(곡: 정윤환)

어린이에 대한 애정은 국경이 있을 수 없다. 페르시아에서는 '어린이는 천국의 다리'라고 했고, 덴마크에서는 '어린이는 가난한 사람의 보화寶貨'라고 했으며, 영국에서는 '아이들이 많은 집에는 악마가 무력하다'거나 '어린이가 없는 집은 태양 없는 지구와 같다'고도 했다.

이와 맥을 같이 한다. 물론 이 동요에는 창작 에피소드가 있다. 큰아들이 다섯 살 때, 잠시 잃어버린 사건으로 애를 태웠고, 다시 찾았을 때 온 세상이 눈부실 정도로 환했던 그 날의 기억이 모티브가 되었다고 한다. 아이가 해였다는 것을 절감하게 해준다. 이 동요의 지배적 시어는 '어린 해'다. 이 시어가 이 동요를 더욱 싱그럽고, 밝고, 가볍고, 천진스럽고, 경쾌하게 한다. 작곡자(정윤환)도 이 의도를 잘 살려 표현했다.

이 동요는 세도막 형식인데, A－B－A의 구조로 되어 있으며, 음악의 가장 단순하고 기본적인 형식을 보여주고 있다. 그것은 이 시와 어울리게 자연스럽게 작곡했다는 의미도 된다. 또한 4/4박자, 사장조(G-major)이며, 24마디로 되어있지만 도돌이표가 있어 48마디로 불러야 한다. 빠르기도 ♩=126이니까 속도감이 있다. 점8분음표(♪)와 16분음표(♪)를 연결 지어 경쾌한 리듬을 살렸고, 중간부분인 '어른들은~ 알 수 있어'까지는 여린내기(못갖춘마디)의 기교까지 부렸다. 이 동요를 불러보면 시와 가락이 자연스럽게 동화되고 있는 느낌이 든다.

이 동요는 어느 방송사 주최 동요대회에 출품하여 장려상을 받았다. 오히려 대상을 받은 작품보다 인기가 많아 지금도 상당한 저작권료를 받는데 일익을 하고 있다고 한다.

어떤 작곡가는 '그의 동요는 시 그 자체이기 때문에 자연스럽게 곡을 붙일 수 있다'고 말한다. 그러니까 작곡을 위한 의도적 작시를 하지 않아도 곡을 붙이기 좋다는 의미다. 즉 7・5조 따위의 음수율을 초월한 자유 시형이지만 곡을 만들기 좋기 때문에, 그의 동요는 자연스러운 리듬을 타는 형태라고 말할 수 있다.

그가 주장하는 동심시는 동심을 소재로 한 자유시이면서, 곡을 붙여도 좋은 형태라서 동시와 음악이 자연스레 화음을 이룬다.

3.

감성이 풍부한 서정 시인이다. 그래서 시의 소재는 생활이 아니라 주로 자연이다. 순수하고, 천진스러운 자연에서 삶의 의미나 철학을 찾아낸다. 제10회 열린아동문학상 수상작 「돌담」을 읽어본다.

어느 것 하나
잘난 체하지 않는다
서로 손잡고 등을 낮추고
어깨를 나란히 엎드려 있다

잘난 돌 사이 못난 돌
못난 것 사이 잘난 것

끼리끼리가 아닌 함께
함께라서 빛이 나는
돌 하나하나의 힘

바위보다 콘크리트보다
더 튼튼한 바람막이

해바라기 호위병 세우고
하얀 박꽃
꽃관을 쓰고도
키를 낮추는 돌담

-「돌담」 전문

이규희 심사위원장은 '노련함과 삶의 철학이 녹아'있다고 하면서 다음과 같이 평했다. '가진 것이 아무리 많아도 나 혼자 우뚝 서지 않고 교만하지 않고 남을 배려하며 스스로 키를 낮출 줄 아는 마음, 이런 사람들이 많아지기를 바라는 작가의 간절한 소망을 엿볼 수 있는 구절 아닌가.'라고 했고, 김병규 심사위원은 '돌담은 한 폭의 그림을 연상케 하고, 돌담 안쪽에 있는 초가집까지 느낄 수 있었다'라고 했다. 수상소감에서도 '서로가 몸을 낮추지 않고 되는 것은 아닙니다. 그렇게 하려면 배려와 사랑, 진정한 용기와 겸손이 있어야 할 것입니다. 돌담을 유심히 보면서 하나가 아닌 "함께"함으로써 "화합과 힘" 그리고 "믿음과 사랑"을 배웠으며 "겸손과 인내"를 배웠습니다.'라고 했다.

서정시란 자아와 세계가 거리를 두지 않는다. 자아와 세계가 동화된다는 의미다. 「돌담」은 서정동시의 극치를 보여준다.

숲 속에 가면 아이들은/ 푸른 나무가 된다//
손을 뻗으면 가지가 되고/ 파란 잎이 돋고//
큰 소리로 웃지 않아도/ 향기로운 꽃이 되고/ 소곤대는 이야기까지/
새소리 물소리가 되어/ 숲 사이를 흐른다//
별과 바람이/ 해와 달이/ 번갈아 자고 가는/ 포근한 꿈 이불.

-「숲 속에 가면」 전문

'아이들은 푸른 나무', '숲은 꿈 이불'이라는 은유가 빛난다. 서정시는 개인의 정서나 감정이 잘 나타난다.

이준관 동시인은 제3 동심시집 『새싹들의 합창』의 서평에서 '자연 속에 동심을 노래한 서정동시'라고 피력한 바 있고, 공재동 동시인은 제7 동심시집 『어둠을 지우는 아이』의 서평에서 '역시 서정시가 즐겨 다루는 소재인 자연적이고 회고적인 것이 눈에 많이 띈다.'라고 했으며, 김학선 동화작가는 제14 동심시집 『석류가 익을 때면』의 평론에서 '선용 시인이 서정시에 대한 탐구를 게을리 하지 않고 있다.'고 했다. 이정석 문학평론가는 그의 작품론에서 '선용의 동시는 절제된 시어로 이루어진 간결한 작품으로서 난해성을 극복하면서 아름다운 서정성을 획득하고 있음을 볼 수 있다.'라고 했다. 김문홍 동화작가는 그 인터뷰에서,

'지금까지 맑은 서정의 동심을 노래해 온 것으로 알고 있습니다. 이 혼탁하고 풍진 세상에 그처럼 맑은 서정의 품성을 유지해 오기는 참 어려웠을 것으로 짐작이 됩니다. 아마 선생님의 가슴에 그런 혼탁한 세파를 헤쳐 나오게 하는 어떤 듬직한 무게중심이 있지 않았을까 생각합니다.'라고 애기한 바 있다.

시작詩作의 자세는 진지하다.

‘음식도 그러하지만 글도 충분한 발효과정을 거치지 않으면 깊은 맛이 나지 않는 법입니다. 요즘 우송되어 오는 책들을 보면 생짜배기가 많습니다. 익지도 않은 것을 다듬지도 않고 성의 없이 엮어 보내는 것을 보면 참 용기도 좋다는 생각이 들기도 하지만, 한편으로는 나의 책도 다른 사람이 보고 같은 생각을 하지 않을까 하고 마음을 가다듬을 때가 있습니다. 동화나 수필, 소설처럼 긴 문장도 그러하겠지만, 시는 짧고 몇 자 안 되는 글 속에 바로 표가 나기에 더 긴 시간을 두고 숙성시켜야 한다고 봅니다. 어떤 통계를 본 적이 있는데 글 쓰는 사람들 중에 시인의 수명이 가장 짧답니다. 왜 그럴까요? 시 쓰는 일이 그만큼 힘들어 진이 빠지고 스트레스가 쌓인다는 것이죠. 저도 나름대로 숙성과정을 거쳐 쓰기는 하지만, 아직 농익어 제 맛이 나는 그런 작품은 한편도 쓰지 못하여 무척 쑥스럽습니다.’라고 얘기하고 있다.

4.

회갑 즈음에 엮은 『서정과 동심세계를 위하여』(대산. 2001)에는 그의 작품 일부와 그의 작품을 분석한 평론(서평, 서문, 발문 포함) 30편이 실려 있다. 그의 작품 세계를 더 잘 이해할 수 있도록 평론의 일부를 옮긴다.

이준관 동시인은 ‘선용 시인은 감성이 풍부한 서정 시인이다.’라고 전제하고, ‘그는 자연에서 순수하고 천진한 동심을 포착하여 그것을 의인화 기법으로 표현하고 있다. 또한 자연과 동심이 하나로 어우러지는 아름다운 세계를 간결한 시형과 반복되는 리듬에 실어 노래하고 있다.'라고 했다.

이정석 동시인은 '선용 시인은 은유적 표현의 대가라고 할 수 있다.'라고 했고, '서정성과 애상성 그리고 참신성으로 요약할 수 있다.'고 했다. 또한 '선용의 동시는 절제된 시어로 이루어진 간결한 작품으로서 난해성을 극복하면서, 아름다운 서정성을 획득하고 있음을 볼 수 있다.'고 했다.

정선혜 문학평론가는 '밝고 긍정적인 삶을 노래해 보여 준 휴머니즘의 시인, 선용 시인의 동시들은 그가 살아가면서 만나게 되는 사람들은 물론, 보잘 것 없는 미물인 구절초나 억새꽃에 이르기까지, 청포도 같은 극진한 사랑으로 감싸 안으려는 따스한 마음을 노래해 보여주고 있다.'라고 했다.

공재동 동시인은 '선용은 우선 시 이전에 수많은 산문을 써온 번역문학가이다. 주위에서 지켜본 그의 성격은 지나치리만치 깔끔하고 정갈하여 감수성이 예민하다.'라고 하면서, '서정시가 즐겨 다루는 소재인 자연적이고 회고적인 것이 많이 눈에 띈다. 시의 대상을 인식하는 방법에 일상적 특징이 나타난다.'라고 했다.

오순택 시인은 '그리움이란 것은 어쩌면 인간이 가장 순수해질 때 가슴 속 깊이에서 샘솟는 정情일진대, 선용의 시 속에 녹아들고 있는 끈적끈적한 그리움이야말로 동심성에서 사유된 것이 아닌가 한다.'라고 했다.

박홍근 동시인은 '선용 시인의 작품에는 어린이를 사랑하는 따스한 마음이 스며 있습니다. 우리의 마음을 울리는 것은 그의 천진난만한 동심입니다. 어린이의 마음을 사랑하고 어린이의 마음을 귀하게 보는 시인의 눈은 동시에 자연에 대해서도 섬세한 애정을 갖고 자연에서 깊은 놀라움과 기쁨을 맛보게 한다.'라고 했다.

노원호 동시인은 '예로부터 자연을 시에 등장시키는 것은 흔히 보아 왔다. 그러나 자연→동심→감동이라는 내적 체계를 갖춘 시는 그리 흔하게 보지 못했다. 우리가 선용 시인의 시에서 발견하고자 하는 것은 바로 이런 내적 체계에 근거를 둔다. 그는 누구보다도 자연을 사랑한다. 그리고 자연을 보는 눈이 누구보다도 미세하고 날카롭다. 그가 자연을 아름다움만으로 보지 않는 것도 바로 그런 예리한 통찰력 때문이다.'라고 했다.

박경종 동시인은 '이렇게 아름다운 마음과 아름다운 눈으로 사물을 보고 느끼는 솜씨는 누가 따라갈 수 없다고 보며, 어느 편의 시를 읽어보아도 소박하면서도 서정의 바탕에 호감이 감으로, 누구나 그의 시를 읽고 꿈을 찾고 아름다움을 찾아 기쁨을 간직할 수 있으리라 믿는다.'라고 했다.

제해만 문학평론가는 '동시를 "동심의 시"라 하고 "동시도 시"임을 주장한다. 그러나 이를 오해하는 사람도 있다. 전자에 대한 오류는 동심을 위해 쓰는 시들에서 범하게 되고, 후자의 경우 동시와 시를 동일시하는 데서 온다. 동시는 모두 시가 되지만 모든 시가 다 동시가 되는 것은 아니다. 기준은 시에 있는 것이 아니라 동시에 있다. 때문에 결국 동시는 "시가 아니라 동시"여야 한다는 결론에 이르게 된다. 이 시대 가장 왕성한 활동을 하고 있는 동시인 중의 한 사람인 선용 시인의 시들은 이런 조건들을 모두 만족시키고 있다.'라고 했다.

김학선 동화작가는 '사랑과 그리움의 서정으로 요약할 수 있다. 이러한 서정성의 탐구는 동화同化를 통한 자아와 세계화의 동일성 획득에서 얻고 있'다고 하면서, 그 구체적 모습은 첫째로 아이에 대한 사랑과 예찬, 둘째로 그리움의 표현 그리고 동화적 구성과 교훈성을 들 수 있다고 했다.

김자연 동화작가는 '완결된 동심 세계의 구축을 위해서는 자아의 감정을 차단하고 절제하는 것이 중요하다. 그런 의미에서 선용이 추구하는 동심의 그림 찾기가 유년기적 향수에 젖지 않고 있음은 다행한 일이다. 그의 시에 구현된 세계는 유년기적 향수의 투사나 성인들의 정신적 세계가 아닌 동심 그 자체로서의 세계를 지향하고 있기 때문이다.'라고 했다.

최영희 동화작가는 '선용 시인의 동시들은 한결같이 서정이 넘치고 아름다운 시심들로 담겨져 있어 읽는 이의 마음을 즐겁고 신선하게 했다. 선용 시인은 대부분의 소재를 자연물에 접목시키고, 또 여러 가지 감각적 심상과 비유, 함축이 있고, 간결한 언어들을 선택하여 완성도 높은 주제 접근 방식을 꾀하고 있다.'라고 했다.

5.

첫 동시집 『가을바람』이 발간된 것이 1972년이다. 그보다 한 해 앞서 『소년세계』에 「봉황새 알의 기적」이라는 번역작을 발표한다. 그러니까 번역문학가로 먼저 등단한 셈이다.

그는 다재다능하다. 특히 외국어를 익히는 데는 남다른 재질이 있다.

'중학교에 들어가 처음 배운 영어와 고등학교에서 독일어는 언제나 1등이고, 외국어 웅변대회에 상을 놓친 적이 없었죠. 장래 외교관이 되고 싶었습니다. 외국어 공부를 닥치는 대로 했고, 1963년 며칠 자인지 기억나지 않지만 6개 국어를 하는 고등학생이란 제목으로 신문에 나기도 했으며, 라틴어, 불어, 국제어인 에스페란토까지

했습니다.'라고 했다. 또한 중국어까지 능통하여 중국 동화의 번역은 물론 『어학교재』까지 만들기도 했다.

또한 『어린이문예』 등 잡지 발간에도 참여했다. 김문홍의 인터뷰 내용 일부를 그대로 옮긴다.

'부산문화방송의 사시社是 중 첫 번째로 "어린이에게 꿈을"이란 문구가 나옵니다. 민간상업방송의 효시사인 부산문화방송이 어린이들에게 어떤 꿈을 심어줄까 연구한 결과, 어린이 잡지를 내기로 했습니다. 그것을 부산문화방송부설 가야문화연구소에서 맡기로 하고, 사무국장에 시인 이수익 씨가 선임되어 발간 준비를 하려는데, 주간을 맡기로 한 조유로 선생님이 그만 두어, 『어린이 동산』의 주간을 했던 제가 주간을 맡아 발간 준비를 하였습니다. 그때 편집을 맡아 줄 사람을 찾던 중 김문홍 선생님 생각이 나서 전화를 했죠. 그러나 교사란 탄탄한 직장을 버리고 임시직이란 불투명한 직장에 온다는 것은 힘든 일이었겠죠. 몇 달 간 혼자 뛰어 다니다가 정진채 선생님의 소개로 동화작가 배익천 선생이 오게 되었고, 그 해(1979) 8월 『어린이문예』 창간호를 내게 되었습니다.'

동심이란 곧 어린이의 마음이다. 문학이 곧 그 사람이라고 하면 선용 선생을 말하는 것일 게다. 그는 목소리가 높지 않다. 조용하게 흐르는 물처럼 은은하고 그윽하다. 그리고 깔끔하다. 얼굴에는 어린아이처럼 맑은 웃음이 번지고 있다. 언제 어디서나 흐트러짐이 없고, 자세도 곧고 바르다. 목소리를 높이지 않고, 주장이나 고집을 부리는 법이 없다. 그야말로 동심이다.

건강관리도 철저하다. 육식 대신 채식 위주의 식사를 하고, 단식도 수시로 하면서 삶의 절제를 보여준다. 그의 『약초 이야기』는 건강을 잃으면 모든 것을 잃는다는 것을 몸소 겪었기 때문에 만들어 낸 것이라고 한다.

동시의 향유는 어린이다. 동시는 시어에서나 제재에서도 제한을 받는 부분이 상당히 있다. 그래서 전문성이 더 강조된다. 동심시도 극복해야 할 부분이 남아 있지만 동심시가 극복하지 못한 부분에 대해서는 동요를 통해서 어린이에게 다가가고 있는 것은 아닐까. 동심시와 동요의 만남이 필연적일 수 있다는 생각이 들기도 한다. 결국 그의 문학은 깔끔한 이미지로 동심 세계를 피력하면서, 동요라는 즐거운 환상과 접목하여 세상을 밝고 아름답게 하는 것이었다.

오스카 와일더의 일화가 떠오른다. 어느 날 이런 질문을 받았다.

"오늘 하루를 어떻게 지내셨습니까?"

그러자 그는 대답했다.

"오전 중에는 시를 하나 쓰고 콤마를 하나 지워야 했지요. 그리고 오후에는 그 콤마를 하나 다시 써넣어야만 했습니다."

세상을 밝게 한 동심의 노래를 부르기 위하여, 오늘도 선용 시인은 썼다 지웠다를 반복하고 있을 게다.

바다가 엄마처럼 향긋한 젖내를 풍기며 다가서고 있다.

> 바다는/ 엄마 품/ 그래서/ 향긋한 젖내/ 엄마 냄새가 난다//
> 언제나 잔잔한 눈빛/ 조용한 숨소리로/ 자장가를 불러주고/ 슬픈 맘 괴론 맘 씻어주는//
> 바다는/ 바다는/ 엄마.

-「바다는」 전문

(『문학도시』 2020. 7)

그리움과 동심의 풀피리 노래

- 박지현 제6 동시집『내 짝지 순이』

신체시「해에게서 소년에게」가 발표된 지 100년이 되는 해(2008), 계간『오늘의 동시문학』이 이를 기념하면서 '한국 동시 100년에 빛나는 100편의 동시'를 선정했다.「슬픈 어느 날」이 그에 들었다.

울음을 참으려고
애를 썼지만

별님이
먼저 알고
눈물이 글썽.

슬픔을 잊으려고
애를 썼지만

달님이
먼저 알고
수심이 가득.

-「슬픈 어느 날」 전문

울음을 참으려고 애를 써도 참지 못할 정도로 슬픈 날이 있다. 하늘을 바라보며 마음을 달래고 싶었을 게다. 하지만 슬플 땐 어떤 위로가 필요하겠는가. 초롱초롱 빛나는 별도, 환한 빛을 내뿜는 달도 수심이 가득한데…. 해가 지는 걸 마흔 세 번이나 보았다는 어린 왕자의 쓸쓸한 눈망울처럼 슬픔을 거부하지 않고 수용하는 자세가 아름답다. 그의 동시가 빛을 발하는 것은 맑은 동심 때문이리라.

『내 짝지 순이』(해성. 2017)는 제6 동시집이다. 제5 동시집 『아이들이 떠난 교실 안 풍경』(해성. 2010) 이후 7년 만이다. 그림은 박지현의 세 자매라고 적었는데 그의 영애들이다. 아버지의 동시에 그림 날개를 달아준 것이 흐뭇했는지, 그림이 동시를 살렸다며 은근히 딸 자랑을 하기도 했다.

부산아동문학회가 발족한 것은 1973년 2월이었다. 그는 부산아동문학회의 추천 제1호 동시인으로 1974년 『부산아동문학』 제2집에 작품을 발표하면서 등단했다. 지방 아동문학지에 추천을 받아 한국의 동시인으로 서게 된 분은 그가 유일하다.

『내 짝지 순이』를 읽고 또 읽었다. 그리움과 동심의 풀피리 소리가 은은히 퍼지고 있다. 순이가 누굴까? 사춘기적 마음의 표현을 하지 못하고 속앓이를 하던 그 짝지일까? 사업에 실패한 아버지를 따라 산간벽지로 가버린 그 소녀!

좀처럼 잠이 오지 않은 까닭은
보고픈 얼굴이
자꾸만 떠오르고 있기 때문입니다.

이토록 나의 잠을 가로막는 까닭은
내 짝지 순이가

사업에 실패한 아버지 따라
멀리 산간벽지로 이사 갔기 때문입니다.

꼬박 잠도 이루지 못한 까닭은
언제나 그의 하얀 덧니 해맑은 웃음이
내 곁에서 떠나지 않고 있기 때문입니다.

-「내 짝지 순이」 전문

화자는 소녀가 그리워 좀처럼 잠을 이룰 수 없다. 그 소녀를 내세워 그리움을 달래고 있지만, 진짜 그리워하는 대상은 누구일까?

보고픈 얼굴이 자꾸 떠오른다. 산간벽지가 아니라 연전에 북망산천으로 가신 사모님은 아닐까? 하얀 덧니 해맑은 웃음이 곁을 떠나지 않는다. 수십 년을 살아오면서 미운 정, 고운 정이 깊이 든 부부다. 가슴 한쪽이 떨어져 나갈 만큼의 아픔을 견디고 있으니 오죽하겠는가. 잠이나 제대로 이룰 수 있겠는가. 일몰 이후에는 더 그리워진다.

오늘 하루 수고하셨소!
고운 꿈 꾸시길 빌어요.
고요의 천으로 만든 별빛무늬 박힌
까만 어두움의 이불 고이 덮어 드릴게요.

해님은 서둘러
산봉우리에 쬐금 남은 빛살까지
죄다 거두어들여
슬그머니 서녘 바다 품 속으로
안녕!
안녕!

-「일몰」 전문

조용히 손을 내민다. 오늘 하루 수고했다며, 고운 꿈꾸길 빈다. 이제 헤어지는 시간이 오고 있으니 별빛무늬 박힌 어둠의 이불을 덮어주고 싶다. 해님이 서둘러 남은 빛살까지 거두어 떠난다. 서녘 바다의 품속이다. 어둠과 두려움이 밀려온다. 안녕을 외친다.

종일
땡볕에 달군
구름덩이

저녁 무렵에야
온 하늘이
빨갛게 탑니다.

-「여름 저녁 노을」 전문

저녁이 다가올수록 그리움의 파도가 빨갛게 밀려온다. 종일 땡볕에 그리움을 달구고 있었으니까. 비로소 온 하늘이 빨갛게 탄다. 그리움의 속내가 드러난다. 사람은 외롭고 쓸쓸할 때 더 성숙해진다던가. 고독감이 더 빨갛게 느껴진다.

그는 아직도 소년 같은 할아버지다. 피카소는 '어린이처럼 생각하게 되기까지 일생이 걸렸다'고 했지만, 고희를 훨씬 넘겼어도 한결같은 어린이다. 여린 손, 맑은 눈빛 그리고 투박하고 정감어린 말투를 버리지 못한다. 어린이처럼 살아가는 인생이 절대적 삶이라는 것을 피카소보다 먼저 깨달았으니, 그를 능가하는 예술가인 셈이다.

노랗게
빨갛게
온 세상 하얗게

살랑살랑

바람에 꽃향기 코끝으로
살며시 스며들어라

커다란 봄의 선물

-「봄이 피는 날」 전문

봄이 왔다. 노랗게 빨갛게 꽃이 피기 시작한다. 꽃향기가 살랑살랑 날아온다. 큰 봄의 선물이다.

"지구에도 눈이 달렸을까"/ "달렸지요"/ 궤도를 이탈하지 않은/ 정확한 눈//
보폭을 지켜나가는/ 365일 세심한 눈//
낮을 돌고/ 밤을 지나고//
그러다가/ 그러다가/ 활짝 핀 꽃 봄을 만나고/ 버들 잎 푸른 여름을 지나서/ 빨간 단풍잎 가을을 스쳐/ 환한 하얀 눈 겨울을 만나는//
샛말갛게 둥글둥글
푸른 지구의 눈.

-「푸른 지구의 눈」 전문

지구는 자전과 공전을 한다. 궤도를 이탈하지 않는다. 지구가 정확한 눈으로 방향을 보기 때문이다. 또한 그 보폭으로 낮과 밤을 지난다. 그러다가 봄, 여름, 가을 그리고 겨울을 만난다. 정말 지구의 눈은 365일 세심한 눈이다. 그는 지구처럼 동심의 괘도를 벗어나지 않는 맑은 눈을 가졌다.

아무리

벗겨도
벗겨도

저는
결백합니다.

-「양파의 발언」 전문

양파의 껍질을 벗긴다. 벗길수록 하얗다. 결백의 동심! 그것이 그의 본성이었다. 그래서 '바다와 하늘/ 누가/ 누가 더 예쁜 마음일까/ 오늘도 골몰히 생각해 본다.'(「누가 예쁜 마음일까」)하면서 늘 바다 같은, 하늘과 같은 결백을 보여주고 싶다.

자동차도 세월이 지나면 엔진오일이나 바퀴를 갈아 끼운다. 새로운 동력을 얻기 위해서다. 동심의 노래도 마찬가지다. 이번 동시집이 남다른 상상력과 동심 세계를 보여준다. 그리움의 깊이는 한결 깊어졌다.

한국의 아동문학가들은 그를 모르는 이가 없다. 이미 풀피리 시인으로 유명하니까. 그의 풀피리가 삘리리 소리를 높이고 있다. 그리움은 노을처럼 빨갛게 타고, 동심은 맑고 투명하게 빛나고 있다.

(『아동문학평론』 2018 봄)

슬픈 밤의 '별'이 확장시키는 동심세계

- 공재동의 동시 세계

1.

부산시 문화상은 1957년에 제정되었다. 부산 지역의 사회 문화 발전에 기여한 시민에게 수여하는 상이다. 시상 부문은 인문 과학, 자연 과학, 문학, 공연 예술, 대중 예술, 공간 예술, 체육 그리고 언론 출판 등이다.

2014년도 이 상의 문학부문 수상자는 공재동이었다. 정진채 동화 작가가 수상한 것이 1997년이었으니까 아동문학가가 수상한 것은 실로 17년만이었다.

공재동은 부산아동문학의 자존심이다. 2006년 계간 『오늘의 동시문학』이 비평가들의 추천을 받아 선정한 '오늘의 한국 동시를 이끌어가고 있는 작가 20인'에도 선정되었다. 또한 2008년도에 조선일보가 현대시 100년 연속 기획으로 '한국인의 애송 동시 50편'을 선정하여 매일 아침 동심의 창을 열었는데, 부산 동시인의 작품은 최계락의 「꼬까신」과 공재동의 「별」이었다. 부산은 공재동이란 걸출한 동시인을 가졌으니 얼마나 행복한가.

2.

작품론을 써 달라는 부탁을 받았을 때 금정산을 오르고 있었다.

"저는 별 높지 않은 근교산만 갑니다. 선생님처럼 큰 산은 오르지 못합니다."

거절을 했지만 어쩔 수 없었다. 이미 한국 대표 동시인으로 호평을 받는 분인데, 내가 어떤 말로 어떻게 표현할 수 있겠는가?

계간『시와 동화』(2010. 여름)에 '한국아동문학가 100인'을 연재하는데, 공재동 편이 실렸다. 김용희 문학평론가는「슬픔의 미학, 그 서정의 아름다움」이라는 논제의 작품론을 썼는데, '공재동의 시적 사유가 어린 시절의 체험과 정서에 뿌리깊이 고착되어 있다는 것이고, 또 자기 삶의 근원에 집요하게 유착되어 있다'고 했다. 고향마을은 그의 서정적 깊이에서 강한 뿌리를 내리고 있는 곳이었다.

공재동의 고향은 경남 함안이다. 소민호 동화작가는 공재동 시인의 고향을 찾아 취재한 글(「공재동 시인의 고향 구석박골」)을『어린이문예』(2009. 봄)에 실었다. 그의 고향마을은 경남 함안군 대산면 평림리 구석박골(九水合谷의 와전?)이다. 구석박골! 그렇게 구석진 곳에서 한국의 대 동시인을 탄생시켰으니, 구석에서 용(?)났다는 말이 어울릴 법하다. 소민호는 '참 온안한 마을이다. 몇 안 되는 집들이 나지막한 동산에 둘러싸여 마치 어머니의 품에 안긴 아기들처럼 옹기종기 모여 누구를 기다리고 있는 듯했다.'라고 서술하고 있다. 그러나 '슬픈 밤'을 경험한 곳이기도 할 거다. 동네가 온안하다고 가난에서 자유로운 것은 아니니까.

김용희는 그 평론에서 '공재동의 동시 세계에서 어린 시절의 삶 체험이 담긴 잠재된 상상력의 힘이 얼마나 큰지를 실감할 수 있는 일이다. 그만큼 삶의 근원으로 지향하는 공재동의 동시 세계에 드리워진 서정의 그늘은 깊고도 아름답다.'라고 했다.

나는 공재동의 제3 동시집 『별을 찾습니다』(인간사. 1984)를 읽고 얼마나 감동했는지, 아직도 그 동시집을 보면 가슴이 저려온다. 어쩌면 이렇게 아름다운 서정을 노래할 수 있을까 생각하며 그를 흠모했다.

비의 발자국을 보셨나요.
연못으로 가 보셔요.

아무리 살짝 지나갈래도
동그랗게 번지는
비의 발자국

아무리 몰래 스쳐갈래도
송글송글 번지는
비의 발자국

비의 발자국을 보셨나요.
연못으로 가 보셔요.

-「비의 발자국」 전문

3.

『공재동 동시선집』(지식을 만드는 지식. 2015)은 한국 동시문학 100년을 증언하기 위해, 한국아동문학사를 빛낸 동시인 111명을 가려 뽑아 만든 책이다. 그의 동시는 대부분 자연과 서정을 담은 노래다. 그 중에서도 「별」은 '한국인의 애송 동시 50편'에 선정된 명작이다.

즐거운 날 밤에는
한 개도 없더니
한 개도 없더니

마음 슬픈 밤에는
하늘 가득
별이다.

수만 개일까.
수십만 갤까.

울고 싶은 밤에는
가슴에도
별이다.

온 세상이
별이다.

-「별」 전문

이 책에 104편의 동시가 실려 있다. '별'이 제목이 된 동시가 3편, 별을 시어로 동원한 동시가 15편(14.4%)이었다. 별에 대하여 이상문 동시인은 공재동의 인물론인 「슬픈 밤에 뜨는 별」(계간 『시와 동화』 2010. 여름)에서 다음과 같이 말한다.

'그 별은 슬픔, 외로움, 눈물과 함께 한다. 그런데 그 슬픔과 외로움이나 눈물이 어둠에 떨어지지 않고, 하늘에서 아름다운 빛으로 발산한다는 데 의미가 있다. 그는 그 자신이 한과 슬픔을 인류에게 지워진 영원한 짐이라고 규정하며, 이를 시의 그릇에 담아내려고 노력해왔다. 그것이 어찌 쉬운 일일까? 특히 눈물처럼 투명한 그것들을 동시란 그릇에 담아내기란 더더욱 어려운 일이다. 그러나 그는 어두운 밤하늘에 반짝이고 있는 별에서 그 해법을 찾아냈다.'라고 했다.

그 별은 슬픔, 외로움, 눈물과 함께 한다고 했으니 '슬픈 밤'이 있어야 한다. 그래야만 그 별은 시리도록 빛나는 것이다. 이에 대하여 장석주 시인은 '그 별들은 사람의 감정 기복에 따라 반응한다. 기쁜 날에는 없더니, 슬픈 밤에는 하늘에 별이 가득 찬다. 그럴 리가 없지만 별은 그걸 보는 사람의 마음에 따라 있기도 하고 없기도 한다. 누구나 울고 싶을 때 마음 밖에 있는 외부적 요소의 위로와 도움이 필요한 법이다. 슬픈 사람에게 별은 친구이자 애인이다. 슬플 때는 "가슴에도 별"이 뜨고, "온 세상이 다 별"이다. 별들은 밤의 눈[眼] 혹은 밤의 눈가에 맺힌 눈물이다. 아하, 기쁠 때 별이 보이지 않았던 것은 그 많은 별들이 누군가의 슬픈 가슴으로 몰려갔기 때문이다.' 라고 했다.

별은 흔히 고결한 이상과 선한 마음, 순수한 소망, 정신의 순결성을 상징하거나, 도달할 수 없는 거리감, 신비감의 한 상징으로도 형상화된다. 상념과 고통 속에서 획득되는 심오한 인식과 순정한 자아의 표상이 되기도 한다. 신의 질서나 섭리를 뜻하는가 하면, 가난이나 고난의 시련을 극복하게 하는 이상 세계, 또는 밝은 미래에 대한 희망을 상징하기도 한다.

공재동의 별은 동심세계로 무한히 확장시키는 에너지다. 그래서 별을 사랑한다. 동시집에도 『별을 찾습니다』와 『별이 보고 싶은 날은』(양업서원. 2002)처럼 별을 동원했고, 정년퇴임 기념으로 발간한 시조집도 『저 별들 가득한 밤에』(해성. 2011)에도 띄워놓았다.

아마 '아름다운 것은/ 사라져/ 눈물이 되'(「아름다운 것은」)는 것을 사랑한 것은 아닐까? 이슬, 노을, 새들의 노래, 달, 별 그리고 우리들의 노래가 그렇다고 했다. 그러나 '아름다운 것은/ 모두 눈물이 되어/ 고운 마음속에/ 살아있습니다'라고 하더니, 별은 '어둠에 묻혀도/ 어둠 속에서/ 더욱 빛나는 것'(「별이 보고 싶은 날은」)이라고 했다. 그래서 '별만큼 사랑스런/ 이웃이 있을까.// 별만큼 정다운/ 친구가 있을까.'(「별을 위하여」) 하고 노래한다. 결국 '이 밤 우리는/ 별을 위하여// 잊혀진 노래를/ 부르고 싶다'(「별을 위하여」)라고 한다. 별은 서늘하도록 아름답게 서정적 향수를 불러일으키고 있다.

「별이 보고 싶은 날은」에서 '마음 흐린 날은/ 어둠을 뚫고/ 너의 고운 눈을 본다'라고 했듯이, 답답하고 쓸쓸해질 때도 별의 고운 눈을 보며 가슴을 쓸어내는 이가 공재동이다.

4.

'어린이는 아직도 구름과 바람의 친구이며, 달과 별의 사촌'이라고 한 사르트르의 말을 잘 인용한다. 『별을 찾습니다』와 『보물찾기』(육일문화사. 2006)에서도 읽었다. 『공재동 동시선집』도 예외는 아니었다.

'시인의 말'에도 아이들에 대한 애정을 감추지 못한다. 인생의 절반 이상을 학교에서 아이들과 생활했으니까. '공부에 지친 어린이에게 이 시집이 조그만 위안이 되었으면 좋겠다. 성적 때문에 꾸중 듣는 어린이에게 이 시집이 작은 친구가 되었으면 좋겠다. 울적할 때 펼치고 한 편의 시를 소리 내어 읽으면 마음이 편안해지는 그런 시집이었으면 좋겠다.'라고 했다. 그래서 그의 동시는 생활시가 아니다. 아이들과 터놓고 웃음을 나누고, 즐거운 놀이를 했더라도 그것을 거칠게 표현하는 것이 아니라 은근히 표현한다. 울림이 없는 시적 기교보다는 단아한 형식의 상상력을 선택했다. 동심에 충실하면서, 시의 이미지와 묘사력을 중시하기 때문일 게다.

> 돌 틈 사이에서 덤불 속에서/ 우리가 찾아낸 건/ 꼬깃꼬깃 접고 접은 / 작고 네모난 종이 한 장.//
> 얼마나 가슴 설레었던가요./ 빨간 도장 하나 선명한/ 작고 하얀 종이 한 장.//
> 공책 한 권 받아들고/ 집으로 올 때는/ 마음은 두둥실 날아오르고/ 노을도 빨갛게 타올랐지요.//
> 선생님,/ 언젠가는 우리가 소풍날처럼/ 작고 예쁜 보물이 되어/ 이 세상 어딘가에/ 숨어 있을 테니까요.//
> 그땐 선생님이/ 우릴 찾아보셔요.
>
> -「보물찾기」 전문

이 동시를 읽고 서경석 교장(당시 양천초)은 다음(『시와 동화』 2010. 여름)과 같이 표현했다.

'사랑 가득한 선생님과 아이들이 소풍을 가서 보물찾기를 하는 모습은 정겹고 푸근하다. 미래에 대한 푸른 꿈을 가득 넣은 탱탱한 풍선 같은 기분이 우리에게로 와서 안긴다. "꼬깃꼬깃 접고 접은/ 작고 네모난 종이 한 장"이 바로 보물찾기를 하는 보물이며, 동시에 그 보물이 찾는 아이들 자신이라는 두 겹의 의미가 우리를 초대한다. "마음이 두둥실 날아오르는" 까닭도, "노을이 빨갛게 타"오르는 까닭도 바로 이런 우리 미래에 대한 긍정적인 믿음에서 비롯되는 것은 아닐까. 어디서 무엇이 되어 다시 만나랴. "이 세상 어딘가에/ 숨어 있을" 내 작은 보물들은 어디서 무엇을 하며 지낼꼬.'라고.

보물찾기를 하는 모습이 정겹다. 미래의 보물 세계를 설정해 놓았기 때문이다. 보물찾기에서 느꼈던 설렘의 체험은 화자가 사회의 보물이 되어 숨어 있을 때, 그땐 선생님도 설레는 마음으로 보물(우리)을 찾아보라고 한다.

봄비 그친
텃밭은
1학년 교실

햇살이 반짝
스쳐만 가도

저요,
저요,
저요,

왁자하게 손 내미는
새싹
새싹들.

-『1학년 교실』 전문

제목만 보면 1학년 아이들의 생활을 담고 있는 것 같다. 그러나 아니다. 봄의 텃밭이 1학년 교실이다. 새싹이 쏙쏙 돋는 것을 왁자하게 손 내미는 1학년 신입생에 비유한 것이다. 비유가 얼마나 절묘하고 아름다운가. 비유는 동시의 맵시를 멋지게 하지만 깊은 상상력을 촉발시킨다. 이런 시적 분위기와 문학성을 즐겨도 좋으리라. 생활의 거칠고 모난 부분은 서정의 징으로 깎아내고 쪼아냈으니까.

어쩌면 그가 그리는 피안의 세계는 날개를 달아야 갈 수 있는지 모르겠다. 김용희는 이렇게 얘기한다. '공재동은 "날고 싶어도 날개가 없는 것"보다 "날개가 있어도 날지 못하는 것"을 더 슬퍼한다. 그것은 꿈이 있어도 그 꿈을 실현할 수 없는 우리 아이들이 처해진 현실에 대한 슬픔이다. 바로 공재동은 동시를 통해 어른들의 꾸중에 익숙해지고, 숙제에 시달리는 아이들에게 날개를 달아주고 싶었던 것이다. 그렇다면, 공재동이 아이들에게 달아주고 싶었던 그 날개란 무엇인가? 그것은 그들 스스로 현실을 깨닫는 삶 인식에 놓여 있다. 어른이 지워준 숙제 같은 구속이 아니라, 자연과 친숙하게 지내며 그들 스스로 생각하고 깨닫는 삶 인식이다.'라고.

5.

공재동은 부산 동시단의 별이다. 이주홍, 조유로와 최계락 그 뒤를 이어가는 분이다. 그 저력은 독서에 있다. 그의 서재에 가보면 입이 떡 벌어진다. 웬만한 도서실이다. 2013년에는 국제신문에 '공재동의 아동문학 세상'이란 제목의 칼럼을 연재했다. '인생의 모든 정답은 고전에 있다'며 독서노트를 공개한 것이다. 『어른이 읽는 만큼 아이들이 자란다』(해성. 2016)는 이를 묶은 것이다.

이런 여유가 별과 친하게 되고, 서정성과 현실성을 함께 포용하는 관용의 미학을 형성할 수 있었으리라. 그에게는 아이들도 자연일 뿐이다. 바람과 바다의 사촌이거나, 구름의 친구이거나 아니면 달과 별과도 사촌이라고 생각하고 있으니까. 그래서 자연의 노래를 즐겨 부른다.

고향 마을인 구석박골은 시적 감수성을 키운 곳이다. 그 땅은 향수의 근원이며 시적 자유의 씨앗을 묻은 곳이다. 그곳에서 별을 경험한다. 그리하여 그의 동심세계도 별로 인하여 깊이와 높이와 넓이의 시학을 추구하게 된 것이다. 그의 별은 슬픈 사람에게 친구이자 애인이었기 때문에 슬픈 밤에 더욱 빛났다.

그는 그가 경험한 슬픈 밤의 별을 통하여, 무수히 많은 동심의 별들을 탄생시키면서, 상상력이란 별밭에서 놀고 있었다. 어쩌면 별의 시인이니까.

동시 한 편을 음미하면서 슬픈 밤, 서늘하게 빛나는 별 하나를 만난다.

개울물 건너다가
잃어버린
코고무신

가슴 반쪽
무너진 채
돌아오는 내 누이야,

보아라,
저 하늘에
초승달로 걸린 것을.

-「초승달」 전문

(『열린아동문학』 2016 봄)

대자연 속에 숨 쉬고 있는 동심 찾기

- 최만조의 동시 세계

1.

농자천하지대본
하늘 높이 들고

징 소리 꽹과리 소리
맑은 하늘 퍼져 나가면

지잉 징… …
꽤앵 꽹 꽹 꽤꽹 꽹… …

고깔 쓴 나비들이
빨강 노랑 파랑

무지개 띠 비비꼬고
쥐어흔들고

비잉 빙 원을 그리며
훠얼훨 날아 뛴다.

지잉 징……
꽤앵 꽹 꽹 꽤꽹 꽹……

풍년의 소리가 쏟아진다.
농부의 땀이 익는다.
가을하늘이 즐겁다.

-「농악 소리」 전문

그의 대표작이다. 제6차 교육과정 당시 초등학교 국어교과서(읽기 6-2)에 실렸다. 농악은 농촌에서 행하던 우리나라 고유의 음악이다. 나발, 태평소, 북, 장구, 꽹과리 그리고 징 따위를 불거나 치면서, 춤추고 노래하는 풍물놀이다.

농악놀이는 풍년에 대한 감사와 기쁨을 표현하기 위한 것이었다. 풍년의 소리가 쏟아지고, 농부의 땀이 익어가면서, 들판은 넓어지고, 하늘은 높아진다. 높이 든 깃발, 상모의 율동, 꽹과리소리, 징소리 등이 어울리면서 역동적이고 생동감이 넘친다.

농사는 우리 민족의 중심이 되는 문화다. 전통 한국사회는 농업경제에 의존했기 때문에 농업과 관련하여 제천의식이 생겨나고, 자연숭배사상까지 확장되었으리라. 농사는 삶의 수단이었으니까 이와 관련하여 문화가 발달할 수밖에 없었다. 그래서 농자천하지대본農者天下之大本이라 했다.

이 동시는 농경문화의 감성이 잘 드러난다. 자작시 해설에서 '대자연은 동심의 원초적 고향이다. 대자연에서 가을의 풍요를 우리 조상들이 노래하듯, 아이들이 공해에 물들지 않고, 순수 자연에서 전통문화 향기에 젖어'라고 했다. 이런 문화적 감성은 자연과 일체를 이루면서, 그 속에 숨 쉬고 있는 동심을 통해서 한국 정서를 노래하고 싶은 의지가 아니랴!

2.

초등학교 교사로 재직하면서 문예지도와 아울러 문학적 소양을 착실히 쌓았다. '등단시절의 이야기'는 『어린이문예』(2012. 봄)에 「늦깎이의 변」이란 제목으로 실려 있다.

'아동문학에 입문하게 된 것은 초등학교 교사로 발령 받고, 현장 아이들을 위한 글짓기 교사로 출발한 것이 동기였다. (중략) 아이들과 벽신문을 만들고, 아동 시집도 제작하여 아동문학에 대한 관심이 날로 부풀어갔다.'고 술회한다.

경남 산청군내 시골 학교에서 부산 신선초등학교로 전근 온 지 얼마 되지 않아서다. 국제신문사가 주최하는 '국제글짓기 백일장 대회'에서 최고상인 대상 수상의 영예를 차지했다. 글짓기야말로 전인교육이라는 철학적 신념으로 아이들을 가르쳤다. 이로써 글짓기 자료개발 집필위원(부산시 교위)으로 활동하면서 글짓기지도 자료집 등을 발간하기도 했다.

1934년 경남 산청군 신등면 손항마을에서 태어났다. 두 살 때 가족을 따라 일본에서 생활하다 광복과 함께 귀향했으며, 경남 진주에서 청소년 시절을 보냈다. 진주사범학교 졸업 후 교단생활을 시작하여, 1999년 부산 신촌초등학교장(사하구)으로 정년퇴직했다. 퇴임하면서 국민훈장 동백장을 수상했다.

1977년 월간 『아동문예』에 동시 3회 천료로 문단에 데뷔했으며, 2003년 『부산시조』에 동시조로도 추천됐다. 한국아동문예작가회

초대회장, 부산아동문학인협회장, 사하문인협회 초대회장을 역임했고, 색동문화상, 아동문예작가상, 실상문학상, 한국동시문학상, 부산문학상 그리고 화쟁문화대상 등을 수상했다.

『바다에 살자』(1980), 『을숙도 아이들』(1986), 『봄비의 마음』(1991), 『농악 소리』(1998), 『아파트에 내리는 비』(2003) 그리고 『고향에 피는 진달래』(2012) 등의 동시집을 상재했다.

등단 자극제는 '갈뫼는 등단도 하지 않고 신문에 발표도 하고, 마치 기성문인처럼 행세하고 다닌다'는 소문이었다. 그 무렵 '부산글짓기 교육연구회' 교사 모임의 회장직을 맡고 있었다. 회원 중에 등단한 교사들도 있었는데, 등단도 하지 않은 이가 회장을 맡고 있었으니 이상한 소리가 날 법도 했다. 「늦깎이의 변」의 글을 더 옮긴다.

'전시회(부산글짓기 교육연구회 창립기념 아동 시화전)를 마치고 나니, 초청 문인으로 왔던 몇 분이 등단을 빨리 하는 것이 좋겠다고 권유하기도 했다. (중략) 초면의 작가를 대면했다. 그가 전하는 말이 "앞사람의 발자국만 따라가면 산삼을 캐지 못한다. 혼자 가시덩굴을 헤치고 길을 찾으라. 또 자기 마음에 드는 터에 말뚝을 쳐라. 즉 자기 혼자 하는 것이 문학"이라며 직접 투고를 하는 거라고 잘라 말하는 거였다.'

그리하여 늦깎이지만 면허를 따기로 했다. 불혹을 넘긴 연세였다. 『아동문예』에 3회 추천완료한 작품은 「가을바람」이다.

해님 따라 돌던
해바라기 꽃시계.

간밤 서리에
녹이 슬었는지

오늘 아침 갑자기
돌지 않네요.

지나가던 가을바람
걱정 되어서
이리보고 저리 보며
고치다가는

고장만 더 내 놓고
달아났어요.

글자도 지워 놓고
바늘도 떼고,

-「가을바람」 전문

추천사(문삼석, 박종현)는 '최만조는 그간 퍽 다양하면서도 의욕적인 목소리를 보여 왔다. 그것도 단지 출발로서의 몸짓이 아닌, 보다 넓은 시각과 아울러 깊이를 지니고 있다는 점에서 주목과 기대를 끌게 했다. 그는 하나의 뚜렷한 빛깔로써 존재한다는 사실을 인식해볼 필요가 있다. 그러기 위해서는 끊임없는 자기 목소리의 탐구가 계속되도록 할 것이다.'였다.

등단 소감은 '때늦은 노래라 해도 하나의 영靈, 하나의 생명체를 위해선 부끄럼도 두근거리는 가슴일랑 리듬으로 삼고, 서투른 노랠 걸음마 배우는 아이처럼 불러보련다.'라고 했다.

박경종의 『초록 바다』 동시집은 동시를 본격적으로 공부하게 된 자극제였다. 초임지였던 시골 학교 아이들에게 동시 지도를 하면서 시의 매력을 느끼게 한 책이었다.

부산아동문학인협회 카페에 '갈뫼 최만조 서재' 방이 있다. 동시가 주로 올라 있지만, 그의 문학적 경륜을 짚어주는 산문들도 보인다. 『예술부산』(2017. 3)의 '예술가열전'에 수록된 「동심을 지킨 아동문학가!」라는 글은 김정화 수필가가 인터뷰하여 정리한 것이다. 그의 삶과 문학이 일목요연하게 정리되어 있다. 글의 일부를 옮긴다.

'배경이 되는 대자연은 동심의 원초적 고향이라고 생각한다. 자연에서 풍요를 느끼고 계절의 소리를 들으며 기억이 반영된 심상을 떠올리는 일은 행복하다. (중략)

선생이 교직에 재직할 때는 글 쓰는 일 외에 수석 취미 활동을 했으나, 퇴임 후 사회봉사에 관심을 갖고 꾸준히 참여해 왔다. 제14회 부산아시아경기대회 자원봉사, 부산 아시아드 볼런티어 교통질서 계도, 책 보내기 시민운동 참여 등 봉사는 언제나 보람을 느끼는 일이었다. (중략)

동시는 호흡이 짧지만 여운은 길다. 동심의 눈으로 세상을 바라보면 순수한 인간의 마음을 읽을 수 있고 희망을 잃지 않고 살아갈 수 있다. 선생이 후배들에게 당부하고 싶은 말은 무엇보다 작가라면 "글을 잘 써야" 한다는 것이다. 그러려면 아이들에 대한 존중을 바탕으로 맑은 눈으로 들여다보고 깊이 해석하는 것이 중요하다고 일축한다.'

그의 호는 '갈뫼'다. 고향의 어른이 그의 얼굴을 보고 "노루가 산 언덕을 바라보는 모습"이라 한 말 때문에, 스스로 '가을 산'을 뜻하는 '갈뫼'로 지었다고 한다.

3.

개나리 가지 끝에 매달린/ 노란 봄별이/ 활짝 피고 있다.//
어제 돌아온/ 제비 형제가 / 빨래 줄에 앉아서//
강남 이야기/ 조잘조잘/ 봄 뜨락에/ 쏟아 놓고 갔다.//
오늘 낮부터/ 꽃봉오리들이/ 무지개가 피듯/ 숨을 크게 쉬고//
여기 와 노는/ 꽃샘바람은 사알살/ 뒤뜰에 흩어진/ 겨울 조각을/ 쓸어내고 있다.

-「봄 뜨락에는」 전문

한 폭의 풍경화다. 온통 봄기운이 그득하다. 개나리 가지 끝에 매달린 노란 봄별이 활짝 피어 있다. 제비 형제들이 어제 돌아와 조잘대고 있고, 꽃봉오리들이 무지개처럼 숨을 크게 쉬고 있고, 꽃샘바람은 뒤뜰에서 겨울 조각을 쓸어내고 있다. 어떤가? 봄이 꿈의 세계처럼 느껴진다. 봄 뜨락이 아름답다.

곱고, 아름답고, 순수하다는 것만으로 시가 되는 것인가? 한때 아동문학은 추상화된 동심을 천편일률적으로 적용하면서, 하나의 도그마처럼 맹목적으로 따랐다. 이에 대하여 김종헌 문학평론가는 다음과 같이 진술했다. '그 시절 동심은 즐거움(유희)이나 외부(사회)로 나아가지 못하고 내부(교시적 문학)에만 머물러 있었다. 이 한가운데 "교단문학"이 있었'다고 했다.

그도 그 범주 안에 있었다. 동심이 세계로 나가지 못하고, 자신의 내부에 머물다 보면 사변思辨 중심의 관념적 동시를 쓰게 된다. 관념적 동시는 시인 자신에게는 성취감이나 만족감을 주기 때문에 자칫 자아도취, 자기만족이라는 매너리즘에 빠질 수도 있다. 그러나 그는 한결같다. 대자연 속에 숨 쉬고 있는 동심을 찾아내고, 오직 동심의 노래를 부르는 자연인이 되어 천진한 동심 세계를 그리며 살았으니까.

봄비의 마음은
어머니 무릎에 앉아
잠을 깬 아기의
푸른 웃음이다.

봄비의 마음은
하얀 도화지 위에
마음껏 물감을 뿌리며
그림 그리는
아이들의 즐거움이다.

봄비의 마음은
노오란 개나리 피는 봄날
새 학년 맞이하는
우리들의 설레임이다.

우리 큰누나
시집가는 날 기다리는
분홍빛 부푼 마음도
봄비의 마음이다.

-「봄비의 마음」 전문

푸른 웃음과 즐거움과 설렘과 부푼 마음이 들어있어 아늑하게 느껴진다. 관념시는 체험보다는 주관적인 관념으로 이상과 감정을 읊기 때문에 환타지가 강할 수 있다. 시의 맛을 우려내기 위하여 비유나 상징 등을 동원하기도 한다. 비유란 원관념과 보조관념 사이의 거리가 멀수록 참신하고 산뜻한 느낌을 준다. '봄비는 푸른 웃음', '봄비는 아이의 즐거움' 그리고 '봄비는 우리들의 설레임' 등은 봄비 오는 날의 분위기를 잘 살려준다.

시를 쓰는 이유는 시인 자신은 물론 독자의 행복을 위해서다. 그렇다면 읽는 재미는 물론 즐거움까지 주어야 한다. 교시적 기능만큼 쾌락적 기능도 중요하다. 독자는 새롭고 낯선 세계를 갈구한다. 독자는 시인이 경험한 새 세상에서 행복을 느끼고 싶으니까. 새롭고 낯선 실험으로 독자까지 행복하게 하는 게 작가정신이다. 세계를 자신의 내부로 끌어들여 내적 인격화를 꾀하(동화同化)거나, 감정이입에 의하여 자아와 세계가 일체감을 이루도록 투사投射도 해야 한다.

> 이른 봄날/ 어미 닭 따라다니는/ 노란 병아리 떼.//
> 삐약 삐약 삐약…/ 금붕어 입으로/ 봄하늘 쳐다보며/ 즐겁게 노래하는/
> 일학년 아이들.//
> 부푼 가슴마다/ 파릇파릇 크는/ 파아란 꿈들.//
> 하얀 도화지 위에/ 알롱달롱/ 무지개 담아내면//
> 살랑살랑 꽃샘바람이/ 나비처럼 속삭이고 간다.//
> 병아리 깃털처럼/ 깨끗한 봄 그림/ 참 잘도 그렸네…….
>
> -「일학년 아이들」 전문

제목만 보면 일학년 교실이다. 그러나 닭, 병아리, 금붕어, 무지개, 꽃샘바람, 나비 그리고 봄 등 대부분 자연 속에서 얻어진 시어들이다. 병아리나 금붕어처럼 노래하는 모습이 일학년 아이들이라고 은유했다. 이처럼 자연이 곧 그의 문학이다. 세네카는 '착하게 산다는 것은 자연에 따라서 산다는 것과 같은 말이 되는 것이다'라고 했으니, 자연에 따라서 노래 부르고, 그 속에 깃든 동심을 찾아내면서 선의 삶을 추구했다고 할까.

아장아장 걸어가는
우리 아기 발자국.

풀밭에 활짝 피는
귀여운 그림자.

엄마의 웃음 얼굴에
춤을 추는 걸음마.

파아란 잔디 위에
살금살금 걸어가면,

흰나비 한마리 훨훨
용용용 못잡겠지?

아기는 고개 들고서
하늘만 쳐다봐요.

-「하얀 목련」 전문

동시조다. 아마 동시만으로 풀 수 없었던 창작 열정을 확산한 것이리라. 동시는 자유시니까 방만할 수 있지만 시조는 형식을 지켜야 하고, 그 틀에 맞추어야 한다. 그 형식이 오히려 문학적 긴장을 준다.

잔디 위에서 아기들이 놀고 있다. 귀여운 그림자를 드리우며 걸어가는 아기의 모습도 자연이다. 이처럼 자연 속에 숨 쉬고 있는 동심을 발견하는 것이 즐거움이고 위안이었다. 그러나 시의 소재, 주제, 표현 등이 모두 낯설어야 참신한 것이라면, 자연의 깊이까지 잠입하여 기존의 관습이나 제도에서 벗어나 전혀 새로운 각도로 세상을 관찰하는 것도 시 세계를 확장하는 계기가 되리라.

4.

김정화 수필가의 인터뷰는

"'시대가 변해도 동심의 본질은 변하지 않는 것!" 이것이 갈뫼 최만조 선생이 지향하는 시적 세계라고 할 수 있다. 그동안 방정환, 이주홍, 이원수, 강소천 등 동심을 지켜낸 아동문학가들이 있었기에 100년 역사를 넘긴 한국 아동문학의 지층이 더욱 두터워질 수 있었다.'라고 시작해서,

'부산에서도 "동심의 문학"을 위해 평생을 바친 원로 아동문학가들이 문단을 굳건히 지켜오고 있다. 그중 아동문학의 큰 그늘인 갈뫼 최만조 선생이 대표적이다.'라고 했고, '평생 동심을 지켜온 원로 아동문학가의 눈빛에서 동시가 사랑받는 시대, 동시가 널리 읽히는 시대가 되길 희원하는 간절한 마음을 읽는다.'라고 마지막을 장식한다.

그는 대자연이 숨 쉬고 있는 동심을 통하여 미학을 찾아내고 있다. 이는 현실주의 동심에 배치될 수 있지만, 동시 문학이 사실성보다 낭만성을 더 보듬고 있다면 그의 시 정신을 이해할 수 있다. 시 정신이란 세속적인 것을 극복하고자 하는 시인의 승화된 욕망이다.

서양 철학은 자연과 인간을 따로 보는 이분법이지만, 동양 철학은 자연과 인간을 하나로 보는 천인합일天人合一 사상이 바탕이다.

그는 대자연 속에 숨 쉬고 있는 동심을 노래하면서, 바람직한 인생관이나 착한 삶을 찾아내고 있었다. 오직 자연과 하나가 되거나 일체가 되어야 했다. 그러니까 착한 이미지의 교시적 문학을 표방하고 추종할 수밖에 없었으리라.

단테는 자연은 신의 예술이라고 했다. 「가을 하늘」이 쏟아진다. 신의 예술이 메마른 사회를 포근하게 안아주려는 듯이.

연못에 가을 하늘이
파랗게 빠져 있다.

두 손으로 건져내려고
살며시 떠올리면
미꾸라지 빠지듯

조르르 손바닥 사이로
쏟아지는 가을 하늘.

-「가을 하늘」 전문

(2020.10)

자유로운 영혼이 키우는 동심의 별

- 강현호의 동시 세계

1.

맴
매암
매암 맴

낮잠 든
여름 숲을 깨우는

쬐그만
아주 쬐그만
알람시계.

- 「매미」 전문

초등학교 국어(1-2) 교과서에 실려 있는 동시다. 한국의 아이들이 이 동시를 읽으며 자라고 있다. 예술은 상상력을 기반으로 하고 있다. 상상의 언어를 쓰면 쓸수록 문학성이 강해진다. 상상력은 작가의 독특한 정신 작용이니까. 그는 상상력이 뛰어나다.

'등단 시절 이야기'는 「아직도 나는 상상의 날개를 달고 별에 가고 싶다」라는 제목으로 『어린이문예』(2010. 겨울)에 실려 있다. 중학교 다닐 때의 일화다.

> 'K선생님께서 첫 작문 시간에 들려주신 이야기는 뜻밖에도 수학에 관한 것이었다. 작문 원리를 열심히 강의하시던 선생님이 한 학생에게 질문을 던졌다.
> "A+B=?"
> "참새"
> 엉겁결에 그 학생은 참새라고 대답했다. 창가에 날아 앉아 귀여운 소리로 재잘대던 참새에 정신이 팔려 있어 엉뚱한 대답을 했던 것이다.
> 선생님께선
> "너는 수학점수는 0점이지만, 그래도 작문 점수는 만점이다."
> 라고 빙그레 웃으셨다. '참새'라고 대답한 그 학생이 바로 나였다.'

진주사범학교를 졸업하고 초등학교 교사가 되었고, 아이들과 생활하면서 문학의 꿈도 익혔다. 1979년 『아동문예』에 동시「나이테」로 3회 추천을 받아 등단한다. 1982년에는 조선일보 신춘문예에 동화 「별」이 당선되어 동화작가도 된다. 아동문학은 동시와 동화를 아우르는 문학이기 때문에 아동문학가라는 이름도 동시와 동화를 잘 쓰는 이에게 붙여져야 한다. 그런 면에서 그는 진정한 아동문학가다.

> 봄.
> 여름.
> 가을.
> 겨울.
>
> 한 자리에 불러 모아

꽁꽁 한 데 묶어버렸습니다.

커다란
시간의 태엽을
힘주어 꼬옥 꼭 감아버렸습니다.

-「나이테」 전문

김사림 시인은 추천사를 통해 '시인의 상상력은 자연의 아름다움뿐 아니라 「나이테」를 통해 흘러간 시간과 역사의 소리를 들을 수 있고, 자연과 인간을 서로 분리하지 않고 동질성을 회복시킨 점을 부각시켰다.'라고 했다.

2.

동시집으로는 『산마을 아이들』(1983), 『메아리를 부르는 아이』(1986), 『나이테』(1988,) 『사과밭과 가을 굴렁쇠』(1991), 『닮았어요』(2002), 『바람의 보물찾기』(2011) 그리고 『강현호 동시선집』(2015)이 있다. 특히 『강현호 동시선집』은 '지식을만드는지식' 출판사에서 기획 출간한 것이다. 이 책은 1908년 한국의 근대 아동문학이 탄생한 이후 한국 동시문학사를 빛낸 이들을 선정하여, 그 100년을 증언하기 위하여 출간되었으니 작가의 자존감이 실려 있다.

그 책의 서문에 이렇게 적고 있다. '한 편의 깨끗한 동시를 읽고, 함께 공감하고, 고개를 끄덕이고, 미소를 짓는 아름다운 마음을 지니게 되어서 나는 행복하고 고마웠다'라고.

동시・동화집으로 『메아리를 부르는 아이』 그리고 『동심을 켜는 등불』 등이 있다. 또한 국어 교육을 위한 『국어 학습지도서』 등도 펴냈다. 『동심을 켜는 등불』(세종출판사. 2005)은 제24회 한국교육자대상 수상을 기념하면서 펴낸 문집이다. 퇴임의 기념도 겸하면서 그동안 아껴주고 격려해준 분들에게 보답의 마음도 담았다.

세종문화상, 현대아동문학상, 해강아동문학상, 한국아동문예작가상, 부산아동문학상, 부산문학상(본상) 그리고 방정환문학상 등을 수상했다. 특히 세종문화상(교육부문)은 한평생 어린이를 위한 문학과 정서순화교육을 통하여, 따뜻한 세상을 만드는 데 기여했다는 공로를 인정하여 정부가 주는 상이다.

부산아동문학인협회장, 연제문화예술인협회장 그리고 한국독서문화재단 이사 등을 역임하기도 했다. 교단생활을 하면서 부산국어교육연구회장, 청소년 독서교실 자문위원, 부산교원연수원 교육연구사 그리고 부산교육연구원 교육연구관 등을 지냈으며, 만덕초등학교장으로 정년을 맞이했다. 황조근정훈장을 받았다.

문학적 업적도 두터웠기 때문에 그의 작품에 대한 평가도 다양하다. 이재철 평론가는 '어린이들이 이해할 수 있는 언어로 소박하고 단순한 주제를 표현하고 있지만, 거기에는 삶과 자연에 대한 깊이 있는 통찰과 지혜가 스며들어 있다. 그의 동시는 우선 자연의 세계를 표현하고 묘사하는 방법에 있어 재치가 번득이며, 재미가 넘친다. 하지만 그것은 단순한 재미에 그치는 것이 아니라, 자연의 질서와 그 질서 속에 담긴 뜻에 대한 깊은 사유를 보여주는 것이다'라고 했고, 노원호 동시인은 '아이들의 심리에 맞는 단순한 동심의 구조로 짜여 있다는 것이 그 첫째고, 풍부한 상상력과 명쾌한 시어들로 조직되어 감성의 폭을 확대시켜 준다는 것이 둘째 이유다. 셋째는 호흡이 짧으면서도 이미지가 명확해서 감흥을 불러일으킨다는 것이다'라고 했다.

> 바람들이 모여서
> 보물찾기를 한다.
>
> 아, 새싹!
> 어, 버들개지!
> 야호, 개나리!
> 아싸, 진달래!
>
> 바람들이
> 하얀 쪽지에 적힌 저마다의 보물들을
> 큰 소리로 외쳤다
>
> 해님이 상으로 바람들에게
> 따뜻한 털조끼를 입혀줬다.
>
> -「바람의 보물찾기」 전문

봄바람은 그냥 찾아오는 게 아니다. 보물을 찾으러 온다. 새싹, 버들개지, 개나리와 진달래 등이 모두 보물이었다. 해님은 보물을 찾아낸 바람에게 상을 준다. 털조끼를 입혀주는 상이다. 봄처럼 늘 따스한 그의 마음을 엿볼 수 있다. 그래서 친구도 많다. 그는 인정이 넘치고 따뜻하다. 밤 새워 얘기해도 좋은 옆집 아저씨 같은 분이다.

아호인 '문산問山'은 이주홍 선생께서 '번거로운 속세가 아닌 별세계에서 안주하고 있는 겸허한 작가니까 "산을 묻는다"'하면서 주었다 한다. 이백李白의 한가로움과 탈속세의 자유와 풍류가 느껴진다.

3.

천문대에 망원경이 없다면 밤하늘의 별들도 제대로 관찰할 수 없다. 상상력이란 천문대의 망원경에 비유할 수 있다. 동심의 하늘을 맘껏 바라볼 수 있는 망원경이니까. 상상력은 창조의 세상이다.

추운 겨울동안
꽁꽁 덮었던
무거운 솜이불을
잘게잘게 뜯어

빈 가지 가지마다
하얗게 널어서
봄볕에 말리고 있다는 걸
남들은 알까? 모를까?

-「백목련·2」 전문

그의 상상력이 보인다. 목련꽃을 솜이불 속에 들어 있던 솜들을 잘게잘게 뜯어서 가지에 널어놓은 것이라고 했다. 겨우내 덮었던 솜이불을 봄볕에 말리기 위해서. 이 얼마나 멋진가. 그의 동시에는 이런 상상력이 번뜩이고 있다.

심심해진 가을바람이
손가락으로
나뭇잎의 겨드랑이를
자꾸만 간질렀다.

"까르르"

"깔깔깔"

참다못한 나뭇잎들이
웃음을 터뜨리며
얼굴이 빨개졌다.

-「단풍잎·1」 전문

가을바람은 장난꾸러기 아빠다. 오늘도 가을바람은 나뭇잎의 겨드랑이를 간질이고 있을 것 같다. 단풍은 웃다가 얼굴 빨개지겠지. 안도현 시인은 시에서 함축은 긴 내용을 '줄여 말하기'가 아니라 '비유해서 말하기'라고 했다.

그의 동시는 신선한 비유를 생명으로 하고 있다. 비유는 동시에 옷을 입히는 일이다. 비유가 좋을수록 맵시 있는 옷을 입은 것처럼 폼이 나니까. 「매미」 소리도 '쬐그만 알람시계'라고 했다. 표현이 원숙하면 작품의 완성도도 높아질 수밖에 없다.

'새봄' 산부인과 앞

태어난 예쁜
새싹 아기 보려고

해님 이모
빗방울 고모
바람 삼촌

두 발을 동동 구르며
기다리고 서 있네.

-「새싹」 전문

새 봄에 새싹이 태어난다. 그러니까 새봄은 산부인과 병원이다. 은유를 도입하면 그 다음은 이를 바탕으로 다른 세계로 전이시키거나 확대시켜야 한다. 시인은 언어의 창조자로서 언어의 색다른 결합을 해내는 상상력을 보여준다. 상상력은 글의 앞뒤 관계를 잘 연결시키면서 새로운 언어로 전개해 가는 힘이니까. 은유는 전이고, 유추고, 변화다. 그 은유를 근거로 '해님 이모, 빗방울 고모, 바람 삼촌이 두 발을 동동 구르며 기다리고 서 있네'가 합리성을 얻게 된다.

오월이 손 풍로로
튀밥을 튀겨낸다

해님,
바람,
빗방울들이 빙 둘러서서
숨죽이며 구경을 하고 있다

펑!
펑펑!
펑펑펑!

동구 밖에도
뒷동산에도
고소한 봄내음이
하얗게 하얗게 매달려 있다.

-「아카시아꽃」 전문

아카시아 꽃을 보면서 고소한 봄내음(후각)이 하얗게 매달려 있다고(시각) 했다. 공감각적 표현은 문장 수련이 미숙하면 표현할 수 없다. 튀밥이란 쌀을 튀긴 것이다. 이제 아카시아꽃에 튀밥이 피어서 고소한 봄냄새가 사방에 퍼지겠다.

공감각적 심상이란 어떤 자극으로 한 감각이 다른 감각으로 전이하여 특유의 시적 질서를 이루는 것이다. 융합하거나 사물간의 동일성 등을 유추해 낼 수 있는 상상력이 있어야 한다. 또한, 의성어, 의태어를 잘 사용하여 리듬을 살려놓기 때문에 부드럽고, 나긋나긋하면서, 재미있고, 실감나게 읽혀진다.

풀숲에서
귀여운 강아지를 만났다.

솜털 같이 복슬복슬한
꼬리를 살랑살랑

요요요
요요요요
정답게 부르면

우리 집까지
따라올 것 같아
자꾸만 숲길을 뒤돌아보았다.

-「강아지풀」 전문

꼬리를 살랑살랑 흔들며 따라올 것 같은 정겨움 때문에 자꾸 뒤돌아보게 하지 않는가.

4.

그는 부드럽고 나긋나긋하다. 조약돌은 오랜 비바람과 파도를 겪어 비로소 모난 부분이 없어지고 몽실몽실해진다. 그의 문학도 조약돌이다. 그만큼 문장 수련을 많이 해온 결과일 게다. 난해의 과정을 거쳐 비로소 얻어낸 단계가 아닐까? 그래서 잘 읽힌다. 형상화의 수법도 지나친 비유에서 겪는 낯설기보다는 낯익음을 선택하고, 재치나 경이로움보다는 다정다감한 언어를 선택하고 있다.

노래 부르기를 좋아한다. 분위기에 맞는 노래를 부르며 청중을 제압하기도 한다. 특히 정지용의 「향수」를 부를 때는 성악가 뺨칠 만큼 근사하다. 목소리만으로 부족하여 오카리나도 품고 다니며 선율을 선물할 줄 아는 멋쟁이다. 테니스는 국가대표급이다. 별로 날렵하지는 않지만 공이 떨어질 자리를 미리 점령하여 공을 되받아치는 솜씨는 감탄 그 자체다. 젊은 선수들도 혀를 내두른민다. 스포츠댄스도 수준급이다. 예술인의 '끼'와 감각이 철철 넘친다.

또한 여행을 좋아한다. 가끔 전화해야 할 일이 있어 전화라도 하면 아프리카에 가 있다고 한다. 그의 발길이 닿지 않은 나라가 있을까? 있다면 조만간 그곳으로 달려가 있을 게다. 아시아는 다 섭렵해서 남아프리카 희망봉도 돌아왔었다. 그만큼 영혼도 자유롭다.

인간관계도 잘 형성하고 있다. 늘 후덕하게 대하기 때문에 친구도 많고 따르는 후배도 많다. 그게 좋다. 맘 놓고 막걸리 한 잔 나누고 싶은 분이니까 말이다. 그래서 봄 햇살이 느껴지는 것은 아닐까? 그의 동화 「별」의 일부를 옮긴다.

"아저씨, 엄마가 그랬어요. 멀지 않아 내 눈이 보이게 될 것이라고요. 별보다 더 초롱초롱한 눈을 갖게 될 것이라고요."
아이의 목소리는 전보다 더 맑고 또랑했습니다.
"그럼, 너처럼 착한 아인 곧 앞을 볼 수 있을 게다."
아저씨는 아이를 무릎 위에 앉혔습니다. 그리고 손가락을 펴 아이의 부드러운 머리카락을 자꾸만 어루만졌습니다.
그때, 아이의 두 눈은 별빛보다 더 초롱초롱하게 빛났습니다.

- 동화 「별」 일부

그는 눈먼 아이에게도 별을 주듯이 늘 별에 가고 싶은 어른 아이인지 모른다. '등단 시절 이야기' 「아직도 나는 상상의 날개를 달고 별에 가고 싶다」에 다음과 같이 얘기하고 있다.

'아동문학에 뜻을 둔 지 어언 50여 년, 그동안 동시집 『나이테』를 비롯하여 7권이 있지만, 아쉽게도 동화집은 한 권도 발간하지 못했다. 그러나 "내 몸에 날개를 달고 별에 갈 수는 없으나, 상상의 날개를 마음에 단다면 별에도 갔다 올 수 있다. 마음에 상상의 날개를 다는 일이 동시를 쓰는 마음이며, 동화를 짓는 마음이다. 그것이 곧 문학을 하는 마음이 되는 것이다"라는 유경환 선생님의 말씀을 되새기면서 나는 오늘도 상상의 날개를 달고 별을 향해 걸으려고 나선다.'

그는 지금도 별나라를 향해 걸어가고 있다. 자유로운 영혼이 키운 동심의 별과 함께.

(『예술부산』 2017, 10)

아이를 닮은, 바다를 닮은

- 박일의 동시 세계

김자미

힐링(healing)이 필요한 시대다. 경제적, 물질적 풍요 속에 살고 있지만 삶은 그다지 행복하지 않다고 여기는 이들이 많아지기 때문이다.

푸코(Michel Foucaul)는 인간의 내면에 잠재되어 있는 병리적 현상이 사회의 억압된 권력구조와 연관이 있다고 보았다. 개인이 건강하기 위해서는 사회가 건강해져야하지만 사회가 모든 것을 해소시켜줄 수는 없다.

이미 많은 사람들이 종교의 도움을 받기도 하지만, 음악, 미술, 연극 그리고 문학까지 치료라는 이름으로 마음을 다스리고 있다. 문학이 치료의 텍스트로 이용되는 것은 시, 소설, 수필 등이다.

동시를 문학치료의 텍스트로 활용하는 경우도 있을 것이다. 동시는 주 독자가 어린이지만 남녀노소 누구나 독자가 될 수 있고, 위로가 될 수 있는 문학이다. 마음의 병은 어른들만 앓는 것이 아니기에 동시는 어린이를 비롯한 수많은 사람들에게 힐링을 위한 노래가 될 수 있다.

그의 동시는 힐링이 된다. 아이를 닮은, 바다를 닮은 동시들이 마음을 포근하게 안아주는 역할을 하고 있기 때문이다.

1. 아이를 닮은

“동시 쓰는 일이 참 행복하지 않습니까? 피카소도 어린아이처럼 생각하기까지에는 일생이 걸렸다고 했고, 철학자 니체도 정신의 변화 과정에서 낙타와 사자의 과정을 거쳐서 최종적으로 어린 아이가 된다고 했잖아요. 우리는 동시를 쓰면서 지금 어린 아이의 마음이 되고 있다는 것을 생각하면 최종의 정신적인 세계를 누리고 있다는 말이거든요. 그러니 우리는 얼마나 행복합니까?”

계간 『동시 먹는 달팽이』가 주관한 특별좌담회(2019 봄호)에서 한 말씀이다. 그는 동시를 쓰기 때문에 늘 행복한 분이다. 동시는 최종의 정신세계에서 누릴 수 있는 문학이기 때문이다.

그런 행복을 파급하기 위하여 ‘아름다운 동시교실’을 개설했다.

“나는 가르쳐주지 않는다. 다만, 우리 교실 분위기가 글을 쓰게 한다.”

월간 『예술부산』에서 ‘예인탐방’(2017. 12) 인터뷰를 위하여 찾아왔을 때 이렇게 말씀했다.

그는 동천고등학교 교감으로 명예퇴임 했고, 2009년 10월 후학을 위해 아름다운 동시교실을 개설하여 재능을 나누고 계신다. 수강료는 특별해서 무가無價다. 무한한 가치를 가진 일인데 어찌 값을 매길 수 있느냐는 것이다. 그 뜻이 온전히 수강생들에게 전해졌나 보다. 신춘문예, 문학상, 잡지 등단 등 무한 가치를 얻어가고 있다.

그는 ‘동시를 쓰고 있으면 여덟 살 아이가’ 된다면서, ‘욕심, 거짓, 고집, 자존심 같은 것은/ 빼고,/ 꿈, 사랑, 그리움을/ 더해’ (「동심」) 티 없이 맑고 가볍게 살고 싶어 한다. 그래서 그런지 웃음이 배여 있다. ‘웃음이/ 얼굴을 만들고 있어/ 어흥,/ 호랑이 얼굴을 해보지만/

웃는 호랑이'(「호랑이 얼굴」)가 될 정도다.

오랜 기간 교육자의 길을 밟아왔다. 그러나 권위나 연세를 내려놓을 줄 안다. 명령하는 것이 아니라 친구가 되고, 가족이 되고자 한다.

한발로 깡충깡충 뛰어오다 담장에 서서 숨을 돌리던 아이를 덥석 업고 계단을 올라 집까지 데려다 주고 다리가 휘청거리지만 꽃길을 걷는 기분(「업어준 아이」)이라니, 그의 따뜻한 마음이 고스란히 전해져온다. 따뜻하니까 사람들이 모여들기 마련이다.

'오늘만 생각하는 사람은 흉하게 늙는다. 그러니 항상 미래를 바라보라.'는 말씀을 귀히 여기신다. 그래서 아이처럼 순수하게, 새로운 꿈을 꾸면서 읽고, 쓰고, 배우려는 자세를 견지하고 계신다. 고희를 훌쩍 넘긴 연세에도.

대표작은 「해와 꽃」이다. 월간 「문학도시」(2014. 10) 기획특집 '나의 애장시 산문으로 말하다'에 '첫 근무지의 아이들, 그리고 세상 아이들에게'라는 제목으로 이 동시를 소개하고 있다.

해가 뜨는 것은
가장 고운 색깔을
꽃잎에게 드리기 위해서다.

그래서,

꽃밭이 흩어진
시골 끝까지
햇살을 데리고 가 준다.

꽃잎이 있는 것은
가장 고운 해님을

우리에게 보이기 위해서다.

그래서,

마당도 없는
도시의 우리 집까지
꽃잎을 데리고 와 준다.

-「해와 꽃」 전문

첫 발령을 받은 곳은 경남 고성군 동해 초등학교였다. 3년을 근무하면서 느낀 것이 아이들은 꽃이고 해였나 보다. '꽃잎은 가장 고운 해님이고, 해님은 가장 좋은 꽃이었다. 시골 아이들은 물론 마당도 없는 도시의 아이들도 마찬가지 아닐까? 내 동시도 이와 걸맞게 꿈과 미래와 희망이라면 좋을 텐데. 점점 세상이 메말라 가면서 부디 내 문학이라도 건조해지지 말고, 세상의 해와 꽃이 되었으면 좋겠다.'라고 느낌을 적어놓았다.

2. 바다를 닮은

상상력과 창의력은 청정한 바다 빛깔에 닿아 있다. 동시집 『주름살 웃음』, 『나를 키운 바다』를 비롯한 10여 권에 달하는 동시집에는 바다가 빠지지 않는다. 바다를 소재로 한 동시뿐 아니라 바다처럼 풍성하고 넓고 깊은 삶이 헤엄쳐 다닌다. 그래서인지 너그럽다.

나는/ 바다입니다.//

새벽마다/ 갯바람을 헤치고 나와/ 밤새 잡아온 바다를 사서//
아침 햇살과 함께/ 시장 바닥에 펼쳐놓고//
"도미 사이소-."/ "갯장어 사이소-."//
늘/ 비린내를 안고 오시던/ 우리 엄마는/ 바다를 팔아/ 대학생을 만들었고//
아침 해를 팔아/ 시인도 만들었으니//
나는/ 바다이지요./ 아침 해이지요.

-「나를 키운 바다」 전문

'삼천포 바다를 끼고 살다보니 바다는 생활의 한 부분'이었음을 시 한 편으로 알고도 남는다. 아버지가 돌아가시고 생활전선으로 뛰어든 어머니를 도우면서 교육대학이라는 꿈을 향해 달렸다는 시인.

'햇살의 조각들이/ 눈부시게 떠가는/ 아침바다' (「아침 바다」)를 보며 꿈을 키우고, '바다 쪽으로/ 바다 쪽으로// 자꾸만/ 흘러가는 건// 세상 짠맛/ 보라고 하는 거지//'(「강물」) 하면서, 세상살이가 얼마나 짠지 알기에 공부라는 빛 속으로 들어갈 수 있었을 것이다. '너를 생각하면/ 가슴이 설렌다.// 너를 좋아해./ 너를 좋아해.'(「바다 아이」) 하면서, 바다 아이는 사랑을 하게 되고, 더 큰 바다로 나가 고등학교 교감까지 되었다. 편안한 생활에 젖어 있기보다는 보람되고 즐거운 일에 몸이 먼저 가 있기 때문이리라.

'바다에 가면/ 눈이 반짝이는 아이를 만날 수 있습니다.// 반짝이는 눈을 보면/ 금방/ 내 마음도 반짝'(「바다에 가면」)이는 것처럼 바다 닮은 아이가 툭툭 튀어나온다. 반짝반짝 보는 이도 금방 청정한 바다빛깔이 되고 만다. 또한 교향 바다에 대한 애정이 남다르다.

내 등 뒤에 들어와 함께 찍힌/ 섬 하나/ 바다 조금//

그것뿐인 것 같지만/ 나는 알고 있다.//
바위틈에 숨은 바람 소리/ 옷깃 속에 숨은 파도 소리//
내 가슴/ 설레게 하기 위하여//
옷자락 감추고/ 숨어 있는/ 고향의 소리.

-「고향 바다」 전문

고향은 '가슴/ 설레게 하기 위하여// 옷자락 감추고/ 숨어 있는' 소리라고 했다. 누구나 고향이 있겠지만 박일 시인의 고향은 사천에 통합되면서 이름까지 잃어버렸다. 그래서 고향과 바다의 노래가 더 사무치게 느껴지나 보다.

3. 작품 세계 – 꿈을 크게, 동심을 잃지 않고, 사랑의 마음으로

1979년 『아동문예』에 동시가 추천되었고, 1988년 계몽사가 주최한 계몽아동문학상에 당선되었다. 한국아동문학상, 이주홍아동문학상, 부산문학상(대상) 그리고 한국동서문학상 등을 수상했다. 동시집 『주름살 웃음』에 실려 있는 「김장하는 날」은 초등교과서에 수록되기도 했다.

『박일 동시선집』(지식을만드는지식. 2015)은 특별한 의미를 갖고 있다. 1908년 한국의 근대 아동문학이 탄생한 이후 한국 동시문학사를 빛낸 111인을 선정하여 기획 출간한 것이라 시인에게 굉장한 자존감을 주었으리라.

그의 작품에서 바다를 빼놓고는 말할 수 없다. 바다는 생명의 근원이다. 바다가 대학생을 만들고, 시인을 만들었듯이 바다는 우주고, 지구고, 결국엔 내가 된다. 그것을 잘 알기에 가족과 이웃과 더

불어 깨끗한 환경에서 우리 모두 잘 사는 세상을 염원하는 동시가 많다.

회갑기념 동시집 『주름살 웃음』(청개구리. 2006)에서 생활동시가 눈에 띄게 많아졌다. 2000년대 들어 동시의 경향이 많이 달라진 탓도 있으리라. 뿐만 아니라 환경문제, 이성문제까지 범위가 폭넓어지고, 형식을 탈피한 실험적 동시가 나타나기 시작했다.

> 손가락 맛이/ 더 좋은가 봅니다.//
> 김치 한 가닥/ 찢어/ 입에 넣고//
> 할머니도/ 쪽-/ 엄마도/ 쪽-//
> 손가락을 빨거든요.
>
> -「김장하는 날」 전문

초등학교 국어 교과서(읽기 1-2)에 수록되었던 동시다. 쉽고 간결하다. 그래서 더 친근감이 느껴진다.

동시집 『나를 키운 바다』(청개구리. 2013)에서는 가족, 이웃, 환경, 여행의 동시들이 실려 있다. 특히 생활에 밀착된 동시들이 많아졌는데 손자 덕분도 있으리라. 손자의 모습이 사랑이었을 테니까.

> 방과 후 교실에서/ 배운 실력으로//
> "할아버지!/ 바둑 두기 해요."//
> "오냐,/ 한 수 배울까?"//
> "할아버지!/ 봐주기 없어요."//
> "오냐./ 져주기도 없지."
>
> -「바둑두기」 전문

서로 봐주기 없이 바둑을 두지만 할아버지가 슬쩍 져주지 않았을까, 그래서 손자의 기를 살려주었을 테다. 할아버지와 손자의 사랑이 저녁노을처럼 사방으로 퍼지는 느낌이다.

> 가끔/ 황사 먼지까지 덮이니까/ 자주/ 청소해야지//
> 물걸레질로/ 쫙-/ 쫙-/ 물을 짜내고//
> 뽀득/ 뽀득/ 닦아야지.
>
> -「비구름」 전문

미세먼지, 황사 관련 제품이 쏟아져 나올 만큼 황사는 심각하다. 이런 환경문제를 이제는 동시에 적용시켜야 한다고 누누이 말씀하신다. "미세먼지 낀 날/ 우리 엄마/ 완전 무장하고 / 시장가고(「완전 무장」), 우리들이 버린 쓰레기가 지도에도 없는 섬이 되어 결국 우리 식탁으로 되돌아온다고 경고한다(「페트병 인어공주」). 말라리아, 일본 뇌염보다 더 무서운 지카바이러스 폭탄(「폭격기」)이 떨어져 뉴스를 달궜던 것을 놓치지 않고 동시로 가져오기도 한다.

똥이나, 폭력성, 성 관련 내용도 금기시 했지만, 그것이 아이들의 생활과 밀착된 것이면 소재로 선택하곤 한다. 동시는 예쁘게, 꿈과 희망을 노래해야 한다는 관념에서 과감히 탈피하고 있다.

더 나아가 세계 곳곳으로 여행을 하고 느낀 것을 동시로 써 아이들에게 꿈은 크게 가져야 한다고 말하고 있다. 좋은 동시는 교훈적이어서는 안 된다. 그렇다고 교훈적이지 않아서도 안 된다. 드러내지 않고 인간과 자연 속에 숨어 있는 새로운 사실과 진리를 담아내야 한다.

> 단풍처럼 물들이며/ 멋도 부렸을 텐데//
> 여기/ 마구 깎이고 잘려져/ 산더미로 쌓여 있구나.//

'일하면 자유로워진다'는 / 그 자유가/ 머리카락 하나도/ 자유롭지
못하게 해놓고//
머리카락 엮어/ 매트로/ 카펫으로 만들었다는데//
그것마저/ 발바닥 밑에 깔아놓고/ 또/ 무참하게 짓밟았겠구나.

-「머리카락-아우슈비치에서」 전문

가뭄이나 홍수, 자연재해보다 더 무서운 것이 전쟁이다. 인간의 잔혹성과 야만성이 얼마나 무서운 결과를 가져오는지 보여준다. 같은 민족, 형제끼리 총칼을 겨누고 죽이고, 종국에는 철조망을 치고 원수처럼 경계하고 있는 우리나라! 통일 전망대에서 멀어진 땅을 보며 '깨어나렴, 낙타야!'(「깨어나렴, 낙타야!-통일전망대에서」)하고 부르짖기도 한다.

4. 마무리

그의 동시는 단순하면서 깔끔하다. 그러나 그 속에 내포되어 있는 이야기는 무궁무진하다. 문학치료란 결국 문학작품의 서사를 통해 건강하게 변화시키는 일이라고 했다. 동시야말로 사랑이며, 기쁨, 희망과 긍정의 문학이 아닌가. '동심 때문인지 알 수는 없지만 자꾸만 즐겁고 기뻐지는 게 아닌가. 시를 쓸 때 느끼지 못한 상쾌함도 솟아나는 것이었다.' 『박일 동시선집』에 밝혀놓은 소감처럼 동시를 읽다보면 즐겁고 기뻐지고 상쾌함도 솟아난다.

심리학자 프릿츠 퍼얼스는 신체와 감각, 감정, 욕구, 사고, 행동 등은 서로 분리된 현상이 아니라 하나의 의미 있는 전체, 즉 통합적이고 유기적인 존재라고 했다. 문학의 행위가 자신의 삶과 관련된

주제를 발견하거나, 삶의 본원적인 문제에 대해 사유하는 과정이라면, 그가 지향하고 있는 세계가 이런 것이 아닐까.

『박일 동시선집』에 실린 시인의 말 일부를 옮기며 이 글을 맺는다.

> 선생님은 누구일까요?//
> 한 밤 중에도/ 찾아오고/ 때때로/ 새벽에도 찾아오나 봅니다.//
> 할아버지는/ 부지런히 글을 씁니다.//
> 틀린 것도 많고/ 고칠 것도 많은지/ 썼다가 지우고/ 다시 쓰기도 합니다.//
> 선생님이 불러주신/ 말씀/ 한 편의 동시래요.
>
> -「받아쓰기」 전문

요즘도 부지런히 글쓰기를 합니다. 누가 글을 쓰게 할까요? 그분은 상상력이라는 선생님이지요. 상상력은 나의 선생님이기도 하지만 우리 모두의 선생님이기도 합니다.

> 파도는/ 바닷가에서/ 올라와//
> 조개껍질 줍듯/ 이름 줍기를 한다.//
> -영미야, 사랑해!/ -엄마, 아빠, 사랑합니다./ -차니♡미나//
> 이름만/ 쓸어 담고 싶어도/ 자꾸만 따라오는//
> 사랑,/ 사랑,/ 사랑….
>
> -「사랑줍기」 전문

사랑이 넘치는 세상이 되면 얼마나 좋을까요. 세상이 메마르고 두려워지는 것은 그만큼 사랑이 부족해졌기 때문입니다.

동시는 상상력을 풍부하게 하고, 마음을 따뜻하게 합니다. 소리 내어 동시를 읽어 보면 마음이 맑아지면서 사랑도 느껴집니다. 그것을 소망하면서 받아쓰기를 하고 있습니다.

(『열린아동문학』 2020 가을)

Ⅲ

최 향 숙
김 종 순
배 소 현
이 상 문
구 옥 순
조 명 제

모성과 동심과 그리움의 세계

- 최향숙 동시집 『달력 위의 숫자들』

1. 「반딧불」과 소망의 빛

문학은 영혼을 불태우는 열정으로 만들어진 예술이다. 문학작품이 숭고한 이유는 열정으로 빚어졌기 때문이며, 문학가가 대우를 받아야 하는 이유는 특별한 예술 감각과 장인정신으로 예술을 빚는 분이기 때문이다. 문학은 숭고한 것과 아름다운 것들의 실현이며, 독자들의 마음을 움직이고 감동시키는 미적 표현이다.

최향숙은 이미 70년대부터 문단 활동을 했다. 1973년 부산아동문학회가 결성될 때 회원으로 참여한다. 1983년 동시집 『집보는 햇살』로 등단하고, 다시 1988년 『소년』지와 『월간문학』을 거친다.

동시만으로 문학의 그릇이 부족했는지 시와 동요작가로도 두각을 나타낸다. 동시집 『달력 위의 숫자들』(세종출판사. 2009)은 그의 여섯 번째 작품집이다.

공재동 동시인은 최향숙의 동시는 교육적이며 따뜻한 체온이 느껴질 정도로 감동적이라고 말한다.

몇 년 전에 부산일보의 '열려라! 동시야'를 연재 집필할 때 「반딧불」을 소개했다.

날아와라
날아와라

별이 보이지 않는 밤하늘
네가 그립다.

반짝반짝
빛으로 날아와라

옛날이 그립다는
할머니 말씀 따라

-기쁨이 되게
 친구가 되게.

반디야!
반디야!

오늘 밤
사랑의 불꽃 반짝이며

날아와라
날아서 와라.

-「반딧불」 전문

'개똥벌레 이름이 더 정겨운 반딧불이! 꽁무니의 불(반딧불)을 신기하게 바라보면서 따라다니기도 했었다. 요즘은 환경이 오염되고 그들이 살아갈 수 있는 공간도 파괴되면서 거의 멸종 위기에 놓여 있다고 한다. 그런데 그 반딧불이 왜 그리운 것일까? 하늘의 별까지 보이지 않으니까 작은 빛도 소중한 것이기에 빛으로 날아오라고 한다. 또 있다. 반디야! 하며 절실하게 부르면 기쁨이 되고, 친구가 될 수 있다고 믿기 때문이다.'라고.

2. 모성과 그리움의 세계

'뜸북뜸북 뜸북새'
부르던 엄마
뜸부기가 그리워 날아가셨다.

밤이 지나 새벽이 와도
오시지 않는
엄마! 엄마! 우리 엄마!

빨간 댕기 동그마니 내려놓은 채
눈물 한 방울 이슬로 보이시며
휑하니 세상 뜨셨다.

기다려도 오지 않는 임을 찾아
뜸북뜸북 부르며
날아가셨다.

-「뜸부기」 전문

'시인의 말'에 어머니에 대한 일화를 적고 있다.

'평생 순수함을 잃지 않고 아름답게 살았던 어머니! 동요 "오빠 생각"을 부르시던 그 모습 아직도 눈에 선하다. 나뭇잎만 우수수 떨어지는 대목에서는 무용까지 곁들이던 그 동심.'이라고.

어머니가 평소 즐겨 부르시던 동요 「오빠 생각」에 대입하여, 뜸부기가 되어 날아가신 어머니의 모습을 절실하게 형상화했다. 어머니에 대한 그리움은 「엄마! 엄마!」에 더 강하게 나타난다.

엄마가 속상해 하는 날
엄마 뒤만 쫄쫄 쫓아다녔지
"엄마! 엄마! 우리엄마!"

꼭 붙잡고 잠들었는데
눈 떠보니
엄마가 안보여!

엄마! 엄마! 부르며 눈물 뚝 뚝 흘렸던
내 어린 시절

엄마는 골목 안 샘터서
이른 아침 온 정성
정화수를 긷고 계셨다.

엄마! 엄마!
지금도 부르면
엄마는 대답 해 주실까?

-「엄마! 엄마!」전문

엄마가 안 보인다. 절망감이 커진다. 그때 엄마는 샘터에서 정화수를 긷고 계셨다. 정성과 사랑을 다한 엄마였다. 지금은 불러도 대답이 없으니 더욱 그립다. 그러니까 '엄마는 대답해 주실까?' 하며 의문문으로 처리할 수밖에 없었으리라. 그리움을 승화시키기 위해.

동글동글 땀방울/ 풀잎에 이슬 돋듯//

방울방울 땀방울/ 송골송골 맺히며//
주르륵주르륵/ 눈물처럼 주르륵//
짜다/ 바닷물이 짜듯이 방울방울 땀방울//
내 안에/ 싱그러운 바다가 열린다.//
방울방울 땀방울/ 동그라미 그리며 포도 알처럼//
새콤달콤/ 사랑의 물방울로 솟구친다.

-「땀방울」 전문

4·3조의 리듬이 살아있다. 리듬이 시를 받쳐주는 힘이기도 하다. 또한 절묘한 묘사는 탄탄한 시적구조를 이룬다. 즉 제5연에서 '내 안에/ 싱그러운 바다가 열린다'는 표현은 절구다.

결국 사랑의 물방울로 솟구치는 「땀방울」을 통해 느껴지는 이미지는 땀 흘리며 살아가는 성실성이기도 하지만, 자식을 위해 헌신하고, 봉사할 수 있는 모성과 자애이기도 하다.

매워매워매워/ 호호호 아무리 불어봐도//
알알알 입안이 화끈/ 어찌할 줄 모르겠네!//
-토마토케첩인 줄 알았지./ -딸기 잼인 줄 알았지./ "호 오 호 오 호 오"//
"앗다, 먹어라. 밥 한 술"/ 까르르 웃는 누나도 얄미워!//
빨갛고 무서운 고추장/ 매워! 눈물 나고 땀나고 짜증 나//
힘이 난대도/ 동장군이 달아난대도./ 난 싫어 매워

-「고추장」 전문

웃음이 살며시 솟는다. 고추장 때문에 일어난 해프닝이다. 시적화자인 나는 매운 고추장이 싫다. 그러나 토마토케첩이나 딸기 잼이라는 말에 속기도 한다. 배후에는 누나가 있다. 누나도 밉다. 빨갛고 무서운 고추장처럼. 아무리 힘이 나고 동장군이 달아나게 해도 싫은 것은 어쩔 수 없다. 그게 동심의 순박성이다.

네모로 접었지만/ 동그란 마음//
온 하루/ 팔락팔락 휘날립니다.//
나비야 날아라/ 예쁜 꽃 피워라.//
엄마 눈 안/ 가득히 넘치는 기쁨//
세상일은 모가 나도/ 달은 둥글게!//
땀방울 눈물방울/ 사랑 연습 한 마당

-「손수건」 전문

손수건은 네모로 접어도 엄마 마음이니까 동그랗다. 엄마는 아이가 나비처럼 꽃처럼 자라는 모습을 보면서 기쁨에 젖는다. 세상일은 모가 나 있어도 달처럼 둥글게 살기를 소망하면서 땀과 눈물을 닦아준다. 손수건으로 환치시킨 엄마의 사랑이 따뜻하다. 그도 어머니이기 때문에 모성의 노래는 더 울림을 준다.

부산사범을 졸업하고 초등학교에 근무(8년간)했고, 아이들과 생활하면서 길러진 동심이 영혼의 에너지가 되고, 문학의 동력이 되었을 것이다.

동시집(시집 포함)으로는 『집보는 햇살』(1983), 『우리집은 책방 내 이름은 소은이』(1993), 『빨간 뿔테 안경 쓴 고양이』(2003) 그리고 『달력 위의 숫자들』(2009) 등이 있으며, 시집으로 『무리』, 『바다피리』, 『솔가지에 걸린 바다』 등이 있다. 부산아동문학상, 한국아동문학상, 실상문학상 그리고 아동문학의 날 본상 등을 수상했다.

3. 열정과 기대

시는 회화성 위주로 흘러가지만 동시는 음악성을 간직한다. 모더니즘 시는 추상적 표현의 한계에 머물고 있어도, 동시는 산뜻하고 깔끔하고 선명한 이미지와 리듬을 바탕으로 한다.

모두에서도 밝혔듯이 문학은 영혼을 불태우는 열정으로 만들어진 예술이다. 그 열정이 강할수록 문학작품은 숭고해진다. 그러므로 특별한 예술 감각과 치열한 장인정신으로 창작을 해야 한다. 그런 작품은 독자들의 가슴에도 파고 들 수 있기 때문이다.

최향숙은 시인이며 동시인이다. 그리고 동요작가다. 『달력 위의 숫자들』은 5부로 나누어서 108편을 실었는데 보통 동시집의 두 배 분량이다. 불교문인답게 108번뇌를 극복하자는 의도가 보인다.

시를 읽으면서 동시를 맛보고, 동시를 읽으면서 동요를 즐길 수 있다면 금상첨화다. 그런데 멋진 착상이다 하면서 읽으면 시처럼 비약을 하거나 어려운 용어가 나타나고, 멋진 구절이다 싶어 읽으면 동요의 율조와 상징어들이 덮어버리고, 이미지보다는 사실성으로 감흥을 흘러버리게 하는 경우도 있었다.

그것이 최향숙 문학의 본체는 아니다. 그동안 주옥같은 동시들을 빚어왔으니까. 정말 따뜻한 체온이 느껴질 정도로 감동적인 동시를 발표했다. 장르가 확장되어 동시에 대한 열정이 식은 탓일까?

최향숙은 동시인이다. 좋은 시도 쓰면서 동시 창작에 더 시간과 열정을 투자해야한다. 그것이 최향숙 문학의 정체성을 확보하는 일일 것이며, 그의 이름에 걸맞는 동시인으로 거듭날 수 있는 계기가 될 테니까.

최향숙의 대표작이 될 만한 동시 「큰 울보 작은 울보」를 옮기며 글을 맺는다. 이 동시는 초등학교 국어 읽기(3-1) 교과서에도 실렸었다.

울보는
울보 끼리 달랜다.

큰 울보
작은 울보
집 보는 아가.

시장 간 엄마는
아직 안 오고

울보는 울보 끼리
서로 달랜다.

-성아,
 울지마.

작은 울보 소매가
언니를 닦아 주고

-에게게!
 저도 크게 울면서 그래?

큰 울보 소매가
콧물도 훔쳐 주고.

-「큰 울보 작은 울보」 전문

(『문학도시』 2017. 3)

사랑과 감사의 은유와 진실한 삶의 노래

- 김종순 제5 동시집『어린 새싹의 외출』

아이들은 아이 냄새가 나야 한다. 세상이 변하면서 아이들이 제 모습을 잃어가고 있다면 슬픈 목각인형이 아닐까? 목각인형을 닮아가는 아이들이 많아지고 있는 현실이 가슴을 아리게 한다. 이럴 때 필요한 것이 사랑과 감사의 힘이다.

잃어가는 동심을 회복시키고 인간성을 회복시키는 도구로써 동시가 필요하다. 김종순의 제5 동시집『어린 새싹의 외출』(청개구리. 2008)은 꿈과 희망과 사랑의 메시지다.

이 동시집은 제5부로 60편의 작품이 실려 있다. 출간되자마자 제28회 이주홍 문학상이 안아버렸고, 천진하고도 깊은 서정을 잘 담아냈다고 했다.

1. 아찔한 느낌, 그 형상화

바람 속에는
음악 소리가 들어 있나 보다.

스쳐 지나갈 때
풀잎들

어깨춤 추는 걸 보면

바람 속에는
개그가 들어 있나보다.

나뭇잎들
배꼽 뒤집으며 깔깔대는 걸 보면

바람 속에는
바람 속에는
따가운 회초리가 들어 있었나보다.

가을 들판 훑고 지나간 뒤
노란 벼들
고개 숙여 훌쩍이는 걸 보면

-「바람 속에는」 전문

바람이 어찌 음악이 되고, 개그가 되고, 회초리가 될 수 있겠는가. 그러나 시인의 가슴 속에 들어가면 전혀 새로운 옷을 입고 나타난다. 그러기에 어깨춤과 웃음이 솟아난다. 그런 매력과 특징이 있다. 아마 그는 바람처럼 따가운 회초리를 휘두르며 동시를 빚고 있나보다. 아찔한 느낌이 들도록.

일등,
부자,
천재,

세상에서 제일 크다고
착각했던 말들

아픈 내 머리맡에서 밤새우는 엄마
눈물 기도 속에는
전혀
들어 있지 않는 말들

-「세상에서 제일 큰 말」 전문

일등, 부자 그리고 천재가 되라는 것이 가장 큰 말일까? 속인들의 대다수는 그것을 숭배(?)하고 있다. 이 때문에 삶의 본질이나 윤리마저 흔들린다. 아이들마저 그것을 쫓는다. 엄마는 눈물 기도를 동원한다. 기도는 진실에 도달시킬 수 있는 가장 순박하고 절실한 것이니까. 세상에서 제일 큰 말은 그게 아니라는 것을 알게(치료) 한다.

나는/ 작은 입술만/ 가졌다.//
그냥/ 바람이나 비의 발자국 사이에/ 비비비비/ 입술을 부빌 뿐//
부르고 싶은 노래도/ 입술에서만/ 맴돈다.//
그러나/ 혼자라고 생각될 때/ 풀밭을 걸어 봐//
목소리 없이/ 몸 부딪치며 부르는 찬양/ 들려 주마.

-「풀잎의 노래」 전문

외롭거나 슬플 때 비로소 풀잎의 가치가 보인다. 그럴 때 풀밭을 걸어보라! 풀잎의 노래를 들을 수 있다. 목소리 없이 몸 부딪치며 부르는 찬양 같은 노래다. 어쩌면 풀잎은 위로의 노래를 늘 준비하고 있나 보다. 작은 입술만 가지고서.

동시집 어디를 펼쳐도 눈을 경이롭게 하고, 가슴을 두근거리게 한다. 아찔한 느낌을 갖게 한다. 형상화를 위한 노력이 얼마나 치열했는지 알 수 있다.

2. 사랑과 감사의 은유

성서에도 '어린 아이들과 같이 되지 않으면 결단코 천국에 들어가지 못하리라'라고 했듯이, 그의 동심의 바탕에는 기독교 신앙이 깔려있다.

햇살 눈부신 시간
꽃들은
저마다
고운 빛깔 피켓을 든다.

아무리 읽어봐도
꽃잎 피켓엔
거친 말이 없다.
휘갈겨 쓴 욕설도 없다.

그냥
감사,
감사,
감사란 글자만 물결친다.

-「꽃잎 피켓」 전문

꽃잎이 고운 빛깔 피켓이다. 어찌 피켓을 들고 있는 모습으로 생각했을까? 기막힌 은유다. 꽃들에게는 거친 말이나 욕설이 없다. 오직 감사의 고운 빛깔과 향기만 있을 뿐이다.

작은 물줄기가 만날 때를 지켜보렴.//
한 개 물줄기가/ 엎드리면/ 다른 물줄기도 곁에 와 가만히 엎드리지.//

물은/ 물을 밟고 지나가지 않는단다.//
먼 곳에서 힘들게 달려온/ 또 다른 물줄기를 위해/ 두 물줄기는 잠깐 비켜서 손뼉도 쳐주지.//
그러나/ 물은/ 물 사이를 지나쳐 가 버리지 않는단다./ 함께 가자 속삭이며 어깨동무한단다.//
엎드리고/ 비켜서며/ 서로의 가슴 껴안는 물줄기들//
마침내/ 깊고 푸르게 흘러가며/ 산과 들을 흠뻑 적시는 합창이 된단다.
-「작은 물줄기」전문

물줄기가 합창이 되어가는 과정에서 의미론적 변용을 거친다. 물줄기는 다른 물줄기를 위하여 몸을 엎드리고, 비켜서서 손뼉을 쳐줄 줄 안다. 그리고 어깨동무하고, 더러는 껴안고 어울려 흘러간다. 그냥 흘러가는 것이 아니다. 깊고 푸르게 흘러가면서 산과 들을 적시는 합창이 된다.

사랑 속에선
무엇이든 반짝거린다.

오랜
기도 끝에
고개 내미는 새싹의 이마

무릎에 누워
잠든
새끼 고양이의 콧등

선생님 품에 안겨
떨고 있는
꼴찌의 빨간 뺨

사랑 속에선
무엇이든 반짝반짝 살아나
가슴 강물 속으로 헤엄쳐 온다.

-「사랑 속에선」 전문

사랑은 무엇이든 반짝반짝 살아나게 하는 힘이다. 새싹, 고양이, 심지어 꼴찌에게도 반짝거리는 힘이 된다. 그의 가슴 강물에 그런 사랑이 흐르고 있으니까.

「손뼉 치료」에도 사랑이 아름답다.

다친 고개 조금 까닥이기만 해도
손뼉이다.

굳은 손가락 조금 움직이기만 해도
손뼉이다.

벽 짚고 마른 다리 한 발 옮기기만 해도
모두
손뼉, 손뼉이다.

재활의학과 운동치료교실에선
이렇게
환자가 환자를 손뼉으로 치료한다.

-「손뼉 치료」 전문

물리 치료를 받는 환자들에게는 손뼉이라는 치료 기구가 있다. 손뼉으로 서로 격려하고 응원하면서 치료한다. 손뼉으로 사랑을 만들어가는 모습이 아름다울 뿐이다.

그의 동시는 사랑이 배어있고, 차원 높은 은유로 형상화시킨다. 어쩌면 그것이 그의 동시를 지배하고 있는 근본 정서이리라. 아마 기독교 신앙과 아이들과 생활하면서 사랑의 나무가 의식 깊숙이 뿌리를 내렸기 때문이다.

3. 절실한 체험과 삶의 진실 추구

> 아버지의 일터를 올려다본다./ 35층 빌딩 꼭대기에/ 대롱대롱 달려 있는 은빛 두레박//
> 두레박 타고 내리며/ 아버진/ 유리를 닦으신다.//
> 바람 불 땐/ 줄에 꿰인 목각 인형처럼/ 애처롭게 출렁거리는 우리 아버지//
> 하지만/ 바이킹도 못 타던 아버지가/ 구름다리도 못 건너던 아버지가//
> 어느새 고함치며 돌진하는 장군이 되어/ 무섭게/ 달려드는 수백 개 가난들을 무찌르신다.//
> 하늘에서/ 내려준 은빛 두레박 타고/ 우리 가족 웃음 철철 길어 올리신다.
>
> -「아버지의 일터」 전문

경제적인 수준이 나아져도 세파에 부대끼며 살아가는 사람들이 많다. 그들의 아픔도 놓칠 수 없다. 빌딩 유리창닦이를 하는 아버지를 통해 절박한 삶의 모습을 보여주고, 결국 가족 웃음을 길어 올리게 하는 희망과 긍정의 메시지를 담았다. 아버지는 줄에 꿰인 목각 인형처럼 애처롭게 흔들거리며 빌딩 유리창을 닦는다. 가난 앞에서 어쩔 수 없이 장군이 될 수밖에 없다. 수백 개의 가난을 무찔러야 하니까. 그런 '아빠의 일터'를 알고 있는 아이들이 얼마나 될까? 아이들에게 그런 아버지의 모습도 보여주고 싶다. 아직도 갈 길이 먼데, 교만하거나, 불성실하거나, 소비 성향을 보이는 모습이 안타깝기 때문이다.

「우리 마을」도 성실하게 살아가는 사람들의 모습을 담았다.

> 우리 마을 구멍가게엔/ 옥수수만/ 수북하게 쌓아 놓고 판다.//
> 한 봉지에 천 원/ 온 가족 둘러앉아 오래오래 나누는 웃음값//
> 우리 마을 골목길엔/ 채소 파는 아저씨 스피커 소리,/ 개 짖는 소리,
> 할머니 기침 소리가/ 함께 왕왕거린다//
> 돈 안 내고 들을 수 있는/ 정겨운 오케스트라//
> 우리 마을엔/ 고함만 질러도 쏟아질 것 같은 별들이/ 밤마다 놀러 온다.//
> 담도, 대문도 없이 활짝 열어 놓은 우리 마을을/ 밤새도록/ 별들이
> 지켜준다.
>
> -「우리 마을」 전문

동화 같은 환상이다. 구멍가게에서 옥수수를 파는 사람이나 1t 트럭을 타고 다니며 채소를 파는 사람들의 삶도 고달프기 짝이 없다. 그러나 웃음과 정겨움으로 희망과 꿈을 만들어낸다. 그것들이 어울리는 우리 마을은 언제나 오케스트라 연주가 열리니까. 그런 마을엔 하늘도 그냥 있을 수 없다. 고함만 질러도 쏟아질 것 같은 별들을 보낸다. 별은 환상 같은 아름다움이며 위안이다. 별들로 하여금 밤새도록 마을을 지키게 함으로써 성실한 삶의 아름다움을 찬양하고 싶다.

그의 동시에는 가식이 없다. 또한 아름답게 꾸미지 않는다. 지친 삶이라도 체험을 그대로 표현하여 삶의 진실성을 전달한다. 희망과 꿈의 요소를 빠뜨리지 않는다.

4. 합창의 세상, 사랑

「고맙다」는 친구들이 베풀어 준 사랑의 모습이다. 늘 외로움을 느끼고 있는 화자가 친구들이 준 생일 선물을 보고, 참을 수 없는 고마움을 느끼면서 공감대를 확장해간다.

> 늘/ 구석 자리에/ 입 다물고 앉았던 아이//
> 반 친구들/ 빠져 나간 텅 빈 교실에/ 갯바위처럼 홀로 앉았던 아이//
> 가방 안에 넣어 둔 생일 선물/ 본 모양이다.//
> 눈 껌뻑이며/ 내 곁으로 다가와/ 금붕어처럼 입을 빠끔거렸다.//
> -고,/ -맙,/ -다.//
> 이 세 마디 말만은/ 도저히/ 참을 수가 없었던 모양이다.
>
> -「고맙다」 전문

화자는 왕따를 당하는 아이 같지만 전혀 그렇지 않다. 따스한 가슴을 가진 친구가 있기 때문이다. 사회는 이처럼 살만한 가치가 있는 곳이다. 그는 목각인형 같은 아이들이 사는 세상을 부정하고 싶다. 세상이 각박해져도 사랑과 감사가 살아 있어야 하니까.

> 밤새/ 풀숲에선/ 풀벌레들 통화가 요란하다.//
> 낮 동안/ 어디서 무엇 하다/ 이제야 나타나//
> 웃음소리,/ 훌쩍이는 소리로 통화를 한다.//
> 밤새운 통화도/ 모자라/
> 새벽까지/ 끊이지 않는/ 풀숲 풀벌레들의 합창
>
> -「풀벌레들의 통화」 전문

가을 밤 들려오는 풀벌레 소리도 수다를 떠는 그들만의 통화 시간이다. 요란한 통화다. 그 통화에는 웃음소리뿐만 아니라 훌쩍이는 소리도 들어있다. 합창이란 화음이 생명이다. 화음이 되는 곳이 라면 화합과 사랑과 친목이 있다. 우리들 세상도 풀벌레들처럼 합창하는 세상이 되기를 바라면서.

물은/ 퍼낸 자릴/ 얼른 메우지만//
빛은/ 어둠을/ 금방 퍼내지만//
땅은/ 구덩일/ 그대로 둔다.//
빗물이 쉬었다 가게/ 낙엽이 누웠다 가게/ 어머니 품속처럼 오래오래 비워 둔다.

-「땅」 전문

땅은 믿을 수 있는 어머니다. 특히, 구덩이가 생긴 땅은 그 품속이다. 빗물도 쉬어가게 하고, 지친 낙엽도 누웠다 가게 한다. 이 세상에 어머니의 품만큼 따뜻한 것이 있을까? 이 땅을 어머니로 만들어 놓은 것은 따뜻한 세상을 염원하고 있기 때문일 게다.

풀, 숲, 꽃, 새싹, 새벽, 이슬, 나뭇잎, 강, 봄 들판 그리고 씨앗 등과 같이 맑고 푸르고 깨끗한 시어들이 많이 등장한다. 또한 웃음, 감사, 사랑 등의 추상명사와 아버지, 어머니, 손뼉, 마을 등의 따스한 시어들을 놓치지 않는다. 그런 세상을 염원하고 있는 순수한 서정 시인이니까. 그가 소망하는 것은 자연 친화와 사랑과 화합이 넘치는 합창의 세상이었다. 사랑은 인간 생활의 최후의 진리이며, 최후의 본질이었다.

'맥파' 동인은 1976년 2월 부산교육대학 출신 아동문학가들이 모여 결성하였다. 이들은 주성호, 공재동, 김문홍, 김재원, 김종순, 류

석환, 박연희, 최영희 그리고 손월향 등 9명이었다. 이들과 함께 활동했으니 그 문학적 기반이 어느 정도인지 가늠이 된다. 공재동 동시인은 『부산문학사』(부산문협. 1997)에서 김종순 동시를 '어린이들의 일상 중에서 소재를 즐겨 택하고, 그러한 소재로 인간의 원초적인 외로움 같은 마알간 정서를 명징한 비유로, 한 편의 동시를 빚어낸 연금술사 같은 동시인이었다. 그의 동시는 한 편의 드라마를 보는 것 같은 느낌을 갖게 한다.'라고 했다.

그는 1982년 MBC 문학상 동화부문에 당선되고, 이듬해에는 『아동문예평론』에 동시가 천료되면서 재평가 받는다. 제3동시집 『따뜻한 우유』로 제25회 부산아동문학상도 수상한다. 동시집은 『하얀 코스모스』, 『작은 꽃이 눈부실 때』, 『따뜻한 우유』, 『마음을 여는 열쇠』 그리고 『어린 새싹의 외출』 등이다.

(『문학도시』 2008. 7/8)

행복의 샘터에서 솟는 무지개 노래

- 배소현 제6 동시집『가슴에 뜬 무지개 하나』

배소현의 동심은 행복의 샘터다. 그는 동심을 '나뭇가지에 새싹 같은 마음, 맑은 물 샘솟는 옹달샘 같은 마음, 메아리 울리는 산 속 같은 마음, 친구들과 뒹구는 풀밭 같은 마음, 별이 반짝이는 밤하늘 같은 마음, 비 그친 하늘의 무지개 같은 마음, 미운 친구를 용서하는 마음, 작은 일에도 감사하는 마음…. 이처럼 때 묻지 않고 아름다움만 깃들어 있는 어린이의 마음'(계간『한국동시문학』2004. 여름)이라고 말한다. 그의 동심은 때 묻지 않는 마음이다. 또한 어린이의 눈과 마음을 열어주는 것이기 때문에 끊임없이 창출하는 샘물이다.

최근 5년 동안 빛나는 작품 활동을 했다. 1994년『나뭇잎 일기장』을 상재한 후, 6년 만에 두 번째 동시집『미운 덧니 하나』를 출간하게 된다. 그 후, 매년 1권씩 동시집을 발간하여 금년에 제6동시집까지 상재한다.

제6 동시집『가슴에 뜬 무지개 하나』(21문학과문화. 2004)는 동시와 그림의 조화가 싱싱하다.

발문을 쓴 공재동 동시인은 '가족애에 뿌리를 둔 시'라는 제목 아래, '그녀만의 인생의 향기와 체취가 들어있다. 배소현을 만나면 왜 그녀의 시가 그토록 독자를 편안하게 하는지를 알게 한다. 세상을 다 안을 것 같은 넓은 마음과 깨달음의 경지에 이른 것 같은 푸근함이 바로 그녀의 시에 그대로 배어나기 때문이다. 애써 꾸미려하지 않아도 아름답고 고운 심성이 시를 그렇게 편안하게 하는 요인이 된다.'고 했다.

본고에서는 '무지개 노래'에 초점을 두었다. 윌리암 워드워즈는 무지개를 이상에 비유했지만, 그의 무지개는 '꿈의 날개'다.

> 여우비 뿌려
> 하늘 청소하더니
>
> 아, 저런 하늘에
> 무지개 띄우셨네,
>
> -해님의 선물
> -꿈의 날개.
>
> 머릿속 온갖 생각
> 씻고 비워내면
>
> 내 가슴 맑은 하늘에도
> 저런 무지개 하나
> 꿈 같이 띄워 주실까?
>
> -「무지개」 전문

여우비가 내리는 것은 하늘의 청소시간이다. 미리 청소하는 것은 무지개라는 해님의 선물을 더욱 신성시하기 위한 것이다. 무지개는 가장 맑고 깨끗한 것의 상징이다. '머릿속 온갖 생각/ 씻고 비워내면// 내 가슴 맑은 하늘에도/ 저런 무지개 하나' 뜨게 하고 싶은 것이니까.

다리 위에서
내려다보면
강물에 내가 비친다.

고기를 물고
컹, 짖다가
입에 문 고기를 놓쳐버린
한 마리 개의 욕심도 비친다.

-「다리 위를 걸으며」 앞부분

다리 위를 거닐면서 문득 한 마리 개처럼 욕심을 물고 있는 나(화자)를 발견하게 된다. 그것을 만난 순간 자신을 성찰하게 되고, 욕심도 씻어내고 싶다. 강물처럼 맑고, 무지개처럼 깨끗해지고 싶다.

비 오는 날
우산 펴 들면
하늘 음악회에 초대받는다.

바람에 휘몰리며
요동치는 빗소리가 좋다.

춤꾼 같은 몸짓으로
무용하는 가로수가 좋다.

받쳐든 우산
북처럼 두들기는
빗줄기의 리듬이 흥겨워

자연이 연주하는 멜로디에
메마른 가슴 적시며

홀로 감상하는
하늘 음악회.

-「하늘 음악회」 전문

요동치는 빗소리, 춤추는 가로수, 북처럼 두드리는 빗줄기의 리듬. 그에게는 가슴을 적시는 아름다운 음악이었다. 홀로 즐기는 하늘 음악회다.

봄은 노랑이야
노란 개나리 울타릴 보면.

그래, 봄은 노랑이야
봄나들이 나온 병아리 떼를 보면.

봄은 연둣빛이야
돋아난 새싹을 보면.

봄은 분홍빛이야
먼 산에 불타는 진달래를 보면.

고운 빛깔은
모두가 봄빛이야.

-「봄의 빛깔」 전문

개나리 울타리의 노랑, 새싹의 연두 그리고 진달래의 분홍까지 묘사하고 있지만, 그 빛깔들은 봄의 현상을 표현한 것이 아니다. '봄빛'을 더 곱게 드러내기 위한 보조 장치였다.

잎은, 먼지를 씻고
파아랗다.

나무와 숲은
마른 목을 축이고
싱싱하다.

꽃송이는
봉오리 터뜨리며
방그레.

깨끗해지고 싶은 마음으로
예뻐지고 싶은 마음으로
피어나고 싶은 마음으로

비의 큰 사랑
값없이 받는다.

-「비는 큰 사랑」 전문

빗방울을 통하여 사랑을 깨닫는다. 잎을 씻어주고, 나무와 숲의 마른 목을 축여주고, 꽃봉오리 방그레 틔워주는 빗방울. 그렇다면 비만큼 큰 사랑이 어디 있겠는가. 화자도 빗방울이 되고 싶다. 비처럼 큰사랑을 베풀고 싶다.

꽃이라 부르면
꽃으로 피어나는 아가야.
나비라 부르면

나비로 팔랑이는 아가야.

널 안으면
엄마 품은 꽃밭이란다.

산새라 부르면
산새로 지저귀는 아가야.
잎새라 부르면
잎새로 살랑대는 아가야.

널 안으면
엄마 품은 숲속이란다.

-「아가야, 엄마 품은」

사랑의 소재는 나에게만 머물지 않는다. 기막히게 시적 변용을 일으키며 엄마 품을 꽃밭이나 숲 속으로 바꿔놓는다. 큰사랑을 나눠주고 싶으니까.

어머니,
손을 닦으라고 주셨지만
선생님 앞에서
눈물을 닦았습니다.

어머니,
땀을 닦으라고 주셨지만
아직 힘든 일
하지 못했습니다.
어머니가
빨아주신
하얀 손수건.

-깨끗해야 한단다.
-힘껏 해야 한단다.

거기에도
숨은 사랑
접어두신 어머니!

-「손수건 한 장에도」 전문

손수건 한 장인데 화자는 어머니에 대한 그리움은 물론 어머니가 가르쳐 주신 삶의 교훈까지 회상한다. 성실하고 자애로운 어머니 같은 성품이니까, 이와 무관하지는 않으리라.

나뭇가지에서 하는
산새의 말
-우리는 나누어진 적이 없어.
짹짹짹

이산가족 들었음
가슴 아프겠다.

-「휴전선의 산새」 뒷부분

산새들은 휴전선을 마음껏 오간다. 산새들은 분열하지 않았다고 짹짹짹 큰소리친다. 그런 산새들을 보면서 이산가족의 아픔을 느낀다. 그의 사랑은 가족애와 자연애는 물론 민족애까지 연결된 것임을 알 수 있다.

그는 부산사범을 졸업(1959)하고, 초등학교에 근무했으며, 명예퇴임(1999)하면서 국민훈장 동백장을 받았다. 1984년 『아동문학평론』에 동시 「얄미운 비」가 추천완료됐다. 공재동 동시인은 '배소현

씨는 초등학교 교사로 재직하면서 어린이에 대한 극진한 정성과 사랑이 올올이 배인 아름답고 고운 시를 써 왔다. 어린이의 정서를 잘 대변해주는 작가다'(『부산문학사』 p.314)라고 칭송했다.

동시집으로는 『나뭇잎 일기장』, 『미운 덧니 하나』, 『쪽배 하나』, 『몽당연필의 속삭임』, 『따라온 풀숲』 그리고 『가슴에 뜬 무지개 하나』 등이며, 부산아동문학상 그리고 부산문학상 등을 수상했다.

배소현의 제6 동시집 『가슴에 뜬 무지개 하나』는 그의 가슴에 뜬 무지개다. 그의 무지개는 행복의 샘터다. 그의 무지개는 맑고 신성해서 그의 삶에서도 여실히 나타나고 있다. 늘 자애로운 어머니라서 그의 동시는 자연애는 물론 가족애, 민족애까지 두루 미치고 있는 큰사랑을 보여주고 있다.

세상이 각박해질수록 무지개처럼 아름답고 순수한 동심의 노래는 미래와 꿈과 희망을 주는 메시지가 되고, 행복의 샘터가 되리라. 『가슴에 뜬 무지개 하나』는 그 구실을 충분히 하리라는 믿음이 생긴다.

(『문학도시』 2006, 7/8)

우화적 상상력과 풍자, 그리고 긴장

- 이상문 제6 동시집 『바다누리 아이누리』

시인을 영혼의 화가라고 하던가. 이상문의 동시를 읽으면 그 말이 틀리지 않다는 것을 알 수 있다. 형상화를 위한 노력이 얼마나 치열했는지, 진동처럼 느껴진다.

이상문은 그와 눈이라도 한번 마주치면 3행시로 대응해 준다. 이미 시조(제7회 신라문화제 전국 한글백일장 시조부문 장원)에도 일가견이 있다.

동시로도 80년대 후반에 화려하게 등장한다. 부산 MBC 신인문학상 입상(1986)을 발판으로 1989년에는 계간 『아동문학평론』 신인상과 제7회 새벗문학상을 한꺼번에 밟으면서 그 기량을 인정받는다. 수상 경력도 이를 뒷받침한다. 제21회(1999) 부산아동문학상, 한국바다문학협회가 수여하는 제1회(2003) 한국바다문학상, 같은 해에 한국시사랑회가 한국에서 가장 우수한 작품에게 수여하는 제3회 은하수동시문학상 대상도 차지한다.

『바다누리 아이누리』(세손. 2008)는 제6 동시집이다. 이 동시집의 구조는 독특하다. 모두 제4부로 되어 있고, 그것은 두 개의 마당 안에 넣었다. 첫째 마당은 <바다누리>인데, 제1부 '꼬리 길면 밟혀'와 제2부 '다이어트하세요'로 나뉘어져 있고, 둘째 마당 <아이누

리>에서는 제1부 '강아지 도둑'과 제2부 '말 잘 듣는 꽃'으로 구성되어 있다. 총 60편의 동시가 실려 있다.

1. 하늘에서 바다까지

소재는 다양하다. 제3 동시집이 『하늘 길들이기』(1996)이며, 제4 동시집이 『열두그루의 나무』(1999)이다. 제4 동시집을 발간하고 출판기념회를 가졌다. 그 때 작품세계와 관련하여 이렇게 이야기 했다.

'이 작품들을 접하는 순간, 그의 시선이 하늘에서 땅으로 내려섰음을 직감했다. 즉 하늘이라는 이상에서 현실세계로 내려섰다는 의미도 된다. 그만큼 그는 하늘이라는 이상세계에의 탐구와 경험과 배회를 끝냈다는 의미도 되기 때문에 한층 울림이 있는 현실의 노래를 빚으리라' 라고.

그때는 단지 하늘이라는 이상세계와의 탈출이 퍽 다행이라고 생각했었다. 그것은 현실세계가 아니기 때문이다. 그런데 그게 아니었다. 소재에 대한 탐구를 하면서 제6 동시집에 이르러 하늘을 거쳐 바다까지 내려왔다는 것을 알 수 있었다.

그러니까 소재를 통한 그의 탐구 공간은 하늘의 탐구(제3 동시집까지), 땅의 탐구(제5 동시집까지)를 거쳐, 바다의 탐구에 이르고 있다고 할 수 있다.

제6 동시집은 바다와 아이누리가 공존한다. 그것은 앞으로 아이들의 탐구 쪽으로 방향을 잡고, 관심을 가지겠다는 의미이기도 하다.

2. 『바다누리』를 통한 비판과 풍자

첫째 마당 <바다누리>는 바닷속 세계를 우화적 상상력으로 표현한 것들이다. 그들의 생태를 통하여 세태를 비판하거나 풍자하고 있다. 비판과 풍자는 동시에 접근하기 어려운 면도 있긴 하다. 그러나 동심의 시각으로 당당하게 표현하고 있다. 동시의 표현 한계나 범위를 한층 넓히는 계기가 되었으리라.

바다 속 해초밭
숨은 그림

해초 밭에
얼비치는 돌팍망둑,
바위틈에 몸을 낮춘 베도라치,
떠다니는 해초에 납작 붙은 쥐치,

"살려주세요.
난 아무런 힘도 없어요."

"배 고파요.
먹을 것 조금만 주세요."

"제발 건드리지마.
난 쉬고 싶어."

찾고 보니
찾은 게 미안하구나.

-「숨은 그림 찾기」 전문

고기들도 다양하게 등장한다. 돌팍망둑, 베도라치 등 잘 듣지도 못한 이름이지만, 이런 표현을 위해 얼마나 연구하고, 공부했을까? 그 열정까지 엿볼 수 있게 한다. 바다 속 고기들이 우화의 주인공들이다. 해초밭은 삶의 현장이다. 힘이 약한 고기들은 생존을 위해 온갖 수단을 동원한다. 약육강식의 세계가 여실히 드러나는 곳이니까. 「숨은 그림 찾기」라고 호기심 어린 제목을 썼지만 이것은 바닷속 세계만의 숨은 그림 찾기가 아니라는 것이다. 약자를 괴롭히는 현실을 비판하고 풍자하고 있다.

바다에도 위가 있고
아래가 있어

바다 밑에 살던
꼬마새우가
무리 지어 위로 올라왔다.

구름같이 몰려든 건
까닭이 있었을 텐데
무슨 할 말이 있었을 텐데
씀벵이는 먹잇감이라고 꿀꺽 삼키고
참돔도
어라, 제 배만 채운다.

-「위와 아래」 전문

이 동시에는 더 강한 비판과 풍자가 들어있다. 꼬마새우도 제 삶이 있다. 그러나 가진 자들의 착취 때문에 힘없이 망가지고 만다. 가진 자의 횡포가 어떤 것인지 꼬마새우라는 상관물을 통하여 거침없이 내뱉고 있다.

부채뿔산호, 바다맨드라미,/ 바다딸기,나무돌산호,/바다 속 산호꽃 동네.//
"쓰레기 버리지 마세요./ 꽃 꺾지 마세요."/ 팻말 없고//
"먹을 것/ 마음대로 가져가요./ 누구나 찾아와도 좋아요."/ 활짝 열어두었지만//
"쓰레기 봉투 사용해야죠!/ 위층에서 떠들어서/ 잠 한 숨 못 잤어요."/ 그런 일 없는 산호꽃 동네.

-「산호꽃동네」 전문

이웃도 잘 지내면 사촌보다 낫겠지만 요즘은 이웃이 두렵고, 미운 상대가 되고 있다. 기본 질서나 공중도덕을 지키지 않고, 더러는 이해할 수 없는 행동을 하여 눈살을 찌푸리게 하는 이들이 있기 때문이다. 「산호꽃동네」는 그런 세태를 아름답게 비판한다. 산호꽃동네처럼 만들면 어떻겠냐고.

바다누리는 우화다. 대화체 동시가 많은 것도 그것을 증명한다. 그는 우화를 통하여 세태를 비판하거나 풍자하고 있다. 바닷속 세상에서 어쩌면 삶의 표본이나 이상을 찾았기 때문일 것이다.

3.『아이누리』에서의 긴장과 설렘

수학 시험
70점

"요녀석, 세 개나 틀리다니!"
선생님이 알밤!

"에구 장혀, 일곱 개나 맞혔구먼."

할머니도 알밤!

-「알밤」 전문

70에 민감하다. 서문에도 '7할의 변명'이라는 제목 아래 '나는 내 작품이 7할에도 못 미치는 졸작이 아닐까 의심한다. 아이가 최선을 다하고서도 답지를 7할밖에 못 채우듯, 나 역시 문학적 역량의 한계로 그쯤이면 어쩌나 싶다. 그러면서도 무람없이 시집을 낸다. 그건 내 사유가 다 영글지 못함이 부끄러운 게 아니다. 비어 있음은 결손이 아니라 무엇으로 채워질 공간이다.'라고 적었다.

70은 변명이나 결손의 숫자가 아니라 여유의 숫자다. 앞으로 더 채울 수 있는 여지가 있다는 의미를 갖고 있다. 그래서 그의 문학도 여유롭다. 그러나 누구의 알밤을 맞을지 모르니까 긴장해야 한다. 그 알밤(독자가 줄 알밤까지) 때문에 최선을 다할 수밖에 없다.

지워서/ 허물고 없앴을 뿐이었다고/ 하찮게 여기는 거지?//
닳아서/ 작아지고 망가졌다고/ 업신여기는 거지?//
시험 문제/ 고쳐 써서 바로 잡는 것/ 얼굴 그림/ 지워서 더 예쁘게 그린 것//
누구냐,/ 누구 덕분이냐?//
교실 바닥에/ 지우개 하나 뒹굴고 있다.

-「지우개」 전문

몽당연필도 버리기 아까워서 대롱에 끼워 쓰던 시절도 있었다. 그런 시절을 겪었기 때문에 하찮은 것 하나까지 아깝고 귀하다. 그런데 요즘 교실은 상황이 달라졌다. 아까운 것이 없다. 우산도 비 그치면 버리고 그냥 가버린다. 선생님은 빈 교실 바닥에 뒹구는 지우개를 본다. 그 순간, 감사와 절약을 모르는 행동에 은근히 화가 솟는다. 그런 아이들을 향하여 이만큼 예쁘게 사는 것이 '누구냐, 누구 덕분이냐?' 소리 없이 외치며 꾸짖고 있다.

이처럼 긴장과 설렘을 주면서 그의 동시는 아이들 곁으로 다가간다. 그의 동시가 갖고 있는 또 하나의 특징이다.

평균대 좀 들어보겠니?
-못 들어요,

어제 배운 수학문제 풀어볼래?
-못 풀어요.

노래한 곡 불러볼래?
-못 불러요.

이것 좀 먹어 봐.
못 먹겠어요.

못 못 못 못
그 애 머리에 박힌 못
무엇으로 뽑아버리지?

-「못」 전문

한 학급에도 문제아나 학습부진아들이 있다. 담임교사는 그들에게도 관심과 애정을 보이고 싶다. 그러나 못한다고 할 때 화가 난다. 못처럼 박힌 부정부사인 '못'은 뽑아버리고 싶다. '못'이 갖는 중의성을 기막히게 환치시켰다. 이런 정도의 언어유희라면 즐거움이 커질 수밖에.

세계는 날로 변화한다. 변화는 새로운 것을 요구한다. 보편적인 것이나 진부한 소재를 가지고 아무리 좋은 장식을 해도 새로울 게

뭐가 있겠는가. 새로움이 없기-낯설게 하지 못했기- 때문에 독자를 잃어가고 있는 것은 아닐까. 동시도 시대의 정신을 담아내야 하겠지만 소재, 주제와 표현 등이 모두 참신하고 낯설어야 한다. 적절한 압축과 절제로서 설렘과 긴장을 주어야 한다. 동시가 누구에게나 사랑받으려면 긴장과 설렘으로 유인해야 한다. 그 역할을 톡톡히 다하고 있다.

이상에서 이상문 제6 동시집 『바다누리 아이누리』에 대한 일면을 고찰해 보았다.

그는 소재 발굴이나 탐구를 위해 끊임없이 연구하고 노력하는 시인이다. 하늘에서 땅을 거쳐 바다와 바닷속까지 더듬었고, 이제는 아이들의 세계를 더 천착하기 위한 노력이 엿보이기도 한다. 이것은 단지 소재의 변화 측면이 아니라, 하나의 소재를 끈질기게 파헤치려는 그의 문학적 근성이리라.

첫째 마당 <바다 누리>에서는 우화적 상상력을 동원하여 재미를 부여하면서, 사회 비판과 세태를 풍자한 내용을 담고 있다. 어쩌면 바닷속 세상에서 삶의 표본을 찾았기 때문에 적절히 대비시킬 수 있었다.

둘째 마당 <아이누리>에서는 독특한 유머와 재치가 발휘되기도 한다. 또한 건강한 이미지로써 설렘과 긴장을 주는 동시들이 많았다. 이러한 그의 노력은 동시의 표현 범위를 넓히는 계기가 되었다.

이상문은 동그라미 시인이다. 이는 초등학교 교과서에 그의 동시 「동그라미」가 실려 있었기 때문이기도 하지만, 세상을 긍정적으로 보면서 그렇게 살아가는 착한 분, 아이들을 온몸으로 사랑하는 너그러운 분, 욕심도 도려내고 맑고 순수하고 원만하게 살아가는 분,

그렇게 작품을 쓰는 분이기 때문이다. 동시 「동그라미」를 인용하며 끝을 맺는다.

그런 건 나도 할 수 있다.
맞다 맞다
무엇에든 동그라미 치는 거야.
돌등에 앉으며 동그라미
맨땅을 두드리며 동그라미
나무 위에도 동그라미
꽃잎 위에도 동그라미
여기
저기
이것
저것
온통 동그라미만 치는 빗방울.
동그라미 동그라미로
휩쓸어 간 뒤
창 밖을 내다보던 아이
두 눈이 동그래진다.
씻은 듯이 깨끗해
온 세상이 빛나.

- 「동그라미」 전문

(『문학도시』 2008, 3/4)

향기롭고 포근한 세상을 위한 동심의 기도

- 구옥순 제2 동시집 『꼬랑꼬랑 꼬랑내』

1.

내 짝이 벌을 선다
운동장 열 바퀴다.

"선생님, 제가 다섯 바퀴
돌아줘도 됩니까?"

고개 끄덕이는 선생님을 보며
둘은 사이좋게 운동장 트랙을 돈다.

-「벌」 전문

기억나나요? 국어 읽기(3-2) 교과서에 실려 있는 동시지요. 한 민족이 가진 고유한 정신을 민족정신이라고 합니다. 우리 민족은 은근과 끈기, 한恨, 하늘 숭배사상 그리고 끈질긴 생명력을 가졌다고 합니다. 또한 인정 민족이라고 하지요.

우리 속담에도 '이웃사촌'이 있는가 하면, '사람은 인정에 막힌다'고 할 만큼 남의 사정을 잘 보아주는 인정이 있었습니다. 친구 집에 방문을 해서 식사라도 할 때면 어머니는 '한 번 주면 정 없다'고 하면서 자꾸만 숟가락으로 더 떠주시곤 했지요.

경제가 성장하고 사회가 발전하면서 변화되는 것도 많습니다. 그런데 좋은 것까지 사라지고 있으니까 안타깝습니다. 삶의 형태가 단독주택에서 아파트가 되면서, 이웃과 단절과 닫힘이 일어나고 있습니다. 철문을 열고 들어가 꽝 닫아버리면 독립 공간이 되면서 이웃도 없어지고 맙니다. 아이들도 마찬가지입니다. 성적과 경쟁력을 부추기면서 우정 따위야 예사롭게 생각하는 경향도 생겼으니까요.

우정은 영원한 것입니다. '한 번 해병은 영원한 해병'이라고 하지 않습니까? 선생님은 영원한 우정을 가르치고 싶습니다. 사랑과 인정이 있는 민족이라는 것을 알려주고 싶습니다.

체험이 실리지 않으면 글의 생명력이 없어집니다. 이 '벌'도 학급에서 실제 일어난 일이었다고 합니다. 친구가 받는 벌을 대신 십자가처럼 지고 싶은 친구의 마음이 얼마나 갸륵하고 아름답습니까?

곁에 앉은 내 친구를 한 번 돌아보세요. 작은 것 때문에 다투거나 미워하지는 않았나요? 혹시 부족한 부분이 있더라도 도와주고 사이좋게 지내야지요. 자랑스런 내 친구 화이팅!

2.

「꼬랑꼬랑 꼬랑내」는 고약한 발 냄새일까요? 그 냄새가 이렇게 되묻습니다. '너!/ 나처럼 열심히 일해 봤어?'라고요. 그때 여러분은 어떻게 대답할까요?.

> 쉴 새 없이
> 걷고 뛰고

공도 뻥 차고 나면

꼼꼼한 땀이
발가락 사이사이
새까만 때가 되어
꼬랑 꼬랑 꼬랑내
풍기며 말하지

제발
코 잡고 얼굴 찡그리며
으 꼬랑내 그러지 마

너!
나처럼 열심히 일해 봤어?

-「꼬랑꼬랑 꼬랑내」 전문

하루의 생활은 다양합니다. 걷고 뛰고, 공도 뻥 차고요. 그러면 땀은 이마에서 흐르지만 발가락 사이에도 고이지요. 발가락 땀은 때가 되고 냄새가 됩니다. 냄새가 고약해서 꼬랑내라고 하지요.

이 냄새까지도 동시가 됩니다. 열심히 노력한 사람일수록 더 고약한 냄새를 풍길 수 있으니까요. 결국 꼬랑내는 노력의 냄새이기 때문에 많이 풍겨도 좋다는 느낌이 들기도 합니다. 어쩌면 친구처럼 정다운 느낌이 드네요.

선생님 동시의 소재들은 멀리 있는 것이 아니라 가까이 있습니다. 오늘도 학교에서 아이들과 생활(해강초 교감)하면서, 모래밭에서 조개껍질 줍듯 소재들을 찾고 있을 것입니다. 선생님 동시가 정답게 읽혀지는 이유는 이 때문입니다.

3년 전에 첫 번째 동시집 『오른손 왼손』(문학과문화. 2010)을 펴냈습니다. 워낙 내용이 좋으니까 제33회 부산아동문학상을 타기도 했지요. 그런데 이 동시집은 선생님이 문학가가 된 지 28년 만에 낸 동시집입니다. 성품이 조용하고 차분해서 스스로 드러내는 것을 부끄러워하지요.

이번 동시집(『꼬랑꼬랑 꼬랑내』 청개구리. 2014)은 부산시 문화재단이 그 동안 써놓은 작품들이 많은 걸 알고, 출판비를 도와줄 테니까 동시집을 내라고 했거든요. 그만큼 인정받는 시인입니다.

3.

> 넌 내 친구/ 눈빛만 봐도 마음이 통해//
> 꼭꼭 여민/ 마음의 문/ 씨익/ 웃음 열쇠로/ 찰깍 여는//
> 넌 내 친구/ 입가만 봐도 마음이 풀려//
> 뻣뻣한/ 황소 고집/ 사르르/ 보조개 웃음으로/ 살짝 녹이는
>
> -「웃음 열쇠」 전문

소재는 가까운 곳에 있다고 앞에서도 말했지요. '넌 내 친구'로 시작하는 것만 봐도 알 수 있지요. 그런데 좋은 소재만으로 동시가 되는 것은 아닙니다. 표현이 좋아야 하거든요.

웃음이 열쇠일 수 있을까요? 꽁꽁 마음을 닫은 친구의 마음도 열고, 황소고집도 열게 하는 게 있네요. 웃음이라는 열쇠입니다.

좋은 동시란 비유가 멋져야 합니다. 비유란 동시에게 입힌 옷이거든요. 맵시 있고 멋지게 보이는 옷을 입을 때 예뻐 보이는 것처럼 비유의 옷을 잘 입은 동시가 맵시 있고 예뻐 보이지요. 그 옷은 시인의 상상력이 만들거든요.

웃음 열쇠! 누구나 갖고 있습니다. 그런데 그 열쇠 잘 사용하고 있

나요? 그 열쇠만 잘 사용하면 우리나라는 웃음 나라가 되고, 우리 이웃도 웃음 이웃이 된답니다. 자! 웃음의 세상을 만들어 보아요.

비유가 재미있는 동시 한 편 더 소개할게요. 비유 뿐 아니라 의인법도 동시에서 중요하다는 것을 보여주고 있습니다. 햇살은 장난꾸러기랍니다. 등 굽은 등꽃 할아버지 겨드랑이를 간질여 보랏빛 웃음(등꽃)을 조로롱 매달게 했네요.

햇살 장난꾸러기가
등 굽은 할아버지 겨드랑이를
자꾸자꾸 간질여

가지마다
보랏빛 웃음들이
조로롱 매달렸다.

-「등꽃」 전문

4.

어떤 세상을 그리고 있을까요?

처마 밑에/ 오래 매달린 메주/ 속 터지고 상했지만//
커다란/ 소금물 항아리 속에서/ 빨간 고추랑 까만 숯이랑/ 동동 띄워 놓고//
서로 안고 품었더니/ 향기로운 간장도 되고/ 구수한 된장도 되고

-「서로 안고 품었더니」 전문

제목에서부터 느껴지는 게 있지요. 「서로 안고 품었더니」입니다.

겨우내 메주는 처마 밑에 매달려 곰팡이가 슬면서 속이 터지고 상해집니다. 다시 소금물 항아리에서 고추랑 숯과 함께 동동 띄우지요. 잘 익을 때까지 서로 안고 품어야 합니다. 그 결과 향기로운 간장이 되고, 구수한 된장이 됩니다.

우리는 누구나 메주처럼 속 터지고, 상처받을 수 있습니다. 그러니까 가족끼리, 친구끼리, 이웃끼리, 서로 안고 품듯이 이해하고, 도우며 살아야 합니다.

이처럼 선생님이 그리는 세상은 향기롭고, 구수한 세상을 만드는 것입니다. 점점 세상이 메말라지니까 간장과 된장이 발효되는 과정을 통해서 향기롭고, 포근한 세상을 그려보는 것입니다.

> 오늘은 머드축제
>
> 부추는 방아와
> 방아는 양파와
> 양파는 애호박과
> 애호박은 땡초와
> 땡초는 홍합과
>
> 신나게
> 진흙탕 속에서 뒹굴다가
> 나란히 손잡고 누워
> 햇볕에 노릇노릇 태운다.
>
> -「부침개2」 전문

부침개의 맛은 어디서 나오나요? 부추, 방아, 애호박, 땡초 그리고 홍합 등이 어울려 맛을 냅니다. 머드축제처럼 밀가루 진흙탕 속에서 잘 뒹굴다가 프라이팬에 손잡고 누워서 노릇노릇 구워지지요.

음식끼리 서로 어울리고 손잡고 눕는 행동에서 선생님이 그리는 세상이 어떤 것인지 짐작할 수 있습니다.

「수건」도 읽어 보세요. 젖은 이웃, 마른 이웃 가릴 것이 없이 닦아주고 나누어 줍니다. 수건을 통해 이웃의 소중함을 서술해 놓았지요.

> 마음이 보송보송할 땐
> 젖은 이웃의
> 물기를 닦아주고
>
> 마음이 축축할 땐
> 마른 이웃에게
> 물기를 나누어 주고

-「수건」 전문

5.

동시는 동심을 담고 있는 시입니다. 선생님은 좋은 시를 쓰기 위하여 거름종이와 돋보기를 가지고 다닙니다.

> 내 마음을 거르는 거름종이
> 들뜨거나 기쁜 마음
> 차분히 걸러
> 맑은 물 뚝뚝 떨어지게 하는.
>
> 내 마음을 모으는 돋보기
> 화나거나 슬픈 마음
> 한 점으로 모아
> 하얀 연기로 솔솔 태워버리는.

-「시는」 전문

관찰도 많이 하고, 느낌도 많으니까 마음이 들뜨기도 합니다. 그럴 때 거름종이로 마음을 차분히 걸러냅니다. 그때 뚝뚝 떨어지는 물방울이 시가 된다고 합니다. 또한 돋보기로 화나거나 슬픈 마음을 한 점으로 모은다고 하네요. 그런 마음을 태울 때 일어나는 하얀 연기도 시가 된다고 합니다. 좀 이해하기 어렵지요. 그러나 시 한 편을 짓기 위한 고민과 고통을 이해한다면 동시도 꽃처럼 예쁘게 느껴질 것입니다.

「눈물이라는 녀석」은 어떻게 걸러냈을까요?

이 녀석은
제 멋대로야.

어찌나
잘 삐치는지
툭하면
제 맘대로 외출하고

뭐!
너무 좋아도
뛰쳐나간다고

-「눈물이라는 녀석」 전문

눈물이라는 녀석은 제멋대로입니다. 그러니까 잘 삐치기도 하고 툭하면 외출하기도 합니다. 기쁠 때는 기쁘다고 뛰쳐나오기도 합니다. 눈물도 개구쟁이 친구가 되어 버리도록 생각을 잘 걸러 표현했지요. 좋은 동시는 읽고 나면 '아하, 그렇구나!' 하면서 느껴집니다.

그게 감동입니다.

학교 연못에
커다란 얼음이 둥둥 떠다닌다.

조금만 더
조금만 더
얼음을 잡으려다
그만 연못물에 쑤욱 빠졌다.

물이 뚝뚝 떨어지는
양말을 벗고
바지를 벗고
윗옷을 벗고

선생님 체육복을 입었다.
긴 바지를 둥둥 걷었다.
긴 소매를 둥둥 걷었다.

이제
내가 선생님이다.

-「내가 선생님이다」 전문

학교 연못에 얼음이 떠다니기에 잡고 싶었습니다. 그러다가 연못에 빠져 버리고 맙니다. 선생님은 젖은 옷을 벗기고, 체육복을 가져와 입힙니다. 선생님 체육복을 입은 나는 잠시 선생님이 되지요. 어때요? '아하, 그렇구나!' 하고 느껴지나요? 이 동시집에는 감동을 주는 동시들이 많습니다. 소리 내어서 읽어보세요. 감동을 느끼면 세상도 아름다워지거든요.

6.

선생님의 동시는 맑은 샘물처럼 순수합니다. 그런 순박한 동심을 통하여 사랑과 향기가 넘치는 세상을 꿈꾸고 있지요. 그러나 마음의 거름종이를 통하여 걸러내는 시어들은 톡톡 튀거나 반짝거리는 것도 아닙니다. 오직 아이들의 본성에 초점을 맞추어 눈길을 보내면서, 포근하고 차분하게 노래했고, 자연과 일상의 생활에도 귀를 기울여 상상력도 맘껏 발휘했지요.

첫 동시집 『오른손 왼손』을 펴낸 후, 김문홍 동화작가는 「맑고 투명한 시심이 깃든 아름다운 세상」이라고 평가를 했고, 어떤 시인은 「순진무구를 길어 올리는 동심의 두레박」이라고 칭찬하기도 했습니다.

부산아동문학상을 수상할 때 '그 동안 세상살이도 참 많이 익혔습니다. 모든 게 어중간하고 서툰 탓에 뭐라도 한 가지 뾰족하게 여봐란 듯이 내보이기가 어려웠지만, 이제 살림살이도 손에 익고 자연 속에서 밭농사일도 하나씩 즐기고 있습니다. 그것보다 더 중요한 것은 아직도 아이들과 함께 생활하고, 그 속에서 시를 골라내고 찾는 일입니다.'라고 수상소감을 발표했습니다.

지금도 선생님은 아이들과 생활하면서 시를 골라내고 있습니다. 작은 농장에서 틈틈이 밭농사 일을 하면서 채소를 가꾸듯이….

이 동시집이 널리 읽혀 세상에도 향기가 넘쳤으면 좋겠습니다. 오래오래 사랑받는 동시집이 되리라 믿습니다.

(2013 『꼬랑꼬랑 꼬랑내』)

나비가 찾는 동심과 아름다움과 삶의 가치

- 조명제 제5 동시집 『나비야 나비야 너는 어디 있니?』

1. 동심을 찾는 나비

제5 동시집 『나비야 나비야 너는 어디 있니?』(아동문예. 2011)를 읽었다. 책머리에 '천심동심天心童心이라는 말을 다시금 되새긴다. 그늘진 동심의 텃밭에 나비 훨훨 날아와 활짝 꽃피우기를 간절히 소망한다.'는 작가의 말처럼 나비의 날갯짓으로 동심이란 꽃을 찾아 헤맸으리라.

꽁꽁 얼어붙은
닫힌 마음 열라고

송이송이 어깨 걸고
더불어 살자고

초롱초롱 별꽃 초롱
노란 별 눈 뜨고

봄이 오는 길목에서
손나팔 불고 있다.

- 「개나리 · 2」 전문

나비는 '봄이 오는 길목에서/손나팔 불고 있'다. 꽁꽁 얼어붙은 세상에 닫힌 마음을 열게 하고, 송이송이 어깨동무 걸고 더불어 살게 하고, 노란 별 눈을 뜨고, 세상의 봄을 맞이하려고 봄의 길목을 지키고 있다. 그가 소망하는 세상은 동심의 세계다. 그냥 동심이 아니라 '어깨 걸고 더불어 잘 사는' 동심의 세계다. 별꽃이 초롱초롱 눈 뜨고 있는 세상이다.

작은 바람에도/ 일렁이는/ 봄의 분수대//
땅 속 깊이/ 두런대는/ 봄의 속삭임//
뿌리로 끌어올려/ 휘늘어진 가지마다/ 봄을 뿌린다.//
온 누리에 봄비/ 연둣빛/ 봄, 봄, 봄

-「버드나무」 전문

비유가 아름답다. 버드나무의 축 늘어진 모습을 보고 분수대로 표현했다. 그 분수는 솟아나는 물이 아니라, 봄의 속삭임이라 했으니 얼마나 기막힌 표현인가. 그러니까 휘늘어진 가지마다 봄을 뿌릴 수밖에. 온 누리에 봄이 넘친다.

1982년 월간 『아동문예』와 『월간문학』 신인상을 통하여 등단했다. 동시집은 『갈숲의 노래』 등 다섯 권이며 제20회 한정동아동문학상을 수상했다. 제5 동시집 『나비야 나비야 너는 어디 있니?』는 제4 동시집 『꽃씨의 겨울잠』(1992) 이후 근 20년이 걸렸으니, 기나긴 겨울잠을 잤다.

2. 아름다워서 진실한가?

등댓불 깜빡깜빡

졸고 있는 밤바다
은하수 건지러
밤배 떠나고

- 「밤바다」 제3연

초승달 휘어진
해안선 따라
엄마 젖가슴처럼
보드라운 모래언덕 위로

- 「동백섬에서」 제1연

동시집을 읽으면서 그에게 묻고 싶은 것은 '아름다워서 진실한가?'이다. 전반적으로 동요풍의 동시가 많았다. 가락만 붙이면 거의 동요가 될 만한 것들이었다. 동시는 쉽게 써야 하지만, 동시 속의 내재율은 신선하고 깜찍스럽고 참신한 것이어야 한다. 동요는 외형률을 중시하기 때문에 감정이 밖으로 흐를 수 있다. 동요(또는 동요시)는 아름답게 느껴지지만 동시의 깊이와는 다르다.

오륙도 등댓불
아침 햇살 비추면
뱃고동 소리 부웅
눈 뜨는 항도 부산.

- 「오륙도 새 아침」 제1연

시인은 언어 선택 하나를 위해 밤잠을 설치거나 고민해야 한다. 생활어가 시어가 되면 의미의 확산이나 변화를 가져오기 때문이다. 안이한 표현은 가장 경계해야 할 태도다.

모든 세상 일이
그림자처럼
원인과 결과로
붙어 다닌다.

-「그림자」마지막연

치열한 작가 정신이란 남다른 상상력으로 상큼하고 신선하고 매력적인 표현과 새로운 세계의 창조를 위해 부단 없는 노력을 할 때 생겨나는 것이다. 이럴 때 지식이나 관념에서 벗어나야 한다.

결 고운 햇살에
젖은 몸 말리고
강줄기 가득 아지랑이
하얀 옷자락 날리고 있다.

-「강안개」마지막연

아름다운 수식어가 감동을 주는가. 수식어란 한정어다. 범위를 한정지어 버리기 때문에 상상력의 범위까지 줄어들고 만다. 그래서 시인들이 가장 경계해야 할 단어들이다. 다음 예를 든 지문에는 한 연에 '결 고운' '젖은' '가득' '하얀' 등 네 개의 수식어가 들어 있다.

오움-
초록 산자락에서
누렁소 한 마리
염불 외고 있다.

오로지 풀만 뜯고
남을 위해 일하고
몸둥이째 내어주는

구도자의 길을 간다.

- 「소」제1,2연

동시는 이미지가 생명이다. 그런데 다 풀어버리면 어떻게 하자는 것인가. 이미지가 없으면 시가 아니다. 동시 형식을 빌린 것일 뿐이다. 사람들이 시집을 읽는 것은 그 이미지라는 것에 감동받기 위해서다.

바람도 더워서
달아난 한낮
벌거숭이 햇살에
여름이 익어간다.

- 「여름」마지막연

체험이 바탕이 되어야 한다. 체험은 추상적 표현을 거부하면서 현장감이나 실감을 준다. 추상적 표현은 관념이기 때문에 아무리 아름다운 단어로 감싸도 생명력이 없다.

몇 가지 기우杞憂일 뿐이겠지. 오랜만에 대하는 동시집이라서 너무 큰 기대를 하고 읽은 때문이었을까? 두 번째 동시집『날고 싶어요』를 펼치면서, 그에 실려 있는「날고 싶어요」를 읽어본다. 날아다닐 만큼 유능했었지.

과수원의 나무는/ 열매가 무거워/ 휘청거리지만//
사람들은/ 욕심에/ 기뻐하지요.//
우리가 짊어진/ 공부 가방은/ 자꾸만 자꾸만/ 불어나지만//
어른들은/ 욕심에/ 더/ 챙겨 넣지요.//
엄마, 아빠/ 우리도/ 새처럼/ 날고 싶어요.
가지가 휘도록 매달린/ 과일나무보다는/ 한 그루//

소담한/ 꽃나무로/ 자라나고 싶어요.

-「날고 싶어요 · 2」 전문

3. 삶의 가치를 주는 동시집

시뻘건
참숯 구워낸
불가마 속에서

저마다
잘못 뉘우치며
진땀 토해내고 있다.

-「어른들은」 전문

불가마(찜질방)의 높은 온도에 적응을 잘하는 한국인 때문에 하늘(지옥)의 시설도 온도를 높이려고 내부수리중이라고 하던가. 한국인의 습성에 대한 풍자다. 왜 그 속에 들어가 진땀을 흘리는가. 그의 안목은 다르다. '잘못을 뉘우치'기 위해서라는 것이다. 이처럼 삶의 가치를 담아내기 위한 표현이 절절이 엿보인다.

주름진 할머니 손
신비한 약손

배 아플 때 만져주면
얼른 낫는
사랑의 약손.

꼬막손 내 손
귀여운 약손

할머니 어깨 주물러 드리면
금방 시원해지는
고사리 약손.

-「손」 전문

'엄마 손은 약손'이라고 한 동요도 있다. 그렇다면 할머니 손도 약손 아니겠는가. 제4연이 받쳐주는 힘 때문에 이 동시는 생기발랄해진다. '할머니 어깨를 주물러 드리면/ 금방 시원해지는' 꼬막손은 '고사리 약손'인 것이다. 대구對句를 이루면서 후반부 구절에 비중을 높여 참신한 동시로 만들어 낸 것은 그의 탁월한 수완이라 할 수 있겠다.

끝으로 동시「달팽이」를 옮긴다. 그에 대한 기우들을 지울 수 있는 작품이기도 하다. 요즘 초심初心으로 돌아가자는 말을 많이 쓰고 있다. 관록과 중견의 타이틀이 붙으면서, 처음의 열정들은 식어지고 타성에 젖기 때문일 것이다. 다시 초심의 자세로 돌아가 끊임없이 탐색하고 연구하면서, 군림하는 시인이 되어주기를 소망해 본다.

할머니가 보내주신
배추 속에 묻어 온
달팽이 한 마리

이슬람사원 지붕 같은
집까지 짊어지고
도시 구경 나섰다.

더듬이 안테나 세우고
“근디, 여그가 워디여?”
할머니 사투리가 배어 나온다.

아파트가 낯설어
이파리 속으로
자꾸만 기어 들어간다.

배추와 함께
살아있는
시골도 보내셨다.

-「달팽이」 전문

(2011. 3)

Ⅳ

구　　용
오선자
김정순
최복자
박선미
정현숙
김승태
정갑숙

빛깔과 향기를 뿜어내는 천국의 꽃

- 구용 동시선집 『앵두가 익을 무렵』

1.

아-, 글을 쓸 수 없었다. 작품론(동시론)을 써달라는 부탁을 받고, 쾌히 응락한 것도 내 서가에 꽂혀 있는 동시집 서너 권만으로도 쉽게 쓸 수 있을 것 같았기 때문이었다. 그런데 그게 아니었다. 구용 동시선집 『앵두가 익을 무렵』(청개구리. 2008)을 받아든 순간, 그의 동시의 무게는 쓰나미같은 충격이었다.

하드 카버의 고급 장정으로 동시집 열 권을 묶은 것이었다. 분량도 712페이지나 되니까 작품 색인도 넣을 수밖에 없었을 게다.

내가 모르는 동시집들이 끼어 있었다. 그러고 보니 구용(본명 김구용) 시인을 너무 모르고 있었다. 같은 지역에 살면서 가끔 만나긴 했지만 그저 피상적인 만남일 뿐이었다. 이 기회에 그에게 다가가고 싶었다. 작품으로 이해하는 계기가 되었으면 싶었다. 그리고 그의 열정과 성실성을 닮고 싶었다.

등단은 1995년이다. 『동화문학』, 『아동문예』에 동시 「앵두가 익을 무렵」과 「바람」이 각각 당선됐다. 이듬해 동시집 『숙제 안 하고 학교 간 날』(계몽사)을 필두로 동시집을 발간하기 시작한다. 그런데 20년도 되기 전에 10권의 동시집을 만들었다. 그 열정 놀랍지 아니한가.

평범한 사람이 비범한 시인의 작품 세계를 어찌 거론할 수 있을까? 그런데 작품의 부족한 부분까지 지적해 주었으면 좋겠다고 하면서 더 자신을 낮추는 것이었다. 오랫동안의 교사생활과 신앙심(카톨릭)이 몸에 배었기 때문일까. 자꾸만 봄햇살 같은 느낌이 퍼져 오는 것이었다.

동시집은『숙제 안 하고 학교 간 날』(계몽사. 1996),『붕어빵 장수』(아동문예. 1997),『새들의 합창』(아동문예. 1999),『인숙이 누나』(한국재활재단. 2000),『들길을 걸으며』(아동문예. 2020),『꽃들의 노래』(교학사. 2003),『내 고향 사람들』(아동문예. 2004),『바닷가 오막살이』(아동문예. 2004),『곤충의 꿈』그리고『동물학교』등이다. 제9 동시집『곤충의 꿈』과 제10 동시집『동물학교』는 동시선집『앵두가 익을 무렵』에 묶어 발간했다.

이들 동시집의 특징은 주제를 표지 상단에 각각 제시하고 있다. 동화 같은 동시, 같은 제목 다른 내용, 52마리 새 이야기, 장애인의 아픔과 고통, 생각하는 동시, 52송이 꽃 이야기, 농촌 생활 이야기, 어촌 생활 이야기, 52 마리 곤충 이야기 그리고 52 마리 동물 이야기 등이다.

제4 동시집『인숙이 누나』에 대해서는 각별한 애정을 보이고 있다. 남보다 가진 것 없어 가난하게 사는 사람들의 이야기와 장애인들의 아픔과 고통을 절절이 표현했기 때문이다. 특히 인숙이는 강길웅이라는 신부神父의 누나인데 간질병을 앓다가 죽어간 소녀다. 이해인 수녀도 이 동시집에 감동하면서 다음과 같이 추천의 글을 적어주었다.

'선생님은 정말 뜻깊은 일을 시작하셨어요. 『인숙이 누나』는 장애와 가난으로 외롭게 사는 사람들의 긴 이야기를 상징적으로 짧게 묘사했기에 진부하지 않은 것 또한 시의 묘미이고 선생님의 빼어난 역량이라 여겨집니다. 앞으로도 따뜻한 정이 넘치는 글들로 세상을 아름답게 밝혀주시고 우리의 기쁨이 되어주십시오.'라고.

그에게 동시는 천국의 꽃이다. 첫 동시집 『숙제 안 하고 학교 간 날』 서문에 '천국의 꽃인 동시가 빛깔과 향기와 모양이 다르더라도….'라고 했으니까.

천국의 꽃! 그 꽃은 빛깔과 향기와 모양은 다르지만 제 각각의 신비와 아름다움과 꿈을 갖고 있다. 어쩌면 그가 피우면서 이름 불러준 동시의 꽃이다. 갑자기 김춘수의 시 『꽃』의 구절이 떠올랐다. '내가 그의 이름을 불러준 것처럼/ 나의 이 빛깔과 향기에 알맞은/ 누가 나의 이름을 불러 다오.'

2.

부득이 작품 몇 편으로 표현론적 관점에서 거론할 수밖에 없었다.

기쁠 때
꽃을 봅니다.
언젠가 떨어질
꽃을 봅니다.

슬플 때
달을 봅니다.

언젠가 보름달이 될
달을 봅니다.

욕심이 생길 때
나무를 봅니다.
꽃도 열매도 다 주는
나무를 봅니다.

-「기쁠 때나 슬플 때나」(제5 동시집『들길을 걸으며』)

그의 성품을 엿볼 수 있다. 기쁜 일이 있을 때 꽃을 바라본다. 이 꽃도 언젠가 떨어질 테니까 기쁘다고 으스댈 수 없다. 슬픔도 마찬가지다. 기운 달이 언젠가 꽉 차지 않는가. 욕심이 없는 것도 아니다. 욕심이 생기더라도 아낌없이 주는 나무의 교훈을 새긴다. 달관의 경지를 느끼게 한다.

시(동시)는 최소한의 언어로 사상과 감정을 그려낸다. 시어가 압축, 절제되고 최소의 언어로 최대의 효과를 거두어야 하기 때문에 경제 원리가 도입되지만, 말을 아끼지 않는다. 압축, 절제의 기교가 오히려 어린이 독자에게 외면당할 수 있다는 것을 알기 때문이다.

나보다 열세 살 많은
인숙이 누나
내가 어렸을 때
누나는 날 업고 숙제하다
갑자기 쓰러졌습니다.
어머니는 처음
밭에서 돌아와
아기 죽인다며 누날
사정없이 두들겨 팼습니다.
그랬는데, 그랬는데

그 날부터
우리 집 웃음소리
그치고
먹구름 끼기 시작했습니다.

-「인숙이 누나」 제1연(제4 동시집『인숙이 누나』)

초등학교 1학년 때 1.4 후퇴라는 극한의 쓰라린 경험을 했고, 거제도에서 피난생활을 하면서 겪었던 일들이 아픔과 눈물이 되어 가슴에 맺혀 있으리라. 그런 고통을 감내하면서 성장했기 때문에 남의 아픔도 자신의 고통이 되고 만다. 강기웅 신부의 자서전『낭만에 초쳐먹는 이야기』를 읽고 눈물을 흘린다. 공감이 되는 부분이 많았기 때문이다. 거기에 어찌 절제와 압축이 끼어들겠는가.

'경진이가 생각난다./ 앵두가 익을 무렵/ 지금은 도회지 가고 없는.'으로 시작하는「앵두가 익을 무렵」(제1 동시집『숙제 안 하고 학교 간 날』)도 사설조다. 황순원의「소나기」처럼 사춘기 소년의 첫사랑을 그린 것이다. '경진이 치마 밑 하얀 허벅지와/ 꽃무늬 팬티/ 눈이 부셨다.'라는 구절에서는 쾌감이 동반되기도 한다. 우리 동시가 사춘기의 사랑까지 확대되었다는 것을 보여준다.

2005년에 부산아동문학인협회는 제27회 부산아동문학상을 주었다. 수상작은 그의 제8 동시집『바닷가 오막살이』이다. 심사위원(공재동, 주성호, 김문홍)은「톳」을 인용하고 다음과 같이 평했다.

꼬들꼬들 톳나물
외국에서 더 인기 있는
장수 마을 톳나물.

갯바위에서

물빠지면
남자들 낫으로
여자들은 칼로 베어

그냥 먹어도
꼬들꼬들 봄 맛
뜨거운 물 살짝 데치면
초록색 톳나물.

무채 양념 된장으로 버무린
톳나물 된장무침
콩나물 두부와 함께 먹는
장수마을 장수식품
꼬들꼬들 톳나물.

- 「톳」 (제8 동시집 『바닷가 오막살이』)

'"톳"에 대해 모르던 사람도 이 시를 읽으면 모양은 물론 색깔, 요리법까지 알 수가 있다. 여덟 권의 동시집을 상재한 작가는 이 동시집으로, 어촌 사람들이 살아가는 모습을 손에 잡힐 듯 자세히 그려주고 있어, 우울한 도시인과 아이들 모두에게 신선한 청량제가 될 것으로 믿는다.'라고.

동시에서도 낯설게 하기를 많이 거론한다. 소재, 주제와 표현 등이 모두 참신하고 낯설어야 그에 대한 호기심이 생길 수 있는 것이다. 이와 관계 깊은 표현이 은유다.

예쁜 악세사리
빨간 바탕
검은 반점
내 손톱보다 작은

무당벌레

진딧물 먹고 언제나
푸른 숲 지키는
파수꾼
무당벌레
예쁜 악세사리

하이얀
블라우스 입은
송이 누나 가슴에
달아주고 싶어요.

- 「무당벌레」 (제5 동시집『들길을 걸으며』)

무당벌레를 송이 누나에게 달아주고 싶은 액세서리에 비유했다. 비유가 재미있어 가볍게 읽히면서 설렘과 웃음까지 번지게 하는 효과도 가져다준다.

동시는 절실한 속마음에서 우러나온 것이어야 한다. 릴케는 「말테의 수기」에서 '쓰지 않으면 못 배길, 쓰지 않고는 죽어도 못 배길' 속마음의 요구가 우러나올 때 비로소 시인이 될 수 있다고 했다. 시경詩經에도 '마음속에 움직이는 바가 곧 뜻이 되고, 그것이 마침내 그대로 머물러 있지 못하고, 절실한 언어로 다듬어져서 밖으로 나타나면 곧 시가 된다'고 했다. 그의 동시를 읽으면 절실한 내면적 갈망에 의하여 쓴 것임을 알 수 있다.

맹아학교에 갔어요./ 앞 못 보는 아이들/ 점자로 공부하며/ 지팡이로 더듬어/ 골마루를 오가고 있었어요. 그러면서/ 자신들은 청각장애인에 비해/ 아름다운 소리 들을 수 있어/ 행복하다고 웃었습니다.//

농아학교에 갔어요./ 말 못 하는 아이들/ 수화로 열심히 이야기하며/ 놀고 있었어요. 그러면서/ 자신들은 시각장애인에 비해/ 아름다운 세상 볼 수 있어/ 행복하다고 웃었습니다.

-「행복한 아이들」(제4 동시집『인숙이 누나』)

삶의 궁극적 목적은 행복이다. 행복의 조건은 행복하다는 생각에서 비롯된다. 그의 소망도 마찬가지다. 결코 장애도 행복한 세상의 장애가 될 수 없다는 것을 보여주고 있다.

그는 가톨릭교도다. 어느 종교나 믿음의 방법은 다르더라도 제세안민濟世安民의 사명을 갖고 있다는 것을 알기 때문에 편애하지 않는다. 그래서 부처님도 소재가 될 수 있다.

할머니 따라/ 소나무 숲 속/ 절에 갔습니다./ 대웅전 부처님/ 은은히/ 미소짓고 있었습니다./ 피어오르는 향처럼//
할머니, 할머니/ 부처님은 왜/ 저렇게 웃고 계시지요?/ 글쎄다, 모르긴 해도/ 욕심 버리고/ 남을 도우면/ 저렇게 웃을 수 있을 거야.//
일요일 엄마 따라/ 마리아 상이 있는/ 성당엘 갔습니다.// 장엄한 성가대 합창소리/ 예수님이 성전 한가운데서/ 괴로워하고 있었습니다./ 십자가에 못 박혀//
어머니, 어머니/ 예수님은 왜/ 십자가에 못 박혀/ 괴로워하시지요?/ 글쎄다, 모르긴 해도/ 세상 온갖 고통 대신하고/ 모든 사람들/ 사랑하며 살아가라/ 그러시는 걸 거야.

-「부처님과 예수님」(제4 동시집『인숙이 누나』)

할머니를 따라 절에도 가보고, 어머니를 따라 성당에도 가 본다. 믿음의 대상은 다르지만 시적화자인 아이의 눈을 통해 종교의 본질을 규명해 놓고 있다.「글쎄다, 모르긴 해도」에서 조심스럽게 접근하고 있다는 것을 알 수 있다.

그의 동시는 우리 어린이들에게 꿈과 사랑을 가지라고, 그에 알맞은 빛깔과 향기를 뿜어내는 천국의 꽃이었다.

3.

왜, 동시를 쓰는가? 동시인들은 이 문제를 한 번쯤은 짚어 보았을 것이다. 어느 시인은 더욱 쓸쓸해지기 위하여 계속 시를 쓸 거라고 했다. 윤동주는 「쉽게 씌어진 시」에서 '시인이란 슬픈 천명'이라고 했다.

결국 쓸쓸하기 위해 시를 쓸 수도 있지만, 시인의 슬픈 천명 의식은 '나는 나에게 작은 손을 내밀어/ 눈물과 위안으로 잡은 최초最初의 악수握手'(「쉽게 씌어진 시」)를 할 수밖에 없게 한다. 그만한 소명 의식이 격조 높은 시(동시)를 빛게 하는 요인도 되고 자긍심도 되리라.

그도 어떤 천명의식으로 동시를 쓰고 있으리라. 왕성한 시 작업을 보면 알 수 있다. 남들은 도저히 따라갈 수 없는 길을 열심히 달리고 있다. 누가 따라오든 따라오지 않든 상관하지 않는다. 그러다가 천국의 꽃밭을 일구어 놓는다.

제2 동시집 『붕어빵 장수』와 제3 동시집 『새들의 합창』에 실린 발문을 옮긴다. 『붕어빵 장수』에는 문삼석 동시인의 「즐거움과 아름다움의 동시」라는 주제로 '사실 자연이나 학교생활, 그리고 가족이나 이웃들 같은 소재들은 누구나 어디서나 만날 수 있는 흔한 사물들입니다. 그런데도 그 흔한 사물들을 글감으로 하여 빚어 놓았지만 아무나 찾아낼 수 없는 즐거움과 아름다움을 듬뿍 담고 있습니다.'라고 했고,

『새들의 합창』에는 「정답고 아름다운 새들의 합창」이라는 제목으로 이몽희 시인의 글이 실려 있다. '구용 시인은 참 따뜻하고 정이 많은 시인입니다. 만나 보면 금방 친해질 수 있는 수더분하고 소박한 분이지요. 이 시인의 꾸밈없고 과장 없는 성품과 인격이 시 속에 그대로 나타나 있습니다. 본래 어린이가 그렇지 않습니까. 거짓과 가식이 없고 기교를 부리지 않고 솔직히 감동하고 제가 아는 말을 쉽게 써서 자기 생각을 나타내는 것이 어린이입니다. 어린이는 사물을 참마음으로 만납니다. 마음으로 받아들입니다. 그러기에 그런 어린이의 마음으로 노래하는 동시에서 우리가 찾을 수 있는 것은 기교가 아닌 감동 그것인 것입니다.'라고 했다.

구용 시인이 발표한 동시는 500편이 넘는다. 동시집도 열 권이나 된다. 동시집마다 주제를 밝혀 놓았기 때문에 이웃이나 친구를 만나는 것처럼 친근감이 든다. 또 어떤 주제의 동시집을 만날 수 있을까 은근히 가슴이 설렌다.

(『시와동화』 2012 겨울)

사랑과 동심, 그 아름다운 욕심

- 오선자 제4 동시집 『쨍쨍 해님의 말씀』

아이리스는 붓꽃 종류다. 화려하지 않고 수더분하다. 그런데 그리스 신화에서는 무지개의 여신이다.

그의 동시를 읽으면 아이리스가 떠오른다. 무지개 같은 화려함이 아니라, 수더분한 아름다움이 느껴지기 때문이다. 제4 동시집 『쨍쨍 해님의 말씀』(아동문예. 2006)도 마찬가지다.

1994년 계간 『한글문학』에 동시가 당선되고, 이듬해 월간 『아동문예』에 재당선된다. 첫 동시집 『노래 숲의 아이들』(1995)을 간행하고, 제2 동시집 『입맞추는 햇살』(1998)을 상재한 후, 부산아동문학상을 수상한다. 제4 동시집 『쨍쨍 해님의 말씀』은 제3 동시집 『꽃을 깨우는 엄마』(2001) 이후 꼭 5년만이다. 등단 후 10년을 갓 넘겼지만 동시집을 4권이나 간행했다는 것은 문학에 대한 열정이 어느 정도인지 알 수 있다.

제4 동시집 『쨍쨍 해님의 말씀』은 제4부로 나뉘어 총 51편이 실려 있다.

1. 희생과 봉사의 노래들

세상에
왔으니까

나도
봉사활동 해야지.

목소리 하나로
남을 기쁘게
세상을 푸르게.

-「매미·1」 전문

깔끔하게 형상화했다. 매미 울음소리를 듣고 봉사활동이라고 착상한 것은 얼마나 기발한가. 이제 매미소리도 허투루 들리지 않는다. 목소리 하나로 남을 기쁘게, 세상을 푸르게 하고 싶은 봉사활동을 하고 있으니까.

난로는
여름잠 잔다.

자면서도
꿈을 꾼다.

이번
겨울에도

따뜻한 세상
만들고 싶은….

-「여름잠」 전문

난로의 꿈이 보이는가. 이번 겨울에도 따뜻한 세상을 만들어야 한다. 겨울의 봉사활동을 위하여 여름잠을 잘 수밖에 없다.

> 골목골목/ 가로등 켜 놓아야지.//
> 꽃잎들의 목욕물/ 준비해야지./
> 별들이 빛나도록/ 하늘도 닦아야지.//
> 아름다운 밤/ 준비하느라/ 온 몸/ 빨갛게 되었다.
>
> -「노을」 전문

노을은 밤을 준비하기 위하여 진땀을 흘리고 있다. 가로등 켜는 일, 꽃잎들의 목욕물 준비하는 일, 별빛 빛나도록 하늘 닦는 일, 아름다운 밤을 준비하는 일 등…. 이런 희생이 깔려있기에 세상이 아름다워지는 게 아닐까.

> 한 손/ 한 손/ 모를 심지만//
> 할아버지가/ 심는 것은/ 땀방울이다.//
> 태풍이 오지 않을까/ 벌레 먹지 않을까//
> 반듯하게/ 줄 맞춰/ 모를 심지만//
> 오늘도/ 걱정에/ 허리가 휘어진다.
>
> -「모 심기」 전문

모내기를 하는 할아버지의 모습에서 안쓰러움을 발견한다. 어쩌면 할아버지가 심는 것은 모가 아니라 걱정이다. 그 걱정 속에는 경제와 기상에 관한 우려도 깔려있지만, 자식에 대한 사랑도 절실하게 들어 있다. 그런 사랑까지 놓치지 않고 포착함으로써 동시의 질감을 다양하게 한다.

2. 사랑과 감사

"사랑해-"/ "사랑해-"/ 자꾸 외쳐야지.//
그러면/ 온 산/ 사랑이/ 푸르러질 테니까.//
"고마워-"/ "고마워-"/ 자꾸 외쳐야지.//
그러면/ 온 세상/ 고마운 마음들이/ 넘칠 테니까.

-「메아리」 전문

사랑과 감사는 그가 소망하는 덕목이다. 사랑을 외치고 감사를 외쳐서라도 그런 세상을 꾸미고 싶다. 언젠가는 사랑이 푸르러지고, 고마운 마음들이 넘치는 세상이 될 거라는 확신을 가지면서.

해마다/ 할머니가 보내주시는 참깨//
고소한 맛을 내는/ 작은 알 알들//
여름햇살 견디고/ 잘 여물 때/ 때맞춰 톡톡 털어 내고//
한 알 한 알마다/ 할머니의 손길로 된 것임을//
할머니가/ 가꾸시는 모습 보고서야/ 할머니처럼/ 소중하다는 것을 알았다.//
알알이/ 땀방울 안고 있고/ 알알이/ 계절을 품고 있다는 것도.

-「참깨」 전문

할머니의 사랑은 감동적이다. 체험이 실려 사랑이 돋보인다. 할머니가 우리 집에 보내기 위해, 한여름 내내 작업하는 모습을 보고 참깨의 소중함을 느낀다. 그런데 진작 중요한 것은 참깨가 아니라 가족 간의 사랑이다. 참깨 속에 들어 있는 할머니의 땀방울과 계절의 의미가 가족 사랑을 진하게 한다.

무엇이든 잘했다고

칭찬만 하시던
우리 할머니.

할머니의 옛날 이야기에
지혜도 자라고

할머니의 따스한 손길에
키도 커져서

할머니 가시는 곳
어디든지 같이 가고 싶었어요.

할머니!
내 마음 아시죠?

-「내 마음 아시죠」 전문

손주에 대한 사랑이다. 손주는 그 사랑을 '내 마음 아시죠?' 하고 확인하고 싶다. 할머니의 지혜와 손길을 받았으니까 할머니를 따르고 싶다. 경로사상이 희박해져 가는 세상이기에.

나/ 혼자라면//
이렇게 기쁜 날/ 방방곡곡/ 붉은 꽃 목소리 채울 수 있었겠니?//
서로 껴안고/ 노래하며/ 발을 동동 구르면서.//
나/ 혼자라면//
이렇게 신나는 날/ 세계로 넘치는/ 붉은 꽃물결 만들 수 있었겠니?//
손뼉을 치고/ 대한민국을 외치고/ 태극기를 휘날리며.

-「나 혼자라면」 전문

붉은 악마들의 응원의 소리는 '붉은 꽃 목소리'로, 응원의 모습은

'붉은 꽃물결'로 비유하고 있다. 나 혼자라면 엄두도 낼 수 없는 일이지만, 다수 군중과 어울려 그들과 손뼉을 치고, 대한민국을 외치고, 태극기를 휘날릴 수 있었다.

3. 자연에 대한 애정

갯벌 속에 숨어있는 사랑도 발견한다.

> 내가/ 모를 줄 아니?//
> 웅크리고 앉아서/ 플룻을 불고 있네.//
> 뽀르르/ 뽀르릉/ 작은 구멍에서 들려주는/ 조개들의 노랫소리//
> 나는/ 다 듣고 있지,/ 다 보고 있지.
>
> -「갯벌 속에 숨어 있어도」 전문

사랑의 눈으로 보면 보이지 않는 것이 없고, 사랑의 귀로 들으면 들리지 않는 것이 없다. 갯벌 속에 숨어 있는 조개들의 노랫소리도 마찬가지다. 그것은 플룻 소리를 내는 악기였다.

> 마른 땅에
> 봄비 내린 후
>
> 여기저기
> 풀꽃들이 돌아오네.
>
> 봄비는
> 풀꽃이 보고 싶어

눈물 흘리고

풀꽃은
봄비가 보고 싶어
새 얼굴 내밀고.

-「봄비와 풀꽃」 전문

어떤가? 봄비와 풀꽃의 관계가…. 정말 그럴듯하게 짜여 있지 않은가. 어쩌면 시인은 사물과의 교직을 통하여 시를 만들어 내는 분이 아닐까. 봄비는 풀꽃이 보고 싶어 눈물 흘리고, 풀꽃은 봄비가 보고 싶어 얼굴 내미는 그 관계가 신비감을 준다.

네 마음
나처럼 고요해졌니?

네 눈빛
나처럼 맑아졌니?

바다는
그렇게 물으며

날마다
창문 열고 들어온다.

-「바다를 보며」 전문

바다는 고요하고 맑은 마음이다. 그 마음을 보여주기 위해 창문을 열고 들어온다. 이처럼 자연 속에서도 무한한 사랑을 찾아내면서, 그의 시는 점점 원숙해지고 있다.

4. 배려할 줄 아는 마음

「보자기」의 용도는 그냥 물건만 싸는 것이 아니다.

> 주머니도 없고/ 손잡이도 없지만//
> 작은 것도/ 큰 것도/ 다 끌어안는다.//
> 보자기 같은/ 마음을 가지면//
> 내 가족/ 내 이웃/ 포근히 감쌀 수 있겠구나.
>
> -「보자기」 전문

주머니도 없고, 손잡이도 없다. 그러나 다양하게 쌀 수 있다. 보자기 같은 마음을 가지면 내 가족은 물론 내 이웃까지 포근히 감쌀 수 있지 않은가.

> 한 번 더 생각하자
> 보는 이
> 즐거워지도록.
>
> 한 번 더 생각하자
> 환경오염
> 줄일 수 있게.
>
> 입장 바꿔 생각하자
> 듣는 이
> 상처받지 않게.
>
> -「조심조심」 전문

한 번 더 생각해 보면 조심조심하게 행동할 수 있다. 그러면 나도 즐겁고, 상대도 상처받지 않는다. 환경오염도 줄일 수 있다. 생각의 중요성을 강조하고 있다.

예쁜 꽃 피었다고
환호성 지르지 마세요.

나도 산새처럼
알을 품고 있다고요.

새하얀 알
토실토실 자랄 때까지

발소리도 낮추세요,
목소리도 낮추세요.

-「감자밭에서」 전문

감자알을 산새알로 환치시키니까 감자밭 모두가 산새들의 서식지다. 그 알이 부화할 때까지 발소리를 낮추고, 목소리를 낮추어야 한다. 생명으로 깨어나는 경건함을 위해서.

5. 아름다운 욕심들

동시는 아동들이 주독자이기 때문에 그들에게 어떤 메시지를 주어야 한다. 그것이 겉으로 드러나 버리면 문학성이 감소되지만, 그걸 감수하니까 함축성이 더 강해진다.

“행복을 그려 주세요”/ 화가 아저씨께/ 부탁해야지.//
“기쁨을 들려 주세요”/ 음악 선생님께/ 부탁해야지.//
가족에게/ 친구에게/ 이웃에게도 나눠줘야지.//
행복의 꽃/ 기쁨의 꽃/ 피어나도록.

-「행복과 기쁨」 전문

화가 아저씨와 음악 선생님에게 부탁하면 행복과 기쁨을 얻을 수 있을까? 비록 이상 세계라도 행복의 꽃, 기쁨의 꽃이 피는 세상이길 소망한다.

전교 조회 시간이다/ 들판 학교에//
고추, 상추, 콩, 감자, 보리…/ 들판 아이들 다 모였다.//
“차렷!”//
해님 교장선생님이/산 위에 올라섰다.//
빛의 소리가 퍼지며/ “희망을 가져라,/ 튼튼하게 자라라,/ 열심히 노력하라.”//
해님의 말씀은/ 갈수록 쨍쨍//
아이들이 가만있질 못한다./ 얼굴이 따끔따끔/ 허리가 근질근질/몸을 비틀기도 하지만//
그래도/ 다리는 꼼짝 않고 서있다.

-「아침 들판」 전문

해가 뜨는 아침 들판의 풍경을 학교의 조회 시간에 비유했다. 해님이 교장이다. 들판의 아이들을 향해 쨍쨍 빛으로 소리친다. 희망을 가지고, 튼튼하게 자라고. 열심히 노력하라고. 이것은 시인이 아동들에게 들려주고 싶은 말씀이다. 그것을 해가 대신하도록 하였다. 또한 요즘 아이들은 인내력도 부족하여 오래 있질 못한다. 그것도 꼬집고 싶다. 마지막 연의 ‘그래도/ 다리는 꼼짝 않고 서 있다’고 하면서 넌지시 인내력도 부추긴다.

또, 욕심을 부리고 싶은 것이 있다. 시간을 아껴 써야 한다는 것이다.

좀 있다 해야지,/ 미뤄놓고//
쉬운 거니까/ 또/ 미루다가//
안 돼!/ 안 돼!//
시간이/ 나보다 먼저/ 달려가네.

-「숙제」전문

좀 있다 해야지 하면서 미루고, 쉬우니까 미루는 그런 일은 없어야 한다고 가르치고 있다. 시간이 나보다 먼저 달려가니까. 어린 독자들에게 뭔가 더 안겨주고, 가르쳐주고 싶은 욕심들이 곳곳에 드러난다.

그의 제4 동시집『쨍쨍 해님의 말씀』에서 사랑과 관련한 동시들을 중심으로 몇 가지 밝혀 보았다. 그의 동시의 주 영양소는 사랑과 동심이다.

더러는 교시적 내용을 주기 위해 욕심을 부리기도 했지만, 전체적으로 비유도 인상적이었고, 문장도 차분하고, 감정도 노출되지 않아 읽을수록 감칠맛이 나는 작품들이 많다. 이 동시집이 그야말로 쨍쨍 빛나는 햇살이 되어 찬사를 받는 동시집이 되지 않을까.

(2006『쨍쨍 해님의 말씀』)

옹달샘 눈동자를 찾고 싶은 마법의 노래

- 김정순 제2 동시집 『숲 속 마법의 나라』

1.

제2 동시집을 발간하는데, 추천사를 써 달라고 했다. '누가 어떤 마법에 걸릴까요?'라는 주제로 다음과 같이 써 주었다.

'8년 전에 김정순 선생님의 첫 동시집 『개미의 소풍』(아동문예)을 읽었습니다. 「새 학년 새 교실」이란 동시에 "우리들 가슴마다/ 작은 소망 하나씩 걸어 줄/ 아프지 않는 못을 치시네."했습니다. (중략)

여러분의 이야기도 많이 실려 있습니다. 여러분들을 직접 가르치고, 같이 생활하는 선생님이시니까 누구보다 여러분을 잘 알고 계시지요. 그러니까 선생님의 체험은 곧 여러분들의 모습입니다.

요즘을 글로벌 시대라고 합니다. 이것은 국제화 시대라는 뜻입니다. 통신과 교통수단이 발달하니까 세계가 한층 가까워졌기 때문이겠지요. 그런데 이 '글로벌'이 이렇게 소중한 의미가 담긴 줄 몰랐네요.

> 우리 선생님은/ 자주 반성문 쓰는 나를/ 글로벌이라 부른다.
>
> - 「나에게도 꿈이 있어」 제3연

벌서게 하는 일도 이렇게 하면 체벌 때문에 생기는 문제는 하나도 없을 것 같지요. 잘못한 행동에 대해서 반성문을 쓰게 합니다. 즉, 글로 벌을 서게 하는 것입니다. 그것은 세계적인 인물로 키우고 싶은 선생님의 마음 아닐까요? 동시를 쓰는 선생님이기 때문에 이런 아이디어도 내신 것 같네요.

선생님은 차분하고 조용합니다. 동시도 선생님을 닮아 맑고 곱습니다. 또한 「수건 한 장」처럼 제 마음 비워두고, 남을 위해 부드럽게 닦아주는 마음도, 「빗방울아, 어쩌지?」에서는 우산 끝에 매달린 빗방울도 눈물로 보는 여리고 고운 마음도 엿볼 수 있었습니다.

이제 선생님의 제2 동시집 『숲 속 마법의 나라』가 탄생합니다. 여러분에게 마법을 걸고 있는 이 동시집! 누가 어떤 마법에 걸릴 지 궁금하네요. 어쩌면 여러분의 손을 잡고 별나라까지 데리고 갈 것 같네요. 이 동시집을 읽으면서 꿈을 키우고, 마음껏 상상의 세계로 달려보세요.'라고.

2.

1996년 아동문예문학상에 당선되었다. 초등교원 잡지인 『새교실』에 시 추천을 완료하고, 한국여성해변백일장 시부문 장원 및 영남여성백일장 시부문 금상 등 문학 경력을 쌓는다.

첫 동시집 『개미의 소풍』(아동문예. 2003) 이후, 8년 만에 제2 동시집 『숲 속 마법의 나라』(해성. 2011)를 펴냈다. 형상화의 수법이 남다르다. 형상화란 사실이나 체험을 내 감성의 도가니 안에서 잘 발효시키거나, 삭혀서 가장 맛날 때 끄집어 내놓는 김치 같은 맛이다.

모퉁이
빼끔히 내다보면
노오란 봉고차가 기어이 달려온다.

"학원 빠져버릴까?"
했던 마음 호주머니에 쏙 숨기고
친구들 틈에 비집고 앉는다.

봉고차는
이 친구 저 친구 데려 가느라
신나하지만

골목길은
같이 놀 친구 없다고 투덜투덜
그래도 봉고차를 조심스레 비켜준다.
뒤돌아보면 손짓까지 해 준다.

"열심히 배우고 와-"

-「골목길」 전문

학원 봉고차들이 아이들을 데리고 가면 혼자 남는다. 골목길은 친구가 없다고 투덜거린다. 그래도 아이들이 가는 길을 막아서지 않는다. 아이들이 미래와 희망이기 때문이다. 그래서 뒤돌아보며 손짓까지 해준다. 아이들을 학원에 보내기 위해 한바탕 소란을 겪은 후, 뒤돌아보는 골목길의 손짓이 엄마처럼 따스하다.

넌 아니?
나도 얼마나 잠이 오는지.

네가 쿨쿨 잠잘 때
혹시 내가 졸아버릴까 봐
난 두 눈 크게 뜨고 있었어.

어둠 속에서
이불 한 자락 덮지 않고
꼿꼿이 네 이마를 바라보며

널 깨우는 아침까지
꾹,꾹, 참았던 거야.

네가 아무리 짜증을 내도
나는 내 할 일이 있어.
멈춰서는 안 되는 일, 그 일

-「알람시계」 전문

알람시계를 의인화시키니까 시계의 고뇌를 느끼게 된다. 나(화자)는 알람시계다. 시간에 맞춰 너를 깨워야 하니까 잠을 잘 수 없다. 쏟아지는 졸음을 참아낸다. 아침까지 꾹, 꾹 참아낸다. 네가 짜증을 내도 멈춰서는 안 되는 일을 해야 한다. 시계의 고뇌를 어쩌면 이렇게 리얼하게 묘사했을까? 그게 감동이다. 감동이란 형상화를 위한 치열한 노력의 결과니까.

3.

나무 빰에 찰싹 엉겨 붙은 매미
나무가 그렇게 좋다네.

바람이 흔들어도
소낙비가 퍼부어도
꿈적도 않는다.

매미를 꼭 껴안고 있는 나무
매미가 그렇게 좋다네.

아침부터 밤까지
고래고래 소릴 질러대도
절대 쫓아내지 않는다.

-「사랑하는 사이」 전문

매미가 나무 뺨에 붙어서 고래고래 고함을 지른다. 그래도 꼬옥 안고 있다. 아이들이 선생님 곁에서 떠들어댄다. 선생님의 사랑도 이와 같으리라.

이른 아침
제 마음 넉넉히 비워두고

컴컴한 욕실 한 편에
거꾸로 매달려 있더니

수염 까칠한 아빠 얼굴도
여드름 총총한 누나 얼굴도
눈곱 낀 내 얼굴까지
부드럽게 닦아 주고는

더러워진 제 얼굴 씻기 위해
에구머니, 저 깊고 큰 세탁기 안에

풍덩!

또 얼마나 맴을 돌지
거센 물살에.

-「수건 한 장」 전문

욕실에 걸려 있는 수건 한 장에서 희생과 봉사의 정신을 발견한다. 아빠 얼굴, 누나 얼굴, 눈곱 낀 내 얼굴까지 닦아준다. 그러고는 세탁기의 거센 물살에 맴을 돌며 자신을 씻는다. 더 빛나는 희생과 봉사의 삶을 실천하기 위해.

미술시간
색종이 싸각싸각 오려서

꽃밭도 만들고
공원도 만들 수 있는데
네 마음의 색종이 오려내어
함께 쓰는 우산도 만들고
나란히 걷는 오솔길도 만들고 싶은데

철민아,
나 좀 도와줘.

-「사춘기」 전문

어느 대학의 조사(2011)에서 사춘기가 시작된 여자 아이들의 평균나이는 만 9.11세라고 하였다. 초등학교 교실에서 사춘기 아이들을 수시로 만날 수 있으니까 아동문학이 그들을 외면할 수 없다. 사춘기를 다룬 동시 「사춘기」를 비롯하여 「이상한 마음」 등 몇 편 보인다. 나란히 걷는 오솔길을 만들고 싶은 사춘기 아이의 순박한 감정이 정겹게 느껴진다.

우리 아빠는/ 아빠 성을 꼭 붙여서/ 최영철이라 부르고//
우리 엄마는/ 성도 이름도 다 날리고/ 아들이라 부르지만//
우리 선생님은/ 자주 반성문 쓰는 나를/ 글로벌이라 부른다.//
글로 벌 선다고/ 친구들도 덩달아/ 글로벌 글로벌/ 놀려대지만//
난 그 말이 제일 좋다./ 나에게도/진짜 글로벌 꿈이 생겼거든.//
글로벌 작가

-「나에게도 꿈이 있어」 전문

때로는 익살도 보여 준다. 체벌은 훈육이 아니다. 그러니까 그로벌로 체벌한다. 글로 벌을 서니까 글로벌이다. 이제 교실마다 작가들이 속출하겠다. 이 동시를 읽으면 입가에 미소가 솟는다. 아이에게는 꿈을 줄 수 있도록 변용시킨 그 재치가 너무 멋있다.

4.

동시집 서문에 '요즘 아이들은 자신들의 고유한 고향을 잃어버린 것 같습니다.'라고 전제하면서, '아이들의 깊고 맑은 "옹달샘 눈동자"를 찾고 싶어서입니다. 그러나 마치 흐릿한 도시의 밤하늘에서 샛별을 찾는 것처럼 쉽지 않습니다. 날카롭고 탁한 눈빛이 오히려 나를 쏘아보는 듯하여 두려울 때도 있습니다. 그럴 때마다 아이들 본래의 고향을 찾아주고 싶은 열망이 커집니다. 그래서 글이란 도구를 타고 아이들의 마음속으로 여행을 떠나는 일은 신이 납니다. 이 여행을 멈추고 싶지 않습니다.'라고 했다.

아이들 본래의 고향은 어디인가? 바로 옹달샘 눈동자다. 옹달샘은 맑고 깨끗하다. 윗물, 아랫물의 개념도 없다.

요즘 옹달샘 눈동자가 흐릿해진다. 그래서 '도시의 밤하늘에서 샛별을 찾는 것처럼 쉽지 않습니다.'라고 말한다. 그 눈동자를 찾기 위해 남다른 노력을 한다. 작품마다 형상화를 위한 치열한 노력들이 땀처럼 배어있으니까. 그리하여 아이들과 여행을 한다. 잘 따라오지 않으면 방법이 있다. 마법을 거는 거다. 그 순간 그는 마녀가 된다. 동시라는 마법의 세계로 아이들을 이끌고 간다.

나는 시계를 보지 않아요.
아니 보고 싶지 않아요.
무섭거든요.
텔레비전 볼 때, 게임할 때
꼭 그 때마다 날 쫓아오거든요.
때론 호통까지 치며

누가 시계의 문을
꼭 잠가 줄 수는 없나요?
내가 재미있을 때마다
달려드는
저 시계는 마녀예요.

-「마녀」 전문

(2012. 9)

텅 빈 충만과 『들국화』의 깨끗한 향기

- 최복자 첫 동시집 『들국화』

1. '자랑'의 동시인

아이들이 바닷가로
소풍을 나왔다.

"난 다섯 번 와 봤다."
손가락 다섯 개를
활짝 펴 보였다.

"난 열 번 와 봤다."
조가비 같이 하얀 손들이
다투어 나풀거렸다.

아이들의 자랑에
파도가 웃었다.

하얗게
하얗게
배를 잡고 웃었다.

-「자랑」 전문

『들국화』(대성. 2010) 향기가 퍼진다. 중앙문단에 알려지지 않았기에 그 향기가 더 그윽하다. 아이들이 그려준 그림도 정겹다. 그는 결코 자신을 내세우거나 자랑하지도 않는다. 그렇지만 「자랑」으로 국제신문 신춘문예(1999)를 패스했다.

이 당선(가작) 이후, 근 10년이 지나 동시집을 상재했다. 그 동안 안일하지는 않았다. 그의 활동은 '청술레'에서 빛나고 있다. 청술레는 껍질이 푸르고 물기가 많은 배[梨]인데 이 동인이 결성된 것은 1993년 7월이다. 동인지 『청술레』도 발간하는데 제19집이다. 동인은 9명이다. 동시집 서문에 '글 쓴다고 수업하러 다닐 때를 거슬러 올라간다면 이십 년'이라고 했듯이, 그 세월 동안 자신의 문학 영역을 착실히 가꿔왔다.

동시 쓰기에 일관하지 않았다. 주옥같은 동화도 발표하곤 한다. 문학은 유기체니까 타 장르도 알아야 한다. 그런 경험들이 문학 경륜을 더욱 탄탄하게 만드는 계기가 되니까.

「자랑」은 국제신문 신춘문예 당선작이다. 심사평(공재동)은 '최복자의 「자랑」은 일관된 주제와 그 주제를 향한 언어들의 배열이 긴장감을 느끼게 한다. 무엇보다도 동심적인 발상과 그에 어울리는 표현이 이 동시의 장점이다. (중략) 함께 보낸 3편의 동시가 동시로의 조건을 충분히 갖추었지만, 주제를 가볍게 처리함으로써 깊은 감동을 주지 못하고 있다.'라고 하면서, '여러 각도에서 비교하고 대조하면서 내린 결론은 비록 가볍기는 하지만 동시가 가진 특징을 잘 살린 점이라든지 무엇보다도 사물을 동심으로 파악한 참신성 등을 참작하여 「자랑」을 가작으로 민다.'라고 했다.

2. 텅 빈 충만의 노래

하늘이
간혹
비어있는 것은

새들이
새롭게
날아올 것을
알고 있기 때문이다.

나뭇가지가
때때로
비어 있는 까닭은

꽃 피고
열매 맺는 것을
알고 있기 때문이다.

돌담 밑이
가끔
비어 있는 까닭은

아이들이
올망졸망
찾아올 것을
알고 있기 때문이다.

-「빈 자리」 전문

비어있기 때문에 충만하다. 하늘, 나뭇가지와 돌담 밑은 비어있다. 비어있기 때문에 채울 것이 있다. 새들이 날아오고, 꽃 피고 열매 맺고, 아이들이 올망졸망 찾아올 거다. '텅 빈' 것의 충만을 느끼게 한다.

> 하늘을/ 막고 서 있다.//
> 없다면/ 실컷/ 하늘만 볼 텐데//
> 바다를/ 막고 서 있다.//
> 없다면/ 바다를/ 마음껏 볼 텐데//
> 그러나/ 올라보면 알지.//
> 하늘을/ 더 가까이서 보고/ 바다를/ 더 넓게 보고.
>
> -「산」 전문

산은 하늘과 바다를 절반 쯤 막고 있다. 막힌 것은 열 수 있지만 고통이 수반한다. 고통의 과정을 겪어야 정상에 오를 수 있다. 그런 과정이 작가정신이리라. 하늘과 바다가 툭 트인다. 비로소 기쁨과 희열을 느낀다.

3. 자연과 삶의 아름다운 수용

이 동시집은 제6부로 구성되어 있다. 제1부 '바다는 여름이 좋다'(7편). 제2부 '어느 겨울, 꿈을 꾸었다'(10편). 제3부 '너의 이름은 변함이 없다'(11편). 제4부 '우리 엄마는 자식도 많아'(9편). 제5부 '이제야 알겠다'(9편) 그리고 제6부 '김치, 김치, 고추김치, 기대하지요'(13편) 등이다. 제1부에서 제3부까지는 자연의 노래이며, 제4부에서 제6부까지는 생활의 노래다.

서문에 '나 혼자라고 여겨질 때 나는 혼자가 아님을 알았다.'라고 하면서, 항상 나를 안아주고 쓰다듬어 주는 누군가가 있었다고 한다. '나는 그 모든 것들을 향해 홍얼거리기 시작했다'고 하면서, 그들을 위해 '나지막하게 사랑을 담아 노래'했다고 했다. 그러니까 이 동시집의 본질은 사랑이다.

바다/ 저 편에/ 누가 있어//
이렇게/ 매일매일/파도를 만들까?//
바다/ 저 먼 곳에/ 누가 있어//
이렇게/ 매일매일/ 하얀 거품을 낼까?//
한 시도/ 쉬지 않고/ 고루 녹아라고//
긴 젓가락/ 꽂아두고/ 저어대는/ 어머니가 계실까?

-「파도」 전문

부산이 고향이니까 바다를 소재로 한 작품이 많지만, 바다의 변화무쌍한 모습에서 사랑을 감지해내는 역량은 대단하다. 그것은 좋은 소재를 찾기 위해 늘 긴장하고 있다는 의미도 된다.

우리 엄마는
자식이 많아요.

내 친구들이
우리 엄마를
'어머니'
하고 부르지요.

우리 엄마는
엄마도 많아요.

친 할머니
외할머니
동네 할머니를
'어머니'
하고 부르지요.

-「우리 엄마」 전문

후덕하다. 자식의 친구들이 "어머니"하고 부르는데, 동네 할머니들을 "어머니" 하고 부르며 따른다. 자식도 많고, 어머니도 많다. 자애롭고 후덕한 전형적인 한국 어머니의 모습이다.

4. 들국화의 향기로

국제신문(2010. 8. 22)은 '아이들 감성·상상력 통째로 옮긴 동시집' 이라는 제목으로 '최 씨는 현재 부산 금정구 장전동에서 어린이를 위한 사회복지시설인 글누리지역아동센터를 운영하고 있다. (중략)

"어린이들과 함께 하는 시간이 많으니 동시를 쓰는데 도움이 되겠다"고 물어보자 최 씨는 조금도 지체하지 않고 답했다. "어제도 아이 하나가 '비행기가 지나간 자리는 구름의 기찻길이 된다'고 하더라고요. 어린이의 맑은 감성과 상상력이 아니면 나오기 힘든 말 아닌가요. 동시인으로서 그런 아이들이 더 소중하게 느껴집니다."

그런데 이처럼 동시 쓰기에 나쁘지 않은 환경인데, 왜 첫 동시집을 내기까지 무려 10년 넘는 세월이 걸렸을까. 최 씨는 어린이문학잡지 『어린이글수레』를 발행하는 동안 그 잡지가 마치 나의 분신이거나 나의 책 같아서 다른 책을 내고 싶은 마음도 여유도 생기지 않았던 것 같다"고 떠올렸다. 최 씨는 동화작가 소민호(현 부산아동문학인협회장) 씨와 부부다.

부부는 지난 2005년 봄 어린이 독자들을 대상으로 한 아동문학잡지 계간 『어린이 글수레』를 창간했다. 뜻이 맞는 부산의 아동문학인들도 힘을 보탰다. 이 잡지는 부산 아동문학인들에게 발표의 장을 제공하고 어린이 독자를 위한 다양한 참여형 기획물을 싣는 등 나름의 구실을 했다. 하지만 결국 발행비용을 충당하지 못하고 2009년 겨울호부터 휴간에 들어갔다. (중략)

동심을 잃지 않으려 하고, 동심을 있는 대로 그려내려는 동시들을 실었다.'라고 적었다.

『들국화』의 향기가 오래토록 독자의 가슴을 울리리라. 화려하지는 않지만 수수함으로 일관했고, 텅 빈 충만의 꿈을 주었고, 꾸미지 않았지만 후덕한 어머니의 마음으로 표현했기에 그 향기가 예사롭지 않다.

어여쁜
너의 이름은
들국화

진한 빛을
가진 것도 아닌데
옅은 웃음으로도

가끔씩
발끝에 머물러
아이들을 웃게 했지
짙은 향기를

풍기지도 않으면서
부드러운 손으로도

가끔씩
코끝에 머물러
아이들을 행복하게 했지

아이들이
한 송이 꺾어
가슴에 품어도
너의 이름은
변함이 없구나.

-「들국화」 전문

(『문화와문학타임』 2012 여름)

가장 낮은 시선에서 동심 찾기

- 박선미 제3 동시집 『누워 있는 말』

1.

작년은 아동문학이 제대로 인정받은 해다. 공재동이 부산문화상을, 박선미가 봉생문화상을 차지했다. 부산 아동문학의 위상에 걸맞은 대접을 받았다. 그 여세를 몰아 제3 동시집 『누워 있는 말』(청개구리. 2014)을 상재했다.

1999년 부산아동문학 신인상을 수상한 이후 창주문학상을 거쳐, 2007년 부산일보 신춘문예를 패스했다. 이미 동시 두 편이 교과서에도 실릴 정도로 자타가 인정하는 대형 동시인이다. 교과서에 실린 동시 한 편을 소개한다.

어제는 미안해
별것 아닌 일로
너한테 화를 내고
심술 부렸지?

조금만 기다려 줘
지금은 공사 중이야.

툭 하면 물이 새는
수도관도 고치고
얼룩얼룩 칠이 벗겨진 벽에
페인트칠도 다시 하고
모퉁이 빈터에는
예쁜 꽃나무도 심고 있거든.

공사가 끝날 때까지
조금만 참고
기다려 줄래?
어제는 미안해
별것 아닌 일로
너한테 화를 내고
심술 부렸지?

-「지금은 공사중」 전문

2.

프란치스코 교황은 '최고의 권위는 섬김'이라고 말했고, 한국 방문에서도 그것을 실행했다. 이는 '낮은 곳으로 임하소서'라는 성서의 말씀이기도 하다.

그의 시선은 낮은 곳에 머물고 있다. 그것이 최고의 권위이며, 최고의 동심이라는 것을 보여준다.

지하철 승강장 입구에
학교 앞 횡단보도에
엘리베이터 앞에
말이 누워 있다

-지하철 승강장이니 조심하세요
-오른쪽으로 가면 길을 건널 수 있답니다
-엘리베이터를 타려면 여기로 오세요

노란색
따스한 말이
올록볼록 누워 있다

까만 안경 낀 아저씨
지팡이 끝으로
말을 듣고 있다.

-「누워 있는 말」 전문

지하철 승강장의 보도블록은 누구나 무심코 밟고 지나다니는 바닥이지만, 그에게는 '누워있는 말'로 보인다. 시각장애인들이 그 말을 헤아려 걸어가니까, 그들에 대한 애정이 남다르다는 것을 알 수 있다.

하얀 재로 남으신 할머니
바다에 묻었다

그날부터 바다는
그냥 바다가 아니다

철썩철썩 파도 소리는
할머니 목소리
짭짜름한 갯내음은
할머니 냄새
그날부터 바다는

할머니가 보고 싶으면
찾아가는

푸른
집이다.

-「바다」 전문

할머니의 뼛가루를 뿌리면서 바다는 할머니의 푸른 집이 되어버렸다. 파도소리는 할머니의 목소리였고, 갯내음은 할머니의 냄새였다. 할머니가 보고 싶으면 찾아가는 집이 되었다. 시인의 시선도 바다에 내려가 있다. 낮은 곳이라서 거부감 없이 편안하고, 친밀감이 느껴진다.

3.

유태인 철학자 마르틴 부버는 『너와 나』에서 이렇게 말한다. "'너와 나의 관계'를 이야기하고, '너'라고 부르는 타자와의 만남과 응답에서 '나'는 비로소 진정한 '자기'가 된다."라고. 또한 참된 삶은 만남이고, 이것이 사람의 본래적 운명이라고 강변한다. 그렇기에 진정한 '나'는 '너'가 없이는 불가능하다. 어린아이가 엄마를 인식한 후에 자기를 인식해 가듯이, 관계 추구의 본능을 통해 너를 인식하고, 나를 인식하면서 결국 온전한 '나'가 된다.

인간은 본질적으로 관계적 존재다. 화자와 그 대상도 '너와 나'라는 관계를 맺고 있다. 그 관계는 삼투현상 같은 것이다.

삼투현상은
과학시간에만 있는 게 아니다

떠들지 않고
장난치지 않고
열심히 공부하겠다고
굳게 마음먹었는데
동민이가 하면
나도 모르게 따라 한다

욕하지 않고
친구들 놀리지 않고
주먹도 쓰지 않겠다고
굳게 마음먹었는데
동민이가 하면
나도 모르게 따라 한다

동민이는
농도 진한 용액이다
나를 빨아들이는

-「삼투현상」 전문

삼투현상이란 반투과성 막을 사이에 두고 농도가 서로 다른 용액이 존재할 경우, 농도가 더 묽은 쪽에서 진한 쪽으로 용매가 이동하는 현상이다. 동민이라는 친구는 롤모델이다. '너'라는 존재를 통해서 '나'를 반추하며, 성장하는 아이들의 모습을 삼투현상에 비유하여 표현했다. 낯설면서도 비유가 그럴듯하다. 과학 실험까지도 동시로 끌어올리는 그의 상상력과 묘사력에 그저 감탄할 뿐이다.

새로 이사온 동네
으리으리한 스파랜드 있어도
우리 할머니 버스 타고
옛날 살던 동네 목욕탕 찾아가신다

때도
바뀐 물 알아본다고
버스 타고
때 밀러 가신다
정 찾아가신다

-「우리 할머니」 전문

삶이란 관계 속에 정情이 쌓인다. 이사를 해도 옛날 동네 목욕탕을 찾아가시는 할머니의 모습은 정이 얼마나 중요한가를 알게 한다. 몸에 있는 때도 바뀐 물을 알아보니까.

4.

가슴을 후련하게 한다. 동심의 세계를 이렇게 정밀하고 교묘하게 파헤칠 수 있을까?

동시집 서문에 '세 번째 집을 지어 세상에 내놓는데, 이 시집이 정말 "마음이 헐벗은 어린이들을 따스하게 안아 줄 수 있는 집"이면 좋겠다'고 했다.

아마 따스한 집이 되어주기 위해서 더 낮은 곳에 시선을 두었고, 나만의 삶이 아닌 '더불어 함께 하는 삶'을 지향했다. 그러나 그의 가슴에 '시간이/ 서 있던 자리/ 돋아나는 그리움'이 있었기에, 그의 동시는 그리움처럼 잔잔한 울림이 있다.

할머니 손때 묻은
장롱을 내보내고

바닥에 남아 있는
자국을 보았다

시간이
서 있던 자리
돋아나는 그리움

-「빈방」 전문

(2015. 10)

체험의 깊이에서 흐르는 낙동강의 생명력

- 정현숙 제3 동시조집 『강물이 그리는 음표』

1.

그날따라 낙동강 하구 둑길에서 자전거를 타고, 점심 식사를 하려는데 전화가 날아왔다. 저장된 이름이 아니라서 퉁명스럽게 받았다. 그런데 "정현숙입니다." 하는 게 아닌가. 낙동강을 소재로 동시조를 썼는데 발문을 좀 써달라는 것이었다. 버겁지만 쓰고 싶었다. 동시조도 아동문학의 한 장르니까.

아동문학은 어린이를 깨달은 사람만이 누릴 수 있는 문학이다. 성서에도 '어린 아이와 같이 되지 않으면 결단코 천국에 들어갈 수 없다'고 했고, 화가 피카소는 '어린 아이처럼 생각하게 되기까지 일생이 걸렸다'고 했다. 니체도 짜라투스트라의 입을 빌려 '정신의 세 가지 변화'에 대하여 말한 바 있는데, "인간의 정신은 처음에는 낙타가 되고, 다음에는 사자가 되고, 마지막 세 번째는 어린이가 되어야 한다"라고 했다. 낙타와 사자의 과정을 거쳐 비로소 완성의 단계에 이른 것이 어린이다. 정현숙 시인은 동시조를 쓰면서 어린이의 과정에 도달했으니까 추구하는 문학 정신도 차원이 다를 수밖에 없다.

시조문학은 아동까지 읽을 수 있도록 조직하면 동시조다. 주지하다시피 시조문학은 고려 말, 13세기경부터 불러온 우리나라 노래다. 다른 나라에는 없는 독특한 형식의 시가문학이기 때문에 '민족의 시' '겨레의 시'라고 부르기도 한다. 우리 선조들은 시조라는 문학을 통해서 기쁨과 슬픔, 사랑을 노래할 수 있었으니 선비의 격이 얼마나 높고 멋졌을까? 민족문화유산이니까 널리 알리고, 가꾸고, 다듬으면서 더욱 계승 발전시켜야 하리라.

작품을 읽기 시작했다. 70편(단시조 57수, 연시조 13수 등) 모두 낙동강이란 부제를 달고 있었다. 원래 강물은 삶에 비유되면서 과거, 현재, 미래로 이어지는 변화와 지속의 표상 아닌가.

낙동강! 가야와 신라 천 년간의 민족의 애환과 정서가 서려 있고, 임진왜란과 6·25전쟁의 비극을 간직하고 있으며, 오랜 세월 동안 영남인들의 삶의 젖줄이 되어왔다. 그러니까 낙동강은 체험의 깊이에서 흐르는 어머니와 같은 강물이었다.

2.

월간 『문학도시』(2019. 3)에 '이 달의 작가'로 소개되었다. 작품해설을 쓴 민병도 시인은 '정현숙은 시라는 씨앗을 발아시키는 수단으로 지나온 체험적 환경을 오랜 시간 동안 자신의 정서적 환경 속에서 선택하거나 배척하는 과정을 통해 일정한 자기 질서를 형성하기 마련이다. 여기서 형성된 체험질서가 차별화되어 자기만의 주관이나 가치관으로 이어지게 되었다.'라고 했다. 그렇다면 낙동강을 체험적 공간으로 하여 다양한 시적 정서와 동기를 유발시키면서, 낙동강의 생명력을 느꼈으리라.

논물이 되었다가 밭물이 되었다가
개구쟁이 물고기들 짝지어 놀게 하고
아이들 물장구 환호 동그라미 그리네.

-「강물-낙동강1」 전문

물의 속성은 아래로 흐르면서 생명, 창조, 풍요, 비옥과 성장 등의 원형적 상징성을 가진다. 낙동강은 굽이굽이 흐르면서 논물이 되고, 밭물이 된다. 물이 있으면 개구쟁이 물고기들이 짝지어 놀 수밖에 없다. '물장구 환호'가 강물의 넉넉하고 여유로운 이미지를 동그랗게 그려놓고 있다.

오늘도 짝꿍에게 달리기 뒤졌다고
둑방에 홀로 앉아 속상해 하지마라
괜찮아, 잘할 수 있어 늦게 피는 꽃도 있어.

-「강물아! 어떡해-낙동강17」 전문

강물은 위로다. 학급에서는 다양한 일이 벌어진다. 짝꿍에게 뒤질 때 자존심이 상하고, 마음이 불편해지기도 한다. 그럴 때 강둑을 찾아간다. 강물은 마음을 다독이며 흐른다. '괜찮아, 잘할 수 있어. 늦게 피는 꽃도 있어'하면서.

햇볕이 좋은날은 아이들 모여와서
은물결 금물결 노래하는 예쁜 모습
낙동강 칠 백리 따라 피어나는 음표들.

-「강물따라 노래따라-낙동강34」 전문

비유란 유사성과의 제휴다. 거리가 떨어진 두 대상이 만나는 찰나적 교감에서 새로운 인식과 충격이 발생하여 전혀 새로운 의미를 획득하게 된다. 낙동강은 칠백 리를 흐르는 음표였다. 그러니까 얼마나 많은 노래를 담고 있는 악보인가.

> 육이오 전쟁 때에 낙동강 방어 전투
> 북한군의 침략에 피 흘려 지켜낸 강
> 위대한 순국선열의 희생정신 간직된 곳.
>
> -「낙동강 전투-낙동강44」 전문

낙동강은 물러설 곳도 없는 마지막 방어선이었다. 낙동강 전투의 승리는 곧 조국강산의 수호였다. 침략의 역사와 위대한 순국선열의 희생까지 간직하고 흐르는 강이 낙동강이다.

> 낙동강 젖을 먹고 살아가는 동식물들
> 엄마-아 내 목소리 매일매일 들으며
> 푸드덕 물장구치며 엄마, 엄마 부른대.
>
> -「엄마, 엄마-낙동강66」 전문

강둑에 앉아 엄마를 부른다. 그 소리가 강물로 빨려간다. 강의 젖을 먹고 살아가는 생물들이 화자의 목소리를 들으며 엄마를 찾는다. 엄마가 곁에 있다는 것만으로 행복하고 평화로운 풍경이다.

> 까마중 남보라색 오종종 작은 구슬
> 몸속의 염증예방 순 토종 블루베리
> 고마워, 까마중 친구 강마을의 약풀아.
>
> -「까마중-낙동강11」 전문

까마중이란 약풀이 있다. 남보라색을 띤 구슬 모양이었으니까 토종 블루베리다. 화자가 어렸을 적에는 병원이나 약국이 흔치 않았다. 병이 나면 거의 민간요법으로 치료할 수밖에 없었다. 몸속의 염증에는 까마중이었다. 그렇게 아프게 살아온 삶의 흔적도 같이 흐른다.

> 소나기 내린 오후 일곱 색 무지개
> 색깔은 다르지만 동그마니 맞댄 어깨
> 강변이 따뜻해졌다, 포근해진 온 마을.
>
> -「무지개-낙동강29」 전문

옛날에는 무지개도 자주 떴다. 환경오염과 생태파괴가 무지개마저 사라지게 하고 있으니 안타깝다. 무지개는 어깨를 맞대고 뜬다. 아름다운 풍경이 강변을 따뜻하게 한다. 마을이 포근해진다.

> 강물에 뜬 별 가족은 언제나 다정해요.
> 어른별 윗자리에 아기별 아랫목에
> 낮 동안 있었던 일을 소곤소곤 나눠요.
>
> -「별-낙동강59」 전문

밤의 강둑을 거닐면서 강물에 뜬 별을 본다. 물결에 흔들리지만 별의 가족들은 언제나 다정하다. 낮 동안 있었던 일을 소곤소곤 나누면서, 가족의 일체감과 사랑을 보여주고 있다.

> 담장 위 채송화가 손녀를 닮았다고
> 어여쁜 손녀 보듯 정성껏 돌보시는
> 이웃집 분이 할머니 소녀같이 고와요.
>
> -「할머니-낙동강20」 전문

정완영의 동시조 「분이네 살구나무」가 연상된다. 분이 할머니가 등장하기 때문일까. 「분이네 살구나무」는 살구나무를 통하여 가난도 대궐같이 변화시키지만, 이 시조는 채송화를 통해서 할머니의 소녀 같이 고운 마음을 그려내고 있다.

> 풀벌레 긴 울음을 달래던 달맞이꽃
> 오늘은 부끄러운 내 얘기 들어주고
> 이슬의 고운 눈물도 안고 닦아 줍니다.
>
> -「달맞이꽃-낙동강16」 전문

강물은 아름답고 순수한 화자의 내면세계까지 공감하며, '부끄러운 내 얘기'를 들어주고, '이슬의 고운 눈물도 안고 닦아'준다. 풀벌레 긴 울음을 달래주는 달맞이꽃을 보면서 강물의 넉넉한 사랑까지 체험한다.

> 뒷동산 산골짝에 봄바람 살랑 불면
> 산가재 쪼르르르 냇가로 소풍가네
> 푸른 강 지상낙원서 버들치도 만나렴.
>
> -「봄바람-낙동강21」 전문

봄바람이 산골짝을 깨운다. 산가재들이 냇가로 소풍가기 시작한다. 그러다가 버들치도 만나기 위해 강으로 가겠지. 푸른 강은 지상낙원이니까.

> 강가에 사는 사람 강을 많이 사랑해요.
> 가끔은 강물도 된트림 꺼억 하면
> 인자한 어른들께서 쓰레기를 거두죠.
>
> -「고마우신 이장님-낙동강43」 전문

환경문제는 심각하다. 오염이 심해지면서 '가끔은 강물도 된트림 꺼억'할 때가 생긴다. 이럴 때 가장 바쁜 분이 이장님이다. 사람들이 버리고 간 쓰레기 하나까지 거두어야 하니까.

십이월 달력 한 장 쓸쓸해 보였을까
내 동생 꽃 사전 펼쳐 복수초야 부르니
냉이도 곧 나갈 거야 바람결의 속삭임.

-「봄빛-낙동강46」 전문

복수초福壽草는 복과 장수를 뜻하는 꽃이다. 중국에서는 눈 속에 피어 있는 연꽃이라 하여 설연이라 부르기도 한다. 이른 봄에 노랗게 피어나는 복수초를 보며 냉이도 서둘고 있다. 그런 봄의 연결이 '바람결의 속삭임'이다. 봄바람이 느껴지는 절묘한 표현이다.

병아리 솜털처럼 포근한 햇살아래
강바람 흠뻑 마신 어질고 얌전한 쑥
봄 향기 가득 머금고 녹색장판 깔았다.

-「쑥-낙동강68」 전문

쑥은 이른 봄이 키워낸다. '포근한 햇살'과 '강바람'이 있는 곳이면 어질고 얌전하게 자라난다. 봄 향기 머금고 무더기로 피어나니까 녹색장판을 깔았겠지.

남과 북 정상회담 굳세게 잡은 두 손
녹이 슨 철조망이 언제 활짝 열릴까요?
한민족 통일의 길이 하루빨리 왔으면.

-「통일을 기원하며-낙동강36」 전문

남으로 흐르는 낙동강이지만 소망하는 것은 통일이다. 낙동강은 '한민족 통일의 길이 하루빨리 왔으면'하고 소망한다. 한민족의 소원을 가슴에 안고 흐른다.

작품을 중심으로 화자의 체험의 깊이에서 흐르는 낙동강의 생명력을 규명해보았다. 결국 낙동강은 유유하게 흘러오면서, 낯설고 도도하고 두려운 타인이 아니라, 생명과 민족과 나(화자)와 이웃으로 흐르는 친화의 공간이었다.

3.

정현숙 시인!

1990년 『문학세계』에서, 이듬해에 『시조문학』을 통해 등단한 시조시인이다. 초등학교 교사를 한 경력이 동시조에 대한 애착을 강하게 한 모양이다. 이미 동시조집 『둠벙에 살던 물방개』(2011)와 『돋을볕 웃음소리』(2012)를 상재한 바 있다. 『강물이 그리는 음표』(한글문화사. 2019)는 세 번째 동시조집이다. 시조집도 『어머니의 분통』 외 두 권이 있으며, 성파시조문학상과 부산문학상 등을 수상하기도 했다. 시조시단에서는 인지도가 높은 시인이다.

작품성에 대해서 민병도 시인은 다음과 같이 덧붙인다. '어떠한 상황에도 결코 들뜨거나 흥분하지 않고 조신하게 세상을 읽어가면서 터득한 소통의 방법이 가득히 내장되어 있다. 작은 풀씨 하나, 낯선 풀꽃에게로 보내는 살가운 눈빛이 보이는가 하면 함부로 설부푼 처방을 내리지 않는 극히 신중한 보법의 자기진단이 읽는 이의 긴장감을 이끌어내기도 한다.'라고.

그렇다. 낙동강이란 체험공간은 격렬하고 거칠 수도 있지만, 조신하게 세상을 읽어가면서 조용히 흐르게 하였고, 거대한 강의 품보다는 주위에서 일어나는 작은 흐름과 변화를 주시하면서 살가운 눈빛을 보내 주었다. 그러면서 지극히 신중한 자기보법으로 낙동강을 거닐고 있었다.

어느 새 주위가 그윽해진다. 사방에 향기가 퍼진다. 작품까지 향기를 품은 수선화였다.

(2019『강물이 그리는 음표』)

소박한 시인이 꿈꾸는 햇살 세상

- 김승태 제2 동시집 『숨은 그림 찾기』

1.

"중앙에도 진출해야죠?"

좋은 문학은 중앙과 지방을 따질 게 없지만, 지방 작가라서 폄하되어서는 안 되니까. 별 반응이 없다. 중앙을 뛰어넘는 활동을 하리라는 각오 때문이리라.

부산교육대학을 다닐 때 이미 재능을 인정받았다. 대학에서 주는 '한새문학상' 시부문에 입상하기도 했다.

부산아동문학인협회가 신인문학상을 제정한 것은 1998년이었다. 제1회 수상자가 김승태 시인이다. 심사를 맡은 주성호 동시인은 '김승태씨는 응모한 10편의 작품 수준이 모두 고르다는 데서 안심할 수 있었고, 작품마다 예리한 관찰력과 풍부한 상상력으로 함축미를 살려 아름답게 표현한 점이 매우 돋보였다.'라고 했었다. 당선작 중 「빈 화분」을 옮긴다.

동네 입구
빈 화분

바람소리
담은
넉넉한 마음으로

꽃을 부른다
새를 부른다

커다란
느티나무 등걸처럼
버티고 서서

아침 공기
흔들어
동네 가득가득

진한 향기를 담고 있다
예쁜 소리를 담고 있다.

-「빈 화분」 전문

부산 MBC가 『어린이문예』를 창간하고, 유능한 아동문학가를 배출하기 위해 신인문학상을 제정했다. 1993년 『어린이문예』 공모전에도 입상하면서 등단의 과정을 거친다.

동시집은 『그런 재미 모를 거야』(21문학과 문화, 2005)와 『숨은 그림 찾기』(해성. 2012) 2권이다. 제1동시집을 발간한 후 부산아동문학인협회에서는 부산아동문학상(2006)을 수여했다. 부산에서도 훌륭한 문학을 하고 있는 그에게 보내는 찬사였다. 심사평(최향숙, 박일)에 '김 선생은 제1회 부산아동문학 신인상에 당선한 이후 꾸준하게 작품 활동을 해왔다. 우리 문학회 출신이니까 관심 있게 그의 작품 활동을 지켜보고 있었다. 마침내 작년에는 첫 동시집 『그런 재미 모를 거야』를 상재했고, 그의 동시집은 "곱고 애틋한 서정 흐르는 시집", "아이들 생활 꾸밈없이 그린 창작동시집" 등의 제목으로 매스컴에서도 극찬을 받았다. 이에 우리도 덩달아 박수를 보내기로 했다.'라고 했다.

2.

제2 동시집 『숨은 그림 찾기』는 제6부로 되어있고, 66편의 동시들이 실려 있다. 작품수로 보아 상당한 무게감이 느껴진다. '시인의 말'에 '아이들은 풀처럼, 나무처럼, 따뜻한 햇살을 받으며 자라야 합니다.'라고 전제하면서, '햇살 속에는 온기 가득한 집이 있고, 뛰놀 수 있는 마당이 있으며, 또한 무한한 엄마의 사랑이 있고, 한없는 아빠의 너그러움이 있으며, 친구들과 함께 하는 어울림이 있습니다.'라고 했고, '따뜻한 햇살을 듬뿍 받아 마음이 따뜻한 사람으로 자라게 하고 싶습니다.'라고 했다.

그가 소망하는 것은 햇살처럼 따뜻한 세상과 사랑이다. 그러니까 '햇살'의 시어도 많아질 수밖에 없다. 18편(27.3%)에서 드러나고 있다.

양지바른
담장 아래 쏟아져
따끔따끔 쌓이는
봄 햇살

갓 피어난
풀들에게
흙투성이
아이들에게

뾰오얀
쑥국처럼
씁쓰름하고 고소한
투명한 보약

-「봄햇살」 전문

관념들을 진술하고 전달하기 위하여 비유적 언어를 사용한다. 비유는 두 사물의 결합양식이지만 새로운 비유일수록 독특한 느낌을 준다. 그는 좋은 비유로써 시적 분위기를 장악한다. 햇살이 보약일 수 있는가? 갓 피어난 풀들에게도, 흙투성이 아이들에게도 빛나게 다가가며 푸르고, 밝게 자라게 한다. 그러니까 쑥국처럼 씁쓰름하고 고소한 보약이 아니겠는가. 후각적 심상까지 곁들여 햇살의 맛까지 느끼게 한다.

나무는/ 햇살 끌어당겨/ 바람을 일으키고//
세상 속으로/ 이파리/ 하나하나 내보낸다.//
일 학년 동생/ 새 옷 입혀/ 이름표 달아주고//
세상 속으로/ 내보내는/ 우리 엄마처럼.

-「봄이 되면」전문

나뭇잎은 햇살을 끌어당겨 바람을 일으킨다. 햇살 바람을 타고 새잎들이 세상 속으로 나간다. 일학년 동생들도 마찬가지다. 봄이 되면 새잎처럼 세상 속으로 나간다. 그러나 조금도 두렵지 않다. 햇살 같은 엄마가 지켜보고 있으니까. 봄이 싱싱하고 새 힘으로 넘친다.

3.

자연에 대한 애착이 대단하다. 쉴러(F. Shiller)는 시인을 '자연으로서 존재'하든가 혹은 '상실한 자연을 추구'하든가의 두 가지 경우로 나눈다고 했다. 전자를 '소박한 시인'이라 했고, 후자를 '감상적 시인'이라고 했다.

그는 아이들의 체험이나 마음도 자연에서 찾고 있으니 어쩌면 '자연으로서 존재'하는 시인이 아닌가. 성품도 원만하고, 소박하여 '소박한 시인'이 그에게 어울리는 이름이 아닌가 싶다.

돋보기로/ 잎맥 관찰하다가/ 몰래 본 너//
까만 눈/ 환한 웃음/ 고운 마음//
순간/ 마주친 눈빛/ 콩닥콩닥 뛰는 가슴//
동그란/ 돋보기 속에서/ 두근거린다.

-「돋보기」 전문

잎맥 관찰하는 시간이다. 돋보기라는 도구는 확대경이니까 몰래 너를 본 내 마음도 확대해본다. 가슴이 뛴다. 자연 관찰 속에서도 가슴 뛰게 하는 사랑도 느끼게 한다. 그의 동시에서 발견되는 사랑의 시편들에 대하여 공재동 동시인은 '어린이들의 이성 간의 사랑이 아름답게 부각되어 있다'고 하면서, '보다 적극적인 사랑으로 구체화' 되었다고 시사했다.

넌 알고 있지
내가 살짝 귀띔해 주지 않아도
환히 다 알고 있지
내가 너를

별처럼 간직하고 있다는 걸
쉬는 시간 내동댕이쳐진 네 책가방
바르게 걸어 놓은 거
수업시간 선생님께 꾸중 들을까 봐
필통 속에 연필 깎아 넣어둔 거
아무도 모르게
너를 바라보는 건
비밀 하나
나 혼자 간작하고 싶기 때문이다

-「비밀 하나」 전문

「비밀 하나」는 무엇일까? '내가 너를/ 별처럼 간직하고 있다'는 거다. 그게 혼자 앓고 있는 수줍은 비밀이다. 수줍게 사랑을 만들고 있는 모습이 얼마나 아름다운가.

제6부 '비밀 하나'는 아이들의 체험을 중심으로 묘사했다. 그러나 이를 제외하면 대부분 자연에서 얻은 서정시이다. 표제작 「숨은 그림 찾기」도 마찬가지다.

가을바람은/ 산속에서/ 숨은 그림을 찾는다.//
한여름 내내/ 무성한 숲에/ 숨겨 둔//
알밤/ 단풍 나뭇잎/ 귀뚜라미 노래//
하나하나 찾아내/ 색연필로/ 동그라미를 그린다.//
수많은 동그라미에/ 울긋불긋/ 달아오른 두 볼.

-「숨은 그림 찾기」 전문

숨은 그림 찾기 놀이하는 아이들은 가을바람이다. 무성한 숲에는 숨겨놓은 그림이 많나 보다. 알밤, 단풍 나뭇잎 그리고 귀뚜라미 노래 등. 찾아낸 그림은 색연필로 동그라미를 그린다. 그게 가을의 색깔이다. 그 색깔 속에 바람도 두 볼이 달아오른다. 아리스토텔레스는 모든 예술, 모든 교육은 단순히 자연의 부속물에 지나지 않는다고 했지만, 소박한 시인에게는 자연이 지극히 자연스런 공간이다.

4.

시의 구성 원리는 리듬, 심상, 비유, 상징 등이다. 특히 비유는 두 사물의 동일성에 의하여 성립한다. 동시에서는 원관념과 보조관념 사이의 거리가 새롭고 참신해야 한다.

새싹 길 따라
뛰어나온
아이들의 노는 소리
노란 웃음소리

-「개나리꽃」 마지막 연

천둥처럼
온 산에
퍼지는 하얀 폭포 소리

-「매미 소리」 마지막 연

바람은
가장
멀리 날아가는 철새

-「바람」 마지막 연

하루 종일
나뭇가지 사이를 드나들며
봄을 나르는 우체부

-「참새」 마지막 연

개나리는 노란 웃음, 매미 소리는 폭포소리, 바람은 철새 그리고 참새는 우체부로 은유했다. 동시의 경우 관념 사이의 거리가 너무 멀면 낯설고, 생소해지지만 가까우면 참신성이 떨어진다. 멀지도, 가깝지도 않게 표현하면서 문학성을 높여야 하는 게 동시인의 고뇌일 게다. 그는 좋은 비유로써 동시의 격을 한층 높인다. 그게 그의 능력이다.

문학은 작가의 인품이다. 공재동은 제1 동시집『그러 재미 모를 거야』발문에서 '은유가 아름다운 시'라고 칭하면서, '나직나직 선생님 목소리 같은 교훈의 시들'이라고 칭찬했고, 이국재 동시인은 제2 동시집『숨은 그림 찾기』에서 '첫인상이 마치 조선시대 분청사기를 보는 듯했다. 투박스러우면서 정이 넘쳐 마치 시골의 농부를 보는 것 같이 마음이 편안하'다고 했으며, '그는 늘 웃는 모습이었다. 그리고 단 한 번도 남을 음해하는 것을 본 적이 없다. 그의 시편들에 이런 그의 순순한 천성이 녹아 있다.'고 했다. 작품에도 그의 성품이 잘 반영되어 있다.

키 작다고
잎 좁다고
얕보지 않고
혼자 서지 못하는
칡덩굴도
두 손 잡아주며

-「끼리끼리」제3, 4연

끼리끼리 무리 지어 사는 세상이지만 성격, 체격, 문화나 환경이 다르다고 얕보지 말고, 두 손 잡고, 배려하며 살자고 한다. 그런 세상이 그가 소망하는 햇살 세상이니까.

교사였기에 아이들의 심리를 꿰뚫고 있다. 그러나 조용한 관찰을 한다. 아이들이 소란스럽게 굴 때도 맞받아치지 않는다. 「선생님 출장」 때도 아이들을 다 보고 있다. 그래도 조용히 품어준다. 스승의 사랑이 작품에도 스며들어 있다.

점심시간
축구를 하고
교실에 들어오니

칠판에
쓰인
'선생님 출장'

와, 와, 와
짝짝짝
환하게 터지는 웃음

옆 반 선생님이
들어와
공부를 해도

마음은
벌써
책가방을 싼다.

-「선생님 출장」 전문

대변초등학교(현 용암초등학교)는 학교장으로 첫 부임한 곳이다. '꼬마 시인학교'는 그의 경영 업적이다. 변방의 학교였지만 문학 교육성과는 눈부셨다. 「대변향」에 대한 애정도 남다를 수밖에 없었으리라.

멸치들이
물살을 가르며
은빛 바다를 만들고

갈매기가
뱃전에서
너울너울 파도를 타면

어느새
항구에는
멸치 후리는 소리

어여차!
어여차!
에여라차!

끝없는 장단에
사람들 가슴마다
팔뚝보다 굵은 힘이 솟는다.

-「대변항」 전문

5.

햇살은 어둠을 물리치는 희망의 상징이다. 의지, 광명, 이상, 생명, 청춘 그리고 진리를 상징하기도 한다. 그는 햇살처럼 희망이 넘치는 세상을 꿈꾸고 있다. 그래서 그의 동시는 밝고, 환하다.

또한 자연 속에서 소재를 찾고, 자연과 일체감을 이루는 동시가 많다. 이는 '자연으로서 존재'하는 '소박한 시인'이기 때문이다.

공재동은 '동시인은 어린이처럼 순수한 가슴을 지니고 있어야 하고, 거짓으로 남을 속이지 않아야 하며, 항상 밝고 환한 마음으로 웃을 수 있어야 한다. 이런 의미에서 보면 김승태는 천성이 어쩔 수 없는 동시인이다. 그와 함께 있으면 세상의 걱정 근심이 다 부질없어 진다. 넉넉하고 고운 마음이 없다면 처음부터 동시를 쓸 엄두도 내지 않았을 터이지만 김승태 동시는 더도 덜도 말고 바로 김승태 그 자체다.'라고 평하고 있다.

그의 동시는 밝고, 환하다. 햇살 세상을 꿈꾸고 있기 때문에.

(2020. 10)

유년의 추억과 시인이 꿈꾸는 피안의 고향

- 정갑숙 제7동시집『한솥밥』

1.

비밀이 풀렸다. 제4 동시집이『금관의 수수께끼』였던가. 그 수수께끼의 비밀이 아니다. 모임이나 행사에 그림자도 안 보일 때가 많으니까 비협조적이라는 비아냥거리는 소리까지 나오기도 했다. 이자경 동화작가가 그 비밀을 풀어주었다.

'언젠가는 소식이 닿지 않아 궁금했는데 암자에 오래 머물렀노라고 했다. 지난겨울에도 암자에서 동안거를 하고 나왔다고 했다. 그렇다고 시인을 독실한 불교 신자라고 말하기는 어색하다. 언젠가 그녀는 문학도 하나의 종교가 될 수 있겠더라고 말했다. 그 말처럼 그녀에게는 시 쓰는 일이 곧 수도라고 하겠다.'(『열린아동문학』 2016. 가을)

작품을 집중적으로 쓰기 위해 입산한다. 소재가 모이고 간절하게 글을 써야 할 때가 오면 미련 없이 떠난다. 하안거도 좋고 동안거도 좋다. 그렇게 해서 작품을 쌓아 올린다. 절 마당에 서 있는 탑처럼. 그럴 때 얼굴을 볼 수 없다. 이 때문에 그의 동시가 맑고 거룩한 것일까?

고향은 경남 하동군 횡천면 유평마을이다. 이곳이 그의 문학의 발원지이기도 하다. '내가 가장 행복했던 시절은 유년시절이다. 그 행복의 조건은 대자연 속에서 마음껏 뛰어놀았던 자유와 가족의 사랑이다. 나는 지금도 인공 거부증 환자처럼 자연을 찾아다닌다. 내 거처는 지금도 산과 들과 시냇물이 있는 곳이다. 어린 시절 내 고향 마을을 닮은 곳이다. 내 동시문학의 자양분은 고향의 사계와 어머니다. 고향의 사계는 섬세한 감성을 안겨주었고 어머니는 순수한 동심을 물려 주셨다.'(『열린아동문학』 2016. 가을)라고 했으니까.

등단도 화려하다. 1998년 『아동문예』 신인상을 거치고, 이듬해 동아일보 신춘문예에 당선된다. 당선작 「나무와 새」는 다음과 같다. 피안의 고향과 그 사계가 아늑하게 펼쳐진다.

> 햇살 따사로운 봄날
> 새 한 마리 날아와 나무 위에 앉는다.
> 부러운 나무는 새를 보며 말한다.
> "나도 너처럼 하늘을 날고 싶다"
> 나무의 마음을 안 새는 가슴의 비밀을 털어놓는다.
> 하늘 푸른 여름날
> "우리처럼 하늘을 날고 싶으면 네가 가진 것 다 나눠주어야 해."
> 아무것도 지니지 않아야 하늘을 날 수 있다고 새가 알려준다.
> 하늘 맑은 가을날
> 새의 말을 기억한 나무는 열매를 사람들에게 다 나눠준다.
> 그리고 빈손을 펼쳐든다.
> 차가운 겨울날
> 가지에 앉아 놀아주던 새도 남쪽나라로 떠났다.
> 홀로 서 있는 나무는 입고 있던 옷들까지 다 벗어준다.
> 풀숲에서 떨고 있을 작은 벌레들을 위하여.
> 하늘은
> 가진 것을 다 주는 나무의 마음을 알고

하얀 솜이불을 펼쳐 나무를 덮어준다.
솜이불을 덮고 누운 나무는 이제 꿈을 꾼다.
한 마리 새가 되어 훨훨 날고 있다.
하늘 무지개다리를 건너서.

-「나무와 새」 전문

상재한 동시집은 『나무와 새』, 『하늘 다락방』, 『개미의 휴가』, 『말하는 돌』, 『금관의 수수께끼』, 『정갑숙 동시선집』 그리고 『한솥밥』(가문비어린이. 2018) 등이다. 특히 제5 동시집 『금관의 수수께끼』는 2015년 세종 문학나눔 우수도서로 선정되었다.

수상 경력도 다양하다. 오늘의 동시문학상, 부산아동문학상, 영남아동문학상, 우리나라좋은동시문학상 그리고 최계락문학상 등이다. 제19회(2019) 최계락문학상수상동시집은 『한솥밥』이다. 심사평(선용, 박태일, 구모룡)은 '삶의 구체를 따라서 사물들에 활기를 불러일으켜 조용한 울림과 반향을 가져다준다.'였다.

2.

모두 대표작이다. 어떤 경지에서 이뤄낸 작품들이니까. 「셋방살이」만 읽어도 착상이 기발하여, 동시가 이렇게 감동적인 문학이라는 것을 깨닫게 한다.

풀잎이
전세를 내었다.

풀벌레가
전세를 얻었다.

풀잎은
전세 값으로 노래를 받아
날마다 기뻤다.

풀벌레는 전세 값으로
노래를 주어
날마다 즐거웠다.

-「셋방살이」 전문

박두순 동시인은 조선일보 '가슴으로 읽는 동시'에서, '야, 천국이다, 극락세계다. 전셋값을 노래로 주고받으니! 어찌 날마다 즐겁고 기쁘지 않겠는가. 잠꼬대 같은 소리라고 할지도 모르지만, 시인은 이런 세상을 꿈꾼다. 누구나 이런 세상이면 살맛나지 않겠는가. 3월은 봄의 첫 디딤돌이자 이사철이기도 하다. 요즘 전세금이 하늘처럼 높다. 이사하는 어린이도 봄을 지고 다니는 것과 같으니 힘겹겠다.'라고 평했다.

동시집 『한솥밥』은 제7 동시집이다. '시인의 말'에 '화목한 초록별 가족 꿈꾸며/ 『한솥밥』이라는 제6 동시집'을 지었다고 했다. 그러나 제6 동시집은 『정갑숙 동시선집』(지식을만드는지식. 2016)이다. 이 동시집은 선집이라서 제외시킨 것 같은데, 이 출판사가 기획 출간한 역작이다. 한국동시 100년을 증언하기 위하여 1908년부터 1990년대까지, 한국아동문학사를 빛낸 시인 111명의 대표작을 가려뽑았기 때문이다. 정갑숙이 당당하게 이름을 올렸으니 얼마나 영광인가!

동시집 『한솥밥』에는 50편의 동시가 실려 있다. 5부로 나누었다. '시인의 말' 은 '생명의 숨소리'라는 주제 아래, '따뜻한 풍경을 바라보는 순간 작은 새가 되어, 마음껏 마실 다니며 노는 기분으로 편안했습니다. 풀과 나무와 새가 살아가는 자연의 어울림은 그렇게 바라보는 자체만으로도 마음에 평화를 안겨줍니다. "더불어 행복한 삶이란 이런 것이구나!"'라고 했다.

그는 유년의 고향과 자연을 예찬한다. 그 속에서 '생명의 숨소리'를 듣고, '더불어 행복한 삶'을 꿈꾸고, '화목한 초록별 가족'을 꿈꾼다. 어쩌면 유년의 추억을 통하여 피안의 고향을 꿈꾸고 있는 것은 아닐까?

3.

이자경 동화작가는 말한다. 정갑숙 시인은 '고향에 뿌리를 둔 나무, 고향에 깃드는 새'라고 하면서, '고향에 깊이 뿌리 내린 시인의 시가 더욱 무성하게 가지를 뻗어 나가기를 빈다.'고 했다.

고향은 동심의 원형이다. 그러니까 유년 시절이 그리워진다. 현대의 피폐한 삶과 훼손되고 오염된 자연 환경을 보면서 유년 시절의 고향은 낙원일 수밖에 없다. 또한 어머니가 계신 곳이지 않는가. 평화와 안식과 자유까지 넘친다.

그는 '꿈을 꾸면 내 꿈속 무대는 늘 고향 쪽이다. 유년 시절 내가 걷던 신작로가 나오고 시냇물이 나오고 들판이 나오고 오솔길이 나오고 감나무가 나오고…. 늘 꿈속 무대가 바뀌지 않으니 참으로 신비스럽다. 몸은 도시에 있어도 내 영혼이 머무는 곳은 내가 자라던 고향이라는 것을 꿈이 증명한다.'라고 말한다.

동시집 『한솥밥』도 고향의 자연이며 고향의 노래다. 그러나 그의 고향은 그의 유년을 바탕으로 하면서, 상상의 세계에서 재생산해낸 또 다른 세상이다. 그가 꿈꾸는 피안의 고향이다.

1부 '한솥밥'에는 10편의 동시가 실려 있다. 소재는 모두 '자연'이다. 머리말에도 '풀 나무 돌 강아지 고양이 매미 지렁이/ 그곳에서 그들의 꿈을 들었습니다.'고 했다. 이렇게 자연과 일체감을 보이는 것이 자연과 '한솥밥'을 먹는다는 의미였다.

> 숲마을에/ 지바귀 이장님 방송 흘러나온다.//
> 알려드리겠습니다/ 방금 하늘에서 햇살문자 도착했습니다/ 꽃대문 열어도 좋다는 메시지//
> 한 집도 빠짐없이/ 오늘부터 꽃대문을 열어주세요//
> 이장님 방송 듣고 집집마다 대문 열고 있다/ 산수유 목련 개나리……/ 색색 여닫이 꽃대문 하르르 하르르.
>
> -「지바귀 이장님 방송」 전문

그만의 독특한 상상력과 매직의 언어가 환상의 세계로 빨아들인다. 꽃대문 열고 하르르 하르르 꽃이 피는 마을이 얼마나 정겨운가.

2부는 '벌레 먹은 복숭아'(9편)다. 자연의 세계는 작은 것 하나도 나누어 가지는 세상이다. 그게 아름답다. 벌레, 들쥐, 개미, 흙들이 떨어진 복숭아 한 개를 사이좋게 나눠먹는 모습을 보여주며 이기주의가 팽배한 우리 사회에 경고의 메시지를 던진다.

> 벌레가 들쥐에게 말한다
> 먹던 복숭아 아래로 툭 던지며
> "나 이만큼 먹을게, 나머지는 너 먹어"

들쥐가 개미에게 말한다
먹던 복숭아 남겨주며
“나 이만큼 먹을게, 나머지는 너 먹어”

개미가 흙에게 말한다
먹던 복숭아 남겨주며
“나 이만큼 먹을게, 나머지는 엄마 다 먹어”

-「벌레 먹은 복숭아」 전문

3부는 ‘촛불 시위’(10편)다. 자연도 소망하는 것들이 있다. 그래서 산콩들이 노란 촛불을 켜고 시위를 하고 있다. 그동안 사람들이 문명이라는 이름으로 자연에게 저질러온 일들이 얼마나 많은가? 그게 얼마나 무자비한 것인가를 깨닫게 한다.

새로 난 도로가/ 비탈진 언덕에//
산콩들이 노란 촛불 켜고/ 조용히 시위하고 있다//
-우리 마을 허무는 것 멈춰주세요//
굴착기 앞에서도/ 포클레인 앞에서도/ 멈추지 않는 비폭력 시위.

-「촛불 시위」 전문

4부는 ‘성덕대왕 신종과 제비꽃’(12편)이다. 이는 제4 동시집 『말하는 돌』과 제5 동시집 『금관의 수수께끼』의 후속편이거나 보완한 것들이다. 그는 답사를 즐긴다. 역사학을 전공했기 때문에 문화유산이나 역사의 유물들을 즐겨 찾아다닌다. 이에 대하여 ‘다가가면 다정하게 이야기를 들려주어요. 귀를 기울이면 그들의 속삭임이 들려오고, 마음을 기울이면 그들의 따뜻한 마음이 전해 오고, 그들의 촉촉한 눈물도 한께 전해 와요.’라고 했다.

왕릉 앞/ 풀꽃 한 송이/ 하늘하늘 떨고 있다//
황금 왕관/ 황금 허리띠/ 왕 이름 다 내려놓고//
찬란한 것/ 화려한 것/ 무거운 것 다 내려놓고//
무덤 안 임금/ 풀꽃으로 외출하셨나 보다.

-「왕릉과 풀꽃」 전문

임금의 '황금 왕관/ 황금 허리띠/ 왕 이름'은 '찬란한 것/ 화려한 것/ 무거운 것'이다. 하지만 인간도 자연에 순응해야 한다. 임금은 전지전능한 자로서 세상을 통제했을 것이다. 그 시절엔 하늘의 새도 명령에 따랐을 테니까. 하지만 그도 죽어서 한 떨기 보잘것없는 '풀꽃으로 외출'할 뿐이었다.

5부는 '연필의 고백'(9편)이다. 체험이 실려 있을 것 같지만 아니다. 그러니까 관념적인 표현이 많아진다. 연필 깎는 일도 '글을 쓰는 일'이며 '내 살 깎고 내 뼈 닳는 일'이라고 했다. 그러나 그의 동시는 체험을 깔아놓고, 현실의 문제와 밀착하여 절묘하고 간절하게 협상하여 묘사했기 때문에, 한층 감동적일 수밖에 없다. 그는 거친 생활보다 차원 높은 관념으로 명품 동시를 만들어내는 특별한 재능을 갖고 있다.

글을 쓰는 일은/ 내 살을 깎는 일로 시작해//
나는 내 뼈로 글을 쓰고/ 내 뼈 닳으면 또 내 살을 깎아내지//
생각할수록 글을 쓰는 일은/ 내 살 깎고 내 뼈 닳는 일이야.

-「연필의 고백」 전문

얼마나 치열하게 글을 쓰고 있는지 알 수 있다. 글을 쓰면 연필이 닳아지니까 연필 깎는 일은 글을 쓰면서 살아온 내 살을 깎는 일이었다. 글은 내 뼈까지 닳는 일이었다.

4.

'한솥밥'은 '같은 솥에서 푼 밥'이다. 같은 솥에서 푼 밥을 나눠 먹는 가족의 정겨움과 따뜻함이 느껴진다. 그 가족의 구성원은 자연이었다. 지구를 한 가족으로 만들고 싶은 마음 때문이었다.

> 하늘 높은 날/ 밤나무가 밥을 펴 놓았다/ 가시 밥그릇 소복소복//
> 늦봄 하얀 꽃불 연기 솔솔 피워/ 한여름 푸우 푸우 뜸을 들이고/ 가을에 잘 퍼진 알밤 고봉밥 //
> 다람쥐 들쥐 멧돼지 바둑이 사람/ 초록별 가족 한솥밥 먹는다/ 밤나무가 지은 고소한 밥.
>
> -「한솥밥」 전문

밤나무가 지은 밥은 알밤이다. 밤나무는 '가시 밥그릇 소복소복' 밥을 지으려고 '늦봄 하얀 꽃불 연기 솔솔 피워/ 한여름 푸우 푸우 뜸을 들'인다. 밤나무는 '다람쥐, 들쥐, 멧돼지, 바둑이와 사람' 등 '초록별 가족' 모두를 위해 밥을 짓는다. 그야말로 자연 속의 모두가 '한솥밥'을 먹고 살아가는 것이다. '소복소복', '푸우 푸우' 같은 의태어, 의성어에도 시인의 간절한 마음이 담겨있다.

'시인의 말'에 '무언의 눈짓과 몸짓으로 말하는/ 풀 나무 돌 강아지 고양이 매미 지렁이/ 그곳에서 그들의 꿈을 들었습니다. 그것은 자연의 숨소리며,/ 그것은 우주의 맥박소리였습니다.'라고 한 것처럼 '자연의 숨소리'와 '우주의 맥박소리'는 유년의 추억과 그가 꿈꾸는 피안의 고향에서 들리는 소리가 아닐까.

제4 동시집 『말하는 돌』에서 공재동 동시인은 다음과 같이 평했다. '문학의 질을 결정하는 것은 생각의 질, 구성의 질, 언어 표현력이 세 가지다. 작가의 생각은 오리지널해야 한다. 남에게서 빌려온 것이 아니라 자신만의 개성이 드러나는 것이어야 한다. 그리고 탄탄한 구성을 가져야 한다. 자기의 문체를 가져야 하는데, 좋은 문체는 작품의 제재와 알맞아야 한다. 테마, 구성, 표현 이것이 좋은 글이 갖추어야 할 세 가지 요소다. 그러면서 참된 가치가 있는 것, 성실하고 진실한 비전이 있는 책, 어린이가 읽어서 성장할 수 있는 책이 어린이들에게 전할 수 있는 양질의 책이다'라고 하면서 이런 요소를 잘 갖춘 동시집이라고 했다.

이 동시집으로 제12회 우리나라 동시문학상을 수상할 때 '『말하는 돌』은 시인정신에 충실한 작품으로 역사적 화해와 우주적 정신세계를 노래했으며, 생태환경의 소중함을 천착해 내었을 뿐만 아니라, 정갈하고, 읽기에 편안하도록 시어의 선택과 참신한 비유가 뛰어나고, 사물의 현상을 독특한 시선으로 해석하여, 동시로서의 문학적 지평을 새롭게 넓힌 점을 높이 평가'한다고 했다. 또한 제35회 부산아동문학상 수상 작품집이기도 했는데, 심사평(박지현, 선용, 이상문, 박일)은'정 시인의 수상 작품집인『말하는 돌』은 "동심을 통한 전통문화재를 재조명하면서 역사를 되돌아보는 치열한 주제의식이 있으며, 역사적 사건을 사실적 감각으로 생동감 있게 표현한 것이 돋보인다"는 평가를 받았다.'였다.

(2020. 11)

V

정재분
서관호
김춘남
차영미
정미혜
김자미
강기화
하　빈
이서영

산성마을에 쌓아올린 동심의 산성

- 정재분 제3 동심시집『산성마을 아이들』

1.

정재분 선생!

산성마을(금정구 금성동)에서 어린이집을 운영하고 있다. 대학원에서 아동학을 전공하고 문학박사 학위까지 얻었으니, 그와 함께 지내는 어린이는 정말 행복하리라.

2000년『한맥문학』동시부문 신인상을 받으면서 등단한다. 문단 활동은 열정적이고 적극적이다. 부산여성문학인회 회장, 부산 가톨릭 문인협회 회장, 금정문인협회 회장 그리고 부산문인협회 감사를 역임했고, 계간지『여기』와『부산가톨릭 문학』편집위원으로 활동했고, 부산여성문학회 부설 '물소리' 시극단원으로 시극『장산국』『윤선도』『훈민정음과 신미대사』등에 출연하기도 했다.

깜짝 놀랄만한 재능이 또 있다. 합창의 지도와 지휘는 아무나 할 수 있는 것이 아니다. 음악대학에 지휘과를 따로 두는 것은 지휘의 비중이 크기 때문이다. 한 때 부산문인협회에서 문인 합창단을 운영했다. 그 때 수석 지휘자가 정재분이었다. 발표회를 감상하면서 그의 능력에 감탄을 했지만, 아동문학가의 수준이 이 정도라는 것을 보여주는 계기라서 우쭐거리고 싶었다.

동시집은 『이야기 주머니』(2012), 『둘이어서 다행이다』(2015) 그리고 『산성마을 아이들』(세종출판사. 2017) 등이 있다. 그러나 동시집이라 하지 않고, 동심시집이라 명명했다.

수상은 부산가톨릭문학상, 한국시낭송상, 한국동서문학작품상, 전국꽃문화축제우수상 그리고 부산여성문학상 등이다.

간혹 자신을 소개할 때,

“저는 정품의 밀가루입니다. 싸다고 불량품 쓰지 마시고 저를 꼭 찾아주세요.” 라고 한다. 자신을 사랑하니까 이름이 소중하고, 빛이 난다.

2.

2015년 한국동서문학작품상을 수상한 「돌담」은 그의 대표작이라 할 만하다.

큰 돌만 있다고
예쁜 돌담이 되겠니

그렇다고
작은 돌만 있다고
튼튼한 돌담이 되겠니

큰 돌 작은 돌
손을 잡아 섞여야

바람도 들어오지 못하지

어쩌다 담쟁이 넝쿨이
안아주면 좋고
거기다
나팔꽃도 한 송이 피어 있으면
더 좋겠지

혼자서
혼자서는 안돼
함께
함께라야
힘이 되는 거지.

-「돌담」 전문

『한국동서문학』(2015. 가을)에 실린 작품이다. 작품성이 뛰어난 작품 하나를 골라 해마다 작품상을 수여하는데 수상작으로 선정되었다. 심사평(선용)은 '동시 「돌담」은 따뜻한 사랑이 느껴지는 작품이다. 돌 하나하나가 모여 돌담이 되듯 큰 힘이 되는 모습과 사물의 고향인 동심이 바탕에 깔려 있는 수작이다'라고 했다. 함께라야 힘이 되는 돌담의 에너지가 안아주기(holding)처럼 따뜻하게 느껴진다.

'이온겸의 문학기행'은 유튜브 방송인데, 문인과 그 작품들을 소개한다. 정재분 선생이 2020년 5월 6일에 출연했다. 문학행사에 사회를 많이 볼 정도로 달변인데다 낭송도 잘하니까 아나운서 못지않다. 동시를 쓰게 된 이유를 물으니 "길게 쓸 자신이 없어서"라고 솔직담백하게 답한다. 초등학교 때 시조시인이신 담임 선생님의 영향을 받았지만, 정진채, 선용 선생의 지도가 큰 도움이 됐다고 한다.

아이들과 생활하면서 영감을 많이 얻지만 작품성이 부족한 것 같아 늘 부끄럽다. 그러나 시낭송대회에서 자신의 동시가 낭송될 때의 보람은 컸다애기한다.

제3 동시집 『산성마을 아이들』은 제25회(2017) 부산여성문학상 수상 작품집이다. 수상자 팸플릿에 소개된 동시는 「최고의 처방전」이다.

> 우리 동네는/ 그 흔한/ 통닭집도/ 피자가게도 없다//
> 간식이 생각날 땐/ 고구마 쪄먹고/ 전을 부쳐 먹지만//
> 병원도 약국도 없는/ 우리 동네 아이들/ 모두가 건강하다//
> 맑은 공기와/ 건강한 먹거리/ 이것이 약이지//
> 자연 약을 먹고/ 날마다/ 쑥쑥 자라는 아이들//
> 의사 선생님 약사 아줌마/ 미안해서 어쩌죠
>
> -「최고의 처방전」 전문

자연과 더불어 살아가니까 병원이나 약국의 신세를 질 이유가 없다. 자연이 힐링 공간이니까. 건강한 동네, 건강한 아이들처럼 그의 동시도 밝고, 건강하다.

3.

제3 동시집 『산성마을 아이들』이 출간되고, 국제신문(2017년 8월 30일)은, '정재분 동시인의 세 번째 동시집 산성마을 아이들(세종출판사)이 출간됐다. 정 동시인은 어린이 교육 전문가이자 문인이다. 그는 대구가톨릭대학 대학원에서 아동학을 전공하고 문학박사 학위를 받았으며, 1975년부터 아이들과 생활하고 있다. 2000년 한맥문학에 동시가 실리며 등단해 동시집 『이야기 주머니』, 『둘이어서 다행이다』 등을 펴냈다.

『산성마을 아이들』은 정 동시인이 살고 있는 금정산성 산성마을의 아이들과 그곳의 정겨운 풍경을 동시로 옮겼다. 1999년부터 산성마을 어린이집을 운영하고 있는 정 동시인은 그곳 아이들의 순박한 모습을 둥글둥글하고 생생한 시어로 그려 보는 이의 웃음을 자아낸다. 그는 "아이들과 지내다보니 자연스레 그들의 어여쁜 모습이 눈에 들어와 동시가 되었다"고 말했다. 책에 수록된 동시는 아이들의 건강한 모습에 관한 이야기가 다수를 차지한다. 정 시인과 김용배 사진가가 찍은 아이들의 밝은 얼굴 사진도 함께 실려 책에는 활기찬 기운이 가득하다.'라고 했다.

금정산성은 사적 제215호로 부산의 동래 금정산 중턱 해발 450m에 자리 잡고 있다. 산성마을은 네 개의 성문 안에 새색시처럼 다소곳이 앉아있다. 이 동시집의 책머리에 '이러한 마을에서 오랫동안 생활해온 저는 산성마을 아이들의 남다른 이야기를 쓰고 싶었습니다. 아이들의 티 없이 맑은 동심을 그대로 그릴지 모르겠습니다만 산성마을의 환경과 생활풍습, 아이들의 모습은 조용한 시골, 푸근한 고향집의 따스함을 느낄 수 있어 메말라가는 현대 핵가족 시대의 어른들에게 휴식처가 되어 줄 것이라 기대해 봅니다.'라고 했다.

『산성마을 아이들』은 산성마을에 쌓아올린 또 다른 동심의 산성이다.

멀리서 달려오는
옆집 아저씨의 막대기

담장 따라 걷는 사람들도
하나 둘 벽화 속으로
들어간다.

-「벽화가 있는 골목」 후반부

선풍기가 없어도 시원한/ 산성마을//
소나무 숲/ 흑염소 불고기/ 산성 막걸리로/ 전국으로 소문난/ 산성마을

-「웰컴 투 산성」 제4,5연

나라를 위해 큰일을 한
돌멩이와 바위들
응원의 박수소리 끊이지 않는
금정산 산성

-「바람아 너는 알고 있니?」 마지막연

할아버지와 아버지
아들에 손자까지
나라를 지키겠다는 의지
지금도
활활 타오르고 있다.

-「금정산성」 마지막연

역사와 문화재적 가치도 중요하지만 자연경관이나 환경도 남다르다. 숲, 골짜기, 산과 길이 모두 놀이터이며, 장난감이며, 자연학교니까 자연과 일체가 되어 살아가는 모습이 정겹다.

나무 사이로/ 밧줄 타고/ 칼싸움하는/ 남자 아이들//
특별한 장난감 없어도/ 심심하지 않은/ 산성마을 놀이터

-「숲 놀이터」 제4,5연

머루 다래 따 먹고
언덕에서 미끄럼 타며
꼬불꼬불
산 아래 마을까지
학교 가는 길이 즐겁기만 했던
아이들

-「꼬부랑 산길」 제2연

진달래꽃 따서
화전 부치고
나뭇가지 왕관 만들어
연극도 하는
숲 교실

-「우리들 교실」 제1연

부족한 것이 넉넉해서 좋다. 문화 시설이나 의료시설이 부족해도 자연이 있고, 인구가 적어도 이웃 모두가 사촌이 되니까 얼마나 넉넉한가.

우리 마을이 생기고
처음으로
약국이 생겼다

유리창엔
'약'이란 빨간 글자
크게 써 놓았지만
찾는 사람 없다

-「약국」 제1,2연

고향생각 나면/ 찾아오라는/ 커다란 간판들//
진주집 창녕집/ 마산집 충무집//
옹기종기 앉아/ 구수한 사투리로/ 손님을 반긴다

-「우리 동네」 제3,4,5연

파전을 이웃과 나누었더니
커다란 접시에 도토리묵이 돌아오는 걸 보면

작은 마음이 큰 선물이 되는
우리 동네

-「마음이 만드는 선물」 제4,5연

-고당봉 이겨라!
-파리봉 이겨라!

청군도 백군도 없이
고당봉 팀과 파리봉 팀이
서로 대결하는
산성마을 운동회

-「금성 가족 한마당」 제4,5연

비상을 꿈꿀 수밖에 없게 한다. 자연보다 훌륭한 과외선생이나 학원이 있을까? 그렇게 공부를 하니까 큰 꿈을 꿀 수밖에 없다.

삼나무 높은 가지에
그네를 매고
힘껏 하늘로 뛰어들어 보세요

한 마리 날개 푸른
새가 되어

날아갈 거예요.

-「숲 마을로 오세요」 제6,7연

고사리 작은 손까지
고운 물이 들어
화들짝 웃는
산성 체험 촌에는

언제나 무지개 꽃이
피어 있다

-「산성 체험 촌」 제4,5연

이 외에도 누룩 할머니, 산성, 사대문, 역사문화축제, 국청사, 금정산성, 영세불망비, 애기소, 산성 막걸리, 금샘 그리고 일품 국수집 등 누룩 빚듯 다양한 체험을 동시로 빚었다. 이게 달짝지근한 동시의 뒷맛이고, 발효가 될수록 더 은은한 맛을 풍기리라. 근사하게 쌓아올린 동심의 산성이니까.

그의 동시는 화려한 장식이나 가식을 하지 않는다. 비유나 상징보다 주로 동화(assimilation)에 의존한다. 동화란 세계를 자신의 내부로 끌어들여서 그것을 내적 인격화하는 이른바 세계의 자아화다. 나의 일상을 스토리텔링 했기 때문에 구수하고 잘 읽혀진다.

4.

금정산은 금빛 나는 물고기가 오색구름을 타고 내려와 금빛 우물(금샘)에서 놀았다고 한다. 주봉은 고당봉(801.5m)이다. 산성이 조성된 것은 1703년 숙종 때라고 한다. 임진왜란, 병자호란을 겪은 후, 국방에 대한 관심이 높아지면서 쌓았다고 하는데, 길이 17,371m, 성내면적 251만 2천 평, 성벽 높이 1.5m~3m 정도이며, 국내 산성 중에는 가장 규모가 크다. 산성마을은 금정산성이 축조된 이후에 형성됐으리라 추정하고 있다.

그는 이곳 산성마을에서 '금성어린이집'을 운영하고 있다. 아이들의 언행이 동시이지만, 수십 년 살고 있는 『산성마을 아이들』까지 동시로 느껴졌으니, 편편마다 간절함과 절실함이 묻어날 수밖에 없다. 환상적이거나, 기교를 부리거나 통통 튀는 기발함보다, 성벽을 쌓은 돌처럼 듬직하고 투박하다. 물 흐르듯, 자연스럽게 담화를 나누듯, 이웃의 손을 잡아주는 따스함이 느껴진다.

동심시를 고집하는 이유를 알 것 같다. 동심의 세상에는 아이들만 있는 것이 아니라, 동심을 잃어가는 어른들도 있다. 동심의 세상을 추구해야 한다면 동심시가 훨씬 수용의 폭이 넓지 않은가.

그는 '이온겸의 문학 기행'에서 외롭고, 소외된 이웃을 위해서 따뜻하게 위로하고, 응원하는 글을 쓰고 싶다고 했다. 세상의 아이들은 사랑받아야 할 주체니까, 부모님은 사랑을 베풀어야 하고, 아이들은 감사하는 생활을 할 줄 알아야 한다고 강조한다.

『산성마을 아이들』은 산성마을 뿐만 아니라, 메마르고 거칠어지는 이 세상에 쌓아올리고 싶은 또 하나의 동심의 산성이다. 동심의 산성을 쌓아올려, 동심의 세상을 만들고 싶은 그의 꿈이 이루어졌으면 좋겠다.

(『문학도시』 2021, 3/4)

민족의 문학, 시조로 쓴 가슴 따뜻한 노래들

- 서관호 제4 동시조집 『강아지도 아는 시조』

시조를 아시나요? 고려 말, 13세기경부터 불러온 우리나라 노래거든요. 다른 나라에는 없는 독특한 형식의 시문학이기 때문에 '민족의 시', '겨레의 시' 또는 '우리나라의 시'라고 합니다. 우리 선조들은 시조라는 문학을 통해서 기쁨과 슬픔, 사랑을 노래했으니 얼마나 멋지게 느껴집니까?

시조는 민족문화유산입니다. 선조들이 지켜왔듯이 우리들도 이를 널리 알리고, 가꾸고, 다듬어야 합니다. 그런 노력을 많이 하시는 분이 서관호 시조시인입니다. 그 노력의 하나로 『어린이 시조나라』(2010. 5. 5 창간)를 발행하고 있고요.

이 책을 창간하면서 시조와 더불어 행복해지기를 소망한다고 하면서, 다음과 같은 목표를 두었습니다. 첫째, 시조는 우리 겨레의 고유한 문화유산으로 이를 계승 발전시키기 위해 순백의 어린이들의 뇌리에 시조를 물들이고자 한다. 둘째, 겨레가 이를 널리 향유케 함으로써 높은 삶의 질을 추구하도록 돕는다. 셋째, 시조 전파와 창작 교육에 좋은 교재를 제공한다. 마지막으로 어린이들에게 순박한 정서와 애국애족의 정신세계를 추구한다 등입니다.

『강아지도 아는 시조』(어린이시조나라. 2017)는 서관호 시인의 네 번째 동시조집입니다. 동시조는 시조 앞에 '동童'자가 붙어 있죠. 이게 '아이 동'자입니다. 어린이가 쓴 시조와 시조시인이 어린이 눈높이에 맞춰 쓴 시조를 모두 일컫는 말입니다.

먼저 작품 한 편 소개합니다. 시조에 대한 눈을 뜨게 하는 작품입니다.

강강강 강강강강/ 강아지도 아나보다//
내가 시조시인인 걸/ 옆집 개가 아나보다//
3,4조 리듬에 맞춰/ 약강약강 짖는다.

멍멍멍 멍멍멍멍/ 멍멍이도 아나보다//
종장의 절정구조/ 옆집 개도 아나보다//
한 박자 늘린 강박에/ 힘을 실어 짖는다.

-「강아지도 아는 시조」

잘못 파악하면 안 됩니다. 나도 잘 모르는 시조를 강아지도 안다고 생각하면 강아지에게 좀 미안하죠. 그런 뜻이 아닙니다. 강아지 짖는 소리를 듣고 시조의 형식을 생각했고, 강아지도 알 수 있을 만큼 세상 사람들이 시조를 알았으면 좋겠다는 선생님의 바람을 담았거든요.

연필도 공부하긴/ 나만큼 싫은가 봐//
방안에 드러누워/ 요리 때굴 조리 때굴//
오늘은 엄마 없는 날/ 때굴때굴 놀자네.

-「연필」

공부하기 싫을 때 있죠? 그 마음을 연필이 먼저 압니다. 엄마 없는 날이니 더욱 좋습니다. 연필과 때굴때굴 놀아야죠. 그런데 조심!

엄마가 들어올지 모르니까요.

> 할머니 몽당연필 침 발라서 쓰신 글씨
> 내 새끼, 내 강아지, 많이 먹고 잘 크라고
> 택배에 붙인 딱지가 꾸물꾸물 안긴다.
>
> -「몽당연필 · 2」

할머니의 사랑이 느껴지나요? '내 새끼' '내 강아지'하고 부르는 할머니의 목소리도 들리네요. 택배에 붙인 딱지에 꾸물꾸물 쓰인 할머니의 글씨를 통해서 할머니 마음도 배달되었네요.

> 좋은 말/ 바른 글씨/ 어떻게 잘 써 볼까?//
> 연필은/ 흑심을 품고/ 내 말을 안 듣는다//
> 옳거니! / 요 앙큼한 녀석/ 몽당연필 만들 터.
>
> -「연필 · 2」

흑심이 무엇인지 알겠죠? 검은 마음이라는 뜻이지만 나쁜 마음이라고도 할 수 있죠. 연필은 흑심을 품고 있기 때문에 말을 안 듣죠. 그렇다면 시적화자인 나도 작전을 세워야 합니다. '요 앙큼한 녀석'을 많이 사용해서 몽당연필로 만드는 것이지요. 몽당연필이 되기까지 화자는 공부도 많이 하게 되니까, 결국 흑심에 대한 멋진 복수도 하게 되네요.

이처럼 이 동시조집에는 어린이들의 모습을 많이 담았고, 어린이들을 이해하고 사랑하는 작품들이 많습니다. '가슴 따뜻한 노래들'은 이 동시조집의 주제입니다. 아마 이 책을 읽는 어린이들도 모두 가슴이 따뜻해 질 것입니다. 사방에 봄이 넘치는 것처럼.

이 동시조집에는 좋은 예문이 많습니다. 시조의 형식은 어떤지,

내용은 어떤 순서로 펼쳤는지 잘 살펴보아야 합니다. 늘어놓아 쓴 것, 나아가게 쓴 것, 나아가다가 뒤집은 것, 묶어내어 쓴 것, 외쳐서 뒷받침한 것 등 여러 예문들을 제시해 놓았거든요. 또한 종장을 뛰어나게 마무리하여, 시조의 특징이 잘 드러나도록 한 것도 읽는 재미가 쏠쏠합니다. 특히 시조 종장의 3 · 5 · 4 · 3조를 엄격하게 지키고 있어, 울림이 더 강하다는 느낌을 받았습니다.

서관호 시인과는 특별한 인연이 있습니다. 그가 대학 후배이기도 하지만, 사천 남양초등학교에 같이 근무를 했거든요. 얼마나 열정적으로 지도하는지 늘 부러웠습니다. 신문에 산문이나 지도 사례를 발표하기도 했고, 1970년 가을 운동회 날에는 한 아이의 시화 29점으로 개인전을 열어줄 만큼 문학에도 관심이 많았습니다. 다시 만났을 때 시조시인으로 활동하고 있었습니다.

선생님은 2002년 『현대시조』를 통해 등단한 후, 시조집 2권, 동시조집 4권, 칼럼집 2권, 수상록 1권, 암송 시조집 2권 등 11권의 책을 내었습니다. 동시조집은『꼴찌해도 좋은 날』, 『키 작은 해바라기』, 『혹부리 나무』와 이번에 발행하는 『강아지도 아는 시조』 등입니다. 또한 시조의 부흥을 염원하며 『어린이 시조나라』를 창간하면서, 문예지 발행인이 되었고요. 성파시조문학상, 한국동서문학작품상 등을 수상했습니다.

선생님은 단순히 책을 만드는 사람이 아니라, 시조를 가르치기 위하여 시조 연구는 물론 찾아가는 시조교실도 운영하고 있습니다. 어쩌면 그의 열정은 그 옛날 20대 때보다 더 왕성한 것 같습니다.

이 동시조집은 좋은 시조의 표본을 보여주고 있기 때문에, 시조를 공부하는 어린이들에게 교과서보다 좋은 교본이 될 것입니다.

원래 문학은 상상의 세계거든요. 21세기는 상상력이 경쟁력이라고 했으니, 시조를 많이 읽으면서 상상의 세계로 빠져 보세요. 동시조를 즐겨 읽으면 많은 것을 보고 느끼면서 상상할 수 있게 하니까요.

끝으로 이 동시조집이 사랑받으면서 시조문학의 숲이 더 한층 무성해졌으면 좋겠습니다. 어린이시조의 텃밭인 『어린이 시조나라』도 우리들의 친구가 되면 더욱 좋겠고요.

(2017 『강아지도 아는 시조』)

절묘한 감탄과 우주로 향한 상상력

- 김춘남 첫 동시집 『앗,앗,앗』

1.

'앗'은 감탄사다. 다급하거나 놀라서 나는 소리다. 감탄사도 시가 된다.

여기저기서
눈 뜨는
씨앗들

앗, 앗, 앗

세상을 보고
놀라는
초록 눈동자들.

- 「앗,앗,앗」 전문

발아하여 처음으로 세상을 본다. 초록 눈동자들이 어떠했겠는가. 경이로움에 절로 감탄사를 쏟아내지 않겠는가. 이게 동시집의 제목까지 차지해 버렸다. 작품마다 눈부신 감탄들로 가슴을 설레게 한다.

절묘하게 감탄을 풀어낸 김춘남! 그는 시인이면서 동시를 쓰는 문학가다. 그의 동시집 『앗,앗,앗』(푸른사상. 2013)이 비로소 발아하고 초록 눈을 떴다.

1956년 부산에서 태어나 계명대학교 대학원 문예창작학과를 졸업했다. 2001년 대구매일 신춘문예에 동시 「계단의 꿈」이, 2004년에는 부산일보 신춘문예에 시 「눈물길」이 당선되면서 등단한다.

그는 능력을 믿고 으스대지 않는다. 성실과 근면과 겸손이 몸에 배어 있으니까 모두의 친구다. 현재 부산아동문학인협회가 그를 사무국장으로 모신 것도 그의 능력과 이런 자세 때문이다. 또한 평소의 독서력이 굉장하기 때문에 박식하다. 인용하고 싶은 구절은 반드시 메모를 했다가, 적재적소에 유감없이 뱉어낸다.

이 동시집 뒤표지에 추천인(박일)의 글이 실려 있다.

'시인은 하느님(신)의 말씀을 대신 전하는 분이라고 합니다. 시인을 줄이면 "신"이고, 신을 늘이면 "시인" 이니까요. 선생님 동시는 신의 말씀이기도 합니다. 이 동시집을 읽으면서 신의 말씀도 들으세요. 그리고 행복해야죠.'라고.

김춘남의 동시는 절묘한 감탄을 자아내게 하면서, 우주 밖으로도 상승하고 싶은 상상력을 유감없이 보여주고 있다.

2.

한국아동문학인협회가 매월 우수작품을 뽑아 상을 준다. 2011년 11월 그의 동시 「안전벨트」가 우수작품상으로 선정되었다. 선정 이유는 '쓸데없이 들어간 군더더기가 없이 참으로 산뜻하게 잘 표현

되어 있다. 김춘남 시인의 다른 작품에서도 쉽게 찾을 수 있는 장점이기도 하다.'였다.

전동차를 탄 오누이

초등생 누나가
제 무릎 위에 앉힌
유치원 동생을
두 팔로
꼬옥
껴안으면서
말한다

"안전벨트 했다."

-「안전벨트」 전문

수상 소감에 '아주 오래 전에 어느 문학가와 "시"가 무엇인지를 함께 말해 보자고 한 적이 있습니다. 우리는 이구동성으로 "사랑"이라고 말했답니다. 그렇게 일치된 말을 한 우리는 흐뭇해서 크게 웃었답니다. "시는 사랑"이라고 한 말은 언제나 유효합니다. 그 유효성이 제대로 효력을 가질 수 있도록, 「안전벨트」속 동생을 돌보는 누나의 마음처럼 동시를 잘 보살피고 사랑하겠습니다.'라고 썼다.

그의 동시는 깔끔하고 산뜻하다. 함축(또는 압축)의 미를 중시한다.

온 밤을
손전등 하나로
구석구석
살펴보시네.

-「달」 전문

다른 말이 필요 없다. 달빛이라는 손전등 하나가 밤의 구석구석까지 밝히듯이 표현의 손전등 하나 들고 있으면 된다. 그것으로 동시의 모두를 표현해 내니까. 필요 없는 서술은 용납하지 않는다.

우리나라 인구가
갑자기 늘었다.

-「눈사람」 전문

어떤가. 눈이 내리면 눈사람이 곳곳에 만들어진다. 그도 사람이니까 인구가 갑자기 늘 수밖에. 속담도 그의 가슴에 들어가면 동시가 되고 만다.

아, 아버지
어, 어머니

나는
'아'와 '어' 덕분에
태어났다.

-「'아' 다르고 '어' 다르지만」 전문

'속담공부'라는 부제가 붙어있다. 이 속담은 같은 말이라도 하기에 따라 어감의 차이가 있으니 말조심하라는 뜻인데, '아'는 아버지, '어'는 어머니에 대입시켜, 그 때문에 내가 태어났다고 엉뚱한 진술을 하면서, 확연히 다르다는 것을 인식시킨다. 한자어도 '한자놀이' 시가 된다.

날마다
여닫는
문

문 사이
틈

그 틈으로
드나드는
하루.

-「한자놀이3」 전문

사이 간間이다. 이를 동시로 쓰기 위해 문틈(사이)으로 드나드는 하루를 본다.

그는 어린이와 거리를 두지 않는다. 가까이 다가가 그들과의 경험을 세심한 시선과 손길로 어루만질 줄 안다.

"민구야,
맛있는 샌드위치 만들어 줄게."

"이크, 이걸 어쩌지!
식빵을 우유에 너무 많이 적셨네."

안절부절 우리 아빠
이마엔 땀이 송골송골

프라이팬 위 샌드위치,
아빠 솜씨로
'샌떡위치'가 되었네.

-「아빠와 함께 하는 요리」 후반부

모처럼 아빠가 샌드위치를 만들어주는데 잘되지 않는다. 결국

'샌떡위치'가 되어버렸다. 가족의 화목이 특별히 만든 음식이었다. 웃음까지 감돌게 한다. 이런 익살과 언어유희적 요소도 공감의 요소가 아닐까.

그는 언어를 잘 다룬다. 이것은 시를 빚어내는 능력이 굉장하고, 탁월하다는 것을 의미한다. 또한 즐거움을 주는 해학, 말을 아끼면서 의미를 함축시키는 노련함, 새롭고 엉뚱하고 경이로운 세계의 표현 등이 샘물처럼 솟아나고 있다.

그의 동시의 주제는 사랑이다. 장애우에 대한 관심과 애정을 표현한 「미~,가~」 등, 가족우애를 다룬 「귤」 등, 부조리한 세상에 대한 반항을 기술한 「물구나무」 등, 동시 사랑의 마음을 담은 「아파트」 등, 그리고 세상을 따스한 시선으로 바라본 「양털 모자 쓴 홍시」 등에서도 사랑이 넘치고 있다.

3.

가끔 불가능한 꿈도 꾼다. 그런 꿈이 있기에 살아가는 재미도 있지만, 언젠가는 이루어질 거라는 기대도 갖게 된다. 상상력이란 꿈이다. 그래서 시를 상상력의 게임이라고 한다. 이런 상상력은 창의적 사고와 통하는 것이며, 자원이 부족한 우리나라의 경우 창의적 사고는 21세기를 이끌어갈 자원이며 힘이라고 한다. 특히 어린이 독자들이 동시와 친구가 되어야 하는 이유는 창의적 사고를 다양하게 체험할 수 있기 때문이다.

지구 밖으로

폴짝,
뛰쳐나가는
개구리
한 마리

-「우주선」 전문

지구 밖은 어떤 세상일까? 궁금하다면 우주선을 타고 여행을 하면 된다. 상상력이란 우주선에 올라 개구리처럼 폴짝 뛰쳐나가면 되니까.

"여기는 우주. 꿈과 용기가 보임. 오버"

우주인이 된 어린이들의 목소리가 들리지 않는가. 그의 동시는 상상의 세계로 날아가든지, 아니면 상상이라는 마법을 걸고 있다. 상상력에 의존하여, 유쾌하고 신나는 여행을 하게 한다.

차르르 차르르
빙수기로
얼음을 갈 때,
매미들도 울어댄다.

시르릉사르릉
쉬엉쉬엉사르릉

유리그릇에
쌓이는
매미 소리 시원한
눈, 눈, 눈

눈밭에서
팥과 과일이
눈싸움한다.

여름이 녹는다

-「팥빙수」 전문

빙수기에서 매미소리를 찾아낸다. 그릇에 쌓이는 얼음은 매미소리다. 매미소리는 하얀 눈이 되고 만다. 이처럼 비유도 좋다. 비유는 또 다른 비유를 낳기도 한다. 그 눈밭(가루 얼음)에서 팥과 과일이 눈싸움을 한다. 여름이 스르르 녹아버린다. 멋진 비유는 여름도 녹게 하는 팥빙수 같은 맛인가 보다.

우리 아파트는
십사 층이다.
엘리베이터는 다섯 대,
네 대는 <승객 전용>
한 대는 <화물 · 이삿짐 전용>

학원 마치고 엘리베이터 기다릴 때
<화물 · 이삿짐 전용> 칸에서
어떤 아줌마가 내린다.
그걸 분 한 형이 잽싸게 탄다.
나도 타려고 하는데 문이 닫혔다.

옆에서 나를 지켜본
아저씨가 물었다.
"너도 저거 타려고 했지?"
내가 고개를 끄덕끄덕 했다.
"못 타서 다행이다.
탔다면 너는 '짐'이 되었을 거다."

-「엘리베이터」 전문

시적화자인 나를 지켜본 아저씨(시인)는 어린이들을 '짐'으로 만들 수 없었다. 성장해가는 어린이들은 희망의 엘리베이터를 타고 올라야 하니까.

4.

동시인은 어린이들의 정서와 생리에 호흡하는 시를 찾아낸다. 어린이는 미완성의 존재이기 때문에 가능성은 항상 열려 있다. 기성의 가치와 제도만으로 그들을 끌어갈 수 없다. 동시가 새로운 가치와 세계를 가져야하는 이유도 여기에 있다. 동시는 신의 말씀도 담고 있으니까.

『앗, 앗, 앗』은 사랑과 감탄이다. 또한 어린이들의 눈높이에 맞게 표현되고 있어 어린이들의 공감을 얻을 수 있으리라. 우주로 향하는 상상력도 어린이들의 꿈이나 환상을 자극하는 요소가 되리라.

끝으로 '"몽당연필이 천재를 이긴다"는 말이 있다/ 천재가 아닌 덕분에 나는/ 몽당연필 우주선 타고/ 동심을 느끼면서/ 꾸러기 친구들을 만났다./ 흐뭇하고 참 잘한 일이다.'라는 '시인의 말'을 옮긴다.

(『문화와문학타임』 2014 봄)

그리움이 끌고 가는 깨끗한 동심 수레
- 차영미 제3 동시집 『으라차차 손수레』

1.

샛별이었다. 순박하고 여린 것이 눈부셨다. 그 빛이 제33회 이주홍문학상을 안고 갔다. 수상동시집 『학교에 간 바람』(청개구리. 2011)은 첫 동시집이다.

심사위원(공재동, 소민호, 박일)은 '차영미 동시는 따스한 인간애와 넘치는 정감, 끝없는 가족애, 이웃과의 넘치는 우정 등 현대 도시문명에서 잊혀져가는 지극히 원시적이며 인간적인 정서가 특징이다.'라고 평했다.

표제작 「학교에 간 바람」을 읽어본다.

결석한 훈이 대신
오늘은 바람이
학교에 갑니다

조심조심
건널목을 훌쩍 건너고
선생님께
인사도 꾸벅합니다

음악 시간
솔솔솔, 노래 부르고
체육 시간
숨차게 달음질치다

교실에선
훈이의 빈 자리에 앉아
공부를 합니다

어렵다고 바람이
고갤 갸웃거릴 때마다
따라온 햇빛이 알밤을 줍니다.

-「학교에 간 바람」전문

결석한 훈이를 대신해 바람이 학교로 간다. 등굣길에 불던 차가운 바람 때문에 감기에 걸려 학교에 갈 수 없게 되었으니까. 바람은 훈이에게 미안해 대신 학교에 간다. 바람이 훈이의 자리를 채우는 일은 생각만큼 쉽지가 않다. 학교에서 음악, 체육 시간에 어려운 공부까지 바람은 따라가기가 벅차다. 그러나 바람도 고된 일과의 아이들을 대신해주고 싶다.

세 권의 동시집은 모두 문예진흥기금을 받아 출간했다. 『학교에 간 바람』은 서울문화재단 창작지원금, 제2 동시집 『막대기는 생각했지』(소야. 2016)와 제3 동시집 『으라차차 손수레』(브로콜리숲. 2020)는 한국문화예술위원회의 문학창작기금을 받았다.

그는 경남 밀양에서 태어나 부산에서 오래 살았다. 부산일보에 제2 동시집 『막대기는 생각했지』를 소개한 바 있는데, 마침 그의 소재가 궁금했던 동기(부일여중)에게서 전화가 걸려와 연결시켜준 일도 있다. 부산중앙여고(동래구 명륜동)에서 문예반 활동을 하면서 지도교사였던 이몽희 시인, 강인수 소설가를 만난 것은 문학소녀의 꿈을 한층 키우는 계기였다. 고양시로 이주했지만 부산아동문학인협회 회원으로 그 임무를 다하고 있다.

2001년 『아동문학평론』 신인문학상에 「새싹」 외 2편이 당선되었다.

2.

이준관 동시인은 제2 동시집 『막대기는 생각했지』의 추천사에서 '차영미 시인의 동시는 "순결한 사랑"이라는 꽃말과 잘 어울리는 패랭이꽃을 닮았다.'고 하면서, '때 묻지 않은 깨끗한 동심, 착하고 선한 동심을 차영미 시인은 "동네 공터에 금잔화 씨앗 한 줌 꼭, 꼭, 꼭 심듯" 섬세하고 촘촘하게 그렸다. 차영미 시인의 동시집은 혼자 보기 아까워 "애들아, 이리 와 봐!"하고 모두 불러 함께 보고 싶은 패랭이꽃 같은 동시집이다.'라고 했다.

배익천 동화작가는 제3 동시집 『으라차차 손수레』를 추천하면서 '참 아름다운 풍경을 만나지요. 주머니 속에 은빛 피리를 꺼내 부는 미루나무, 연보랏빛 양말을 꺼내 신는 골목길, 가방 가득 눈을 넣고 먼 길을 떠나는 눈사람이 그렇지요. 그리고 미처 몰랐던 것들을 알게 되지요. 바닷물에 내 눈물도 들어 있다는 것, 손도 발도 없는 안개가 무지무지하게 힘이 세다는 것, 할아버지 산소에서 듣는 산비둘기 소리가 할아버지 목소리라는 것이지요. 참, 개밥바라기처럼 딴짓하는 별도 볼 수 있어요.'라고 했다.

동시집 『으라차차 손수레』의 발문을 쓴 백우선 동시인은 '아름다움으로 행복해집니다'라는 주제로 '차영미 시인의 동시집 『으라차차 손수레』는 언어로 만들어진 마을입니다. 이 마을에서는 사물도 사람처럼 자신의 삶과 생각을 말로 들려줍니다. 그런데 이들은 모두 지은이인 차영미 시인의 분신이거나 대리인들입니다. 그러니까 이 마을은 지은이가 살고 있거나 살고 싶어 할 뿐만 아니라 누구나 다 그렇게 살아가기를 바라는 곳입니다.'라고 했다.

박혜선 동시인의 평론 '슬기로운 동시 감상법'이 함께 실렸다. '이 시집을 읽었다면 이제 여러분도 시인입니다. 길 위에 떨어진 시를 찾아보세요. (중략) 시는 그냥 보고 지나쳤던 돌멩이 같기도 하고 나무 같기도, 바람 같기도 풀잎 같기도 합니다. 풀잎 위에 내려앉은 햇살 같기도 풀벌레 노래 같기도 한 아주 익숙하고 사소하고 친근한 것들이지요. 그 익숙한 것들을 다르게 보아주면 시가 되고, 다르게 중얼거리면 시의 말이 되고, 다르게 그리면 나만의 시가 됩니다.'라고 했다.

제3 동시집 『으라차차 손수레』는 출간되면서, 아동문단의 핫이슈로 떠오르고 있다. 부산일보(2020.8.28.)는 '차영미 시인은 세 번째 동시집 『으라차차 손수레』에서 생명 존중과 따뜻한 상생의 세계를 펼쳐 낸다. 시집에는 작품 56편이 실렸다. 시인은 익숙한 자연 속에 숨어 있는 새롭고 낯선 지점을 포착한다.'고 했으며, '간결하고 절제된 시어를 통해 선명한 이미지를 전달한다.'고 했다.

신현득 동시인은 법보신문(2020.7.15.)에 '가다서는 할아버지 손수레를 함께 밀며, 생활과 놀이에서 협동을 배우는 동심을 표현'했다고 했고, 김재복 평론가는 『창비어린이』(2020. 가을)에 '처음 배우는 것 같은 말'이란 제목으로 '『으라차차 손수레』에 실린 동시들은 저 혼자 애쓰는 마음, 작고 여린 존재들이 서로 돕는 마음이 주는 아름다움을 충실히 담아낸다. 언어적 기교 없이 읽는 이를 즐겁게 해준다. 모두가 힘겹게 버티며 2020년 봄과 여름을 통과하고 있다 보니 작고 여린 것들의 애씀을 그리는 그의 시가 더욱 각별하게 다가오는 것 같다'고 했으며,

유하정 동시인은 『동시먹는 달팽이』(2020. 가을)에서 '"바람"의 상상을 공감으로 밀고 가는 힘'이란 주제 아래 '어쩌면 시인이 바라던 이상형의 이미지가 "바람"으로 움직이게 한 것은 아닐까. 지금 우리의 바람을 간절히 담아 손수레처럼 움직이게 할 수만 있다면 "으라차차" 기꺼이 힘주어 말할 수 있을 것이다. 아이들이 학교 운동장에 나와 실컷 뛰어 놀 수 있게 해 달라고.'라고 했다.

3.

『으라차차 손수레』에는 4부로 나누어 56편을 실었다. 1부는 '으라차차 손수레'다. 작품수는 15편이다.

할아버지가
힘겹게 손수레를
끌고 간다.

가다가 서고
섰다가
다시 가는 길.

오르막길 입구
구슬땀 닦는
할아버지 뒤에

하나 둘, 사람들이 모인다.

"꽉 잡으세요!"
으라차차
손수레가
오르막길을 오른다.

손수레가
으라차차
할아버지를 밀고 간다.

-「으라차차 손수레」 전문

신현득 동시인은 '"힘 모으기"를 다른 말로 "협동"이라, "단결"이라 한다. 우리의 지난날은 가난했었다. 그러나 협동과 단결로 힘을 모아서 가난을 물리쳤다. 힘 모으기란 그런 것이다.'라고 하면서 이러한 힘 모으기는 어렸을 때부터 공부를 해야 하는데, 동시 속에도 그런 공부 감이 많이 있다고 했다.

손수레가 오르막길을 그냥 오르겠는가. 구슬땀을 흘리는 할아버지 뒤에서 밀어주는 사람들의 힘이다. 어쩌면 할아버지의 손수레를 통하여 꿈과 희망을 밀고 가는 것이며, '으라차차'는 밝고 아름다운 사회를 만들고 싶어 외치는 시인의 함성이 아닐까? 사회가 각박해지면서 단절되어가는 현실에 인정의 중요성과 협동의 가치관을 내세우고 싶었던 것이리라.

2부는 '콩나물 버스'다. 13편이 실려 있다. 사회생활을 하다보면 불평과 불만이 생기는 경우가 많다. 그러나 이를 아름답게 승화시킬 때 문학도 아름다워지는 것은 아닐까?

반 뼘씩//
한 뼘씩//
곁/ 내어줄//
그런/ 사람들만/ 타세요.//
-만원 버스 올림

-「콩나물 버스」 전문

3부는 '전봇대 아저씨'인데 15편이다. 그리움을 주재료로 하면서 포용과 안아주기라는 부재료를 혼합하여 형상화시킨 작품들이 눈에 많이 들어온다. 포용과 안아주기는 평소 그의 순박한 성품과 무관하지 않으리라.

독도는
세찬 바람을 이기고
거친 파도도 이기고
메마른 가뭄도 이기고

섬초롱꽃, 해국, 패랭이꽃
개까치수염, 까마중, 참억새
나팔꽃, 닭의장풀, 땅채송화
우리 땅
여린 풀꽃들을
꼬옥 안고 산다.

-「독도의 힘」 전문

윤수천 동화작가는 이 동시를 경기일보에 싣고 ""세찬 바람을 이기고/ 거친 파도도 이기고/ 메마른 가뭄도 이기고". 여기에서 "바람" "파도" "가뭄"은 단지 바다의 풍상만을 이야기하지 않는다. 일본뿐 아니라 외세의 침략으로부터 끊임없이 겪어야 했던 우리의 아픈 역사를 말하고 있다. 독도는 단지 울릉군에 속해 있는 섬이 아니라 곧 우리 대한민국이다. "섬초롱꽃, 해국, 패랭이꽃/ 개까치수염, 까마중, 참억새/ 나팔꽃, 닭의장풀, 땅채송화". 저 여린 풀꽃들은 착하고 순박하게 살아가고 있는 바로 우리 국민이다.'라고 했다.

그러나 더 중요한 게 있다. '여린 풀꽃들을/ 안고 키우'는 독도라는 상관물을 통해서 시인이 포용하거나 안아주고 싶은 세상을 그리고 있었다.

4부는 '자꾸 피네, 양지꽃이'인데 13편이 실려 있다.

> 우릴 보고/ 반갑다고/ 참 반갑다고//
> 양지꽃/ 양지꽃이/ 함빡 웃네.//
> 누렁이 묻은/ 그 언덕/ 그 자리//
> 자꾸 피네,/ 양지꽃/ 양지꽃이
>
> -「자꾸 피네, 양지꽃이」 전문

그냥 봄이라서 피는 양지꽃이 아니다. '누렁이 묻은/ 그 언덕/ 그 자리'이기 때문에 양지꽃이 처절하도록 아름답게 핀 것이다. 꽃의 웃음도 그리움이었다. 그의 동시는 전반적으로 간결하면서 맑고 깔끔하다. 이 형식은 그리움을 노래할 때 더 잘 어울리고 절절해진다. 그리움은 다른 그리움을 낳으니까.

정희승 시인은 그의 시 「한 그리움이 다른 그리움에게」에서 '…한 그리움이 다른 그리움의/ 그윽한 눈을 들여다볼 때/ 어느 겨울인들/ 우리들의 사랑을 춥게 하리/ 외롭고 긴 기다림 끝에/ 어느 날 당신과 내가 만나/ 하나의 꿈을 엮을 수만 있다면'라고 노래했듯이.

4.

백우선 동시인은 '차영미 시인의 동시는 대체로 행의 수와 길이가 짧습니다. 시의 형태와 말은 간결하고 내용은 아름다우며 시상은 선명합니다. 시청후미촉각적 형상화인 이미지의 적절한 활용으로 사물들과 장면은 구체적이고 생동하며 빛납니다. 생략을 통한 함축과 암시, 최소한의 드러냄으로 최대한의 의미와 정서를 가장 효과적으로 전하고자 하는 절제와 언어구사가 돋보입니다. 말을 더 하는 것이 아니라 덜어내는 것이 시 쓰기임을 확인하게 됩니다. 그런 만큼 울림과 여운은 깊고 깁니다.'라고 했다.

이 동시집 '시인의 말'에는 '누가 부릅니다/ 돌아보니/ 거기/ 길고양이. 딱새. 산비둘기/ 등나무. 살구나무. 미루나무/ 제비꽃. 토끼풀. 달개비. 양지꽃 / … 하늘과 달과 별이 있었습니다.// 자분자분 들려준 시/ 잊어버리면 어쩌나/ 안간힘으로 옮겨 적었습니다.// 함께 읽는 그 마음에도/ 새잎처럼 시가/ 돋아났으면 좋겠습니다.'라고 적었다.

누가 부를까? 그리움이 아닐까? 길고양이, 딱새, 산비둘기, 등나무, 살구나무, 미루나무, 제비꽃, 토끼풀, 달개비, 양지꽃, 하늘과 달과 별이 모두 그리움이었다. 자분자분 들려주는 그리움을 잊어버리지 않기 위해, 안간힘을 쓰며 옮겨 적고 있다. 돋아나는 새잎처럼.

서정주 시인은 「푸르른 날」에서 '눈이 부시게 푸르른 날은 그리운 사람을 그리워하자.'라고 했다. 그리움이 밀려오면 그리움을 받아들여야 한다. 그리움은 사랑이기 때문에.

이제야

겨우

쉰다.

중환자실
외할머니

나를
키운

손

-「쉬는 손」 전문

그의 동시의 본질은 그리움이다. 간결하면서 깔끔한 형식은 그리움을 싣기에 너무나 훌륭한 수레였으니까. 그는 '그리움이 끌고 가는 깨끗한 동심 수레'의 주인이었다.

(2020. 12)

별가루처럼 아름다운 꿈의 노래

- 정미혜 제2 동시집 『꼴뚜기의 의리』

1.

아름다운 고집입니다.

"문학가는 좋은 작품을 쓰면 되지요."

정미혜 선생님은 2006년 부산아동문학신인상을 받고 시인이 됐습니다. 동시를 쓰는 시인입니다. 심사평(박지현, 이상문, 손월향)의 일부를 옮깁니다. '많은 응모자의 작품들 중에 정미혜 씨의 「낚시」 외 5편의 작품이 대체적으로 균형이 잡혀 신인 작가의 자격을 갖춘 작품들이다. 이에 「낚시」 작품은 의인법의 구조가 특이하고, 함축성과 시어의 절제에 공을 들인 흔적이 역력하다. 사물에 있어 강과 사람 사이에서 생겨나는 긴장감과 신선감이 뚜렷하다.'

우리나라는 서울 중심의 문화입니다. 속담에도 '사람은 서울로 보내고. 말은 제주도로 보내라'고 했거든요. 정미혜 선생님은 부산을 고집합니다. 부산에서 시인이 되었으니까 부산의 시인으로 노력하여 한국에서 인정받는 시인이 되고 싶은 꿈을 가지고 있습니다. 좋은 작품으로 독자와 만나면 그게 훌륭한 작가니까요.

이번에 제2 동시집 『꼴뚜기의 의리』(청개구리. 2017)를 펴냅니다. 제목부터 즐거움이 묻어있어 정말 재미있겠습니다. 첫 동시집『내 몸속의 시계』(청개구리. 2014) 이후 3년 만에 출간하니까 선생님의 창작 욕심이 대단합니다. 이번에도 부산시 문화재단의 지원금을 받았습니다. 우수한 작품에 대해서 나라에서 지원을 해주는 것이니까 선생님의 작품이 얼마나 우수한지 알 수 있을 것입니다.

첫 동시집을 발간하고 반응도 좋았습니다. 공재동 선생님은「긍정의 힘과 따스한 가족애」라는 주제로 '따스한 가족애를 시의 바탕으로 하고 있으며, 대상을 낯설게 하고 새로운 은유를 적절히 사용함으로써 재미와 기쁨을 더하고 있다. 정미혜의 동시 전편에 흐르고 있는 긍정적인 삶에 대한 여운은 시를 읽는 이에게 잔잔한 감동을 준다.'라고 했으며, 신정아 선생님은「공감하기와 배려하기」라는 주제로 '존재에 대한 배려는 작은 것 같지만, 큰 힘으로 작용한다. 깨닫고 보면 우리는 누군가의 배려 없이 아무 것도 할 수가 없다. 이것은 인간뿐만 아니라 자연·사물과의 관계에서도 적용된다. 우리가 한시라도 자연과 사물의 배려 없이 살아갈 수 있겠는가. 정미혜 시인은『내 몸속의 시계』를 통해 이와 같은 진리를 제시하면서 우리에게 큰 가르침을 가져다준다.'라고 했습니다.

2.

동시 문학은 세상의 아이들을 태우고 떠나는 관광버스입니다. 교실에서 만나는 아이들, 학교와 이웃에서 만나는 아이들 모두 타고 있습니다. 아이들의 마음이 봄비처럼 두근거립니다. 꿈과 희망을 이야기합니다. 모두 친구가 됩니다. 웃음꽃이 활짝 핍니다.

정미혜 선생님은 초등학교에서 근무하고 있습니다. 날마다 아이들을 만납니다. 학교라는 버스를 탑니다. 아이들의 언어를 찾아냅니다. 아이들의 이야기와 꿈이 노래가 됩니다.

날 놀리는 준이가/ 짜증났지만/ 꾹꾹 참고/ 또 참고 집으로 왔다.//
머리끝까지 차올랐던/ 화가 폭발했다.//
떨리던 손이/ 정리된 책을 뒤죽박죽//
가만히 있던 발이/ 이 방 저 방 쿵쾅쿵쾅//
난 그만/ 헐크가 되어 버렸다.

-「모범생의 일기」 전문

여러분도 헐크가 될 때가 있지요? 친구가 날 놀리거나 나를 이해하지 못할 때입니다. 친구니까 참을 수밖에 없습니다. 그래서 더 답답합니다. 집에서 그 감정이 폭발합니다. 헐크가 되면서 화를 풉니다. 그렇게 화를 다스립니다. 우리는 모범생이니까요.

하루 종일/ 바라만 보아도/ 좋은 아이.//
햇빛이 두근두근/ 봄비가 두근두근/ 내리는 걸/ 그 아이는 알까?//
쉬는 시간/ 복도에 서서/ 가만히/ 그 아이를 바라본다.//
공부 시간/ 교실에 앉아서도/ 다 보인다.//
옆 반 그 아이.

-「두근두근」 전문

요즘은 사춘기도 빨라집니다. 보고 싶은 옆 반 그 아이도 생겼습니다. 하루 종일 바라만 보아도 좋습니다. 그 마음이 햇살과 봄비처럼 두근두근 내린다고 했습니다. 사춘기를 겪으며 몸과 마음이 커져가는 여러분의 모습을 참 귀엽고, 착하고, 예쁘게 그려놓았습니다. 여러분의 마음을 잘 알고 있기 때문입니다.

오늘 아침 날씨는/ 행복한 뭉게구름//
친구와 싸운 오후엔/ 먹구름 많음//
위로해 주는 친구 앞에서/ 울먹이다/ 한 차례 비//
싸운 친구와/ 다시 손잡을 땐/ 온 세상 무지개

-「마음 날씨」 전문

여러분 마음의 날씨는 어떤가요? 구름이 많은지, 아니면 비가 오는지…. 선생님이 기다리는 날씨는 '온 세상 무지개'입니다. 친구와 다툰 일은 없나요? 다시 손잡아 봐요. 무지개가 뜨는 걸 볼 테니까요.

참았던 웃음이 그만
"하하하!" 터져버렸다.
친구들도
"히히히!" 함께 웃게 되는

전염성이 강한
웃음 바이러스

웃음꽃 두 송이가
어느새 웃음 꽃밭이 되어
우리 반을 흔들고 있다.

-「웃음 바이러스」 부분

공부시간에 웃음을 참다가 선생님과 눈이 딱 마주쳤나 봐요. 웃음이 터집니다. 다른 친구들은 영문도 모르면서 웃어버립니다. 교실에 웃음이 그득해집니다. 웃음이 교실을 흔들었으니 얼마나 행복한 교실입니까?

강소천 선생님은 '아동문학은 아동들 곁에서 바라보는 것이 아니고, 아동 속에 뛰어 들어가 그들의 바람을 만족시켜 주며 키워나가는 것이며, 아동문학은 애정의 문학이며 아동 중심의 문학이다'라고 했거든요. 그런 점에서 정미혜 선생님의 동시는 아이들 마음을 잘 이해하고, 표현한 사랑의 문학이 아닐 수 없습니다.

3.

성서에도 '마른 빵 한 조각을 먹으며 화목하게 지내는 것이, 진수성찬을 가득히 차린 집에서 다투며 사는 것보다 낫다.'고 했습니다. 그래서 행복한 가정은 미리 누리는 천국이라고 합니다.

김치 꺼내고/ 다독다독//
된장 떠내고/ 다독다독//
흩어진 마음을/ 어루만져 주어야 한다.//
서로 안아서/ 깊은 맛이 나게//
서로 꿈을 나누며/ 어깨동무하게//
다독이며 살아야 한다는/ 할머니 말씀

-「다독다독」 전문

엄마가 김치 냉장고에서 김치 한 포기를 꺼낼 때 어떻게 하는지 보았을 것입니다. 김치 국물이 골고루 잠기도록 다독다독 눌러놓습니다. 그 모습이 '서로 안아서/깊은 맛이 나'게 하는 행위입니다. 서로 안아서 깊은 맛이 나는 게 가족 아닐까요?

띠링 띠리링/ 우리 집 알람시계//
무거운 우리 아빠/ 새침데기 누나/ 잠꾸러기 나를 일으킨다.//
띠링 띠리링/ 우리 집에서 가장 힘센/ 알람시계

-「알람시계」 전문

알람시계는 정말 힘이 세네요. 무거운 우리 아빠, 새침데기 누나 그리고 잠꾸러기 나까지 깨웁니다. 시를 쓰는 행위는 사람과 사물 사이에 새로운 의미를 찾아서 공감하도록 표현하는 일이거든요. 알람시계는 약속 시간에 그냥 울어댑니다. 그러나 무거운 아빠까지 깨우니까 힘이 센 장수지요. 의미가 새로울수록 더 멋진 동시가 되거든요. 이 동시집에는 그렇게 멋진 동시들이 수두룩해요.

몸살이 나도 툴툴 털고/ 출근하시는 아빠//
우리 집을 등에 지고/ 길 떠나시는 뒷모습//
가끔 집이 덜컹거리면/ 멈췄다 바로 세우고/ 다시 출발하시는 아빠//
돌돌 말린 걱정거리/ 덜어드리고 싶어요/ 무거운 짐/ 함께 들고 싶어요//
굽은 길 따라/ 매일 출근하시는/ 우리 아빠/ 달팽이 아빠

-「달팽이 아빠」 전문

출근하시는 아빠를 살펴본 적이 있나요? 우리 집(가족)을 등에 지고 출근하니까 집달팽이가 될 수밖에 없죠. 오늘도 아빠는 걱정을 돌돌 말아서 출근했는지 모릅니다.

만화 '짱구는 못 말려'에 나오는 짱구 아빠의 말씀이 생각나네요. '회사에서 일하기, 가족 서비스, 양쪽 모두를 하지 않으면 안 되는 것이, 아버지의 어려운 점이지!' 라고요. 아버지의 어려운 점을 이해하고 사랑한다면 아버지의 땀이 보이겠지요. 아버지가 중심이 될수록 더 행복한 가정이라고 했거든요.

4.

혹시 보았나요? 초저녁 서쪽 하늘에 낮게 떠있는 초승달! 아, 달이 있어 하늘이 더 아름답구나 하고 느낀 적이 있을 겁니다. 어쩌면 동시도 달이 하늘을 곱게 하는 노래거든요.

얼었던 샘물이
퐁퐁 솟아오른다.

말문 열린
우리 아기처럼

종알종알
겨울 이야기
끝없이 쏟아낸다.

-「샘물」 전문

봄이 되면서 날씨가 풀립니다. 얼었던 시냇물이 녹습니다. 샘물이 퐁퐁 솟아납니다. 말문 열린 우리 아기 같습니다. 아기가 말문이 열리면 온 집안에 기쁨이 넘치듯, 세상도 종알종알 이야기가 넘칩니다.

처음엔 부끄러워/ 조심조심 웃다가//
살금살금/ 고양이 발로/ 불어오는 바람결에//
줄줄이/ 웃음보 터뜨리는/ 담쟁이덩굴 대가족

-「담쟁이덩굴」 전문

시조 형식으로 썼습니다. 고양이 발걸음은 간지럽나 봐요. 바람은 그렇게 다가오니까 담쟁이덩굴이 간들간들 웃음보를 터트릴 수밖에 없죠. 담쟁이덩굴 대가족은 오늘도 즐겁고 행복하겠지요.

> 드르르륵/ 내 자전거 지나가는 동안/ 꽃잎이 조금씩 자라고//
> 뚜벅뚜벅/ 아빠 퇴근하는 동안/ 나뭇잎 조금씩 자라고//
> 자연의 시간표에는/ 쉬는 시간이 없다.//
> 선생님 없어도/ 스스로 공부하고/ 밥 먹고/ 건강한 숲을 이룬다.
>
> -「자연의 시간표」 전문

쉬는 시간은 수업시간보다 더 좋아하는 시간이지요. 그러나 자연은 쉬는 시간이 없습니다. 그래서 세월은 물 흐르듯 흘러간다고 하고, 심지어 화살 쏘듯 날아간다고 합니다. 쉬지 않으니까 꽃과 나뭇잎들이 조금씩 자랍니다. 우리들도 조금씩 자라면서 학년이 높아갑니다. 자연도 조금씩 자라면서 건강한 숲을 만들어 갑니다. 자연스런 흐름만큼 자연스러운 것이 있을까요?

세계 최초로 컴퓨터를 만든 애플사의 표어가 'think different'입니다. 풀이하면 '다르게 생각하라'입니다. 다르게 생각한 것을 새 상품으로 만들어내기 때문에 해마다 새로운 제품을 선보입니다. 21세기에는 상상력이 경쟁력이라고 합니다. 문학은 상상력입니다. 남다른 생각이 곧 문학이거든요. 어릴 때부터 동시를 많이 읽으면 남다른 생각을 갖게 됩니다. 동시를 많이 읽어 보세요. 상상력의 세계에서 놀게 되거든요. 남보다 더 경쟁력 있는 사람으로 자랄 거예요.

5.

제4부 '이야기 하나! 노래 둘!'에서는 특별한 독서 체험을 할 수 있습니다. 전래동화도 많이 읽었겠죠. 동화작가들은 그 동화를 현대식 버전으로 만들기도 합니다. 그러나 동시로 태어나는 일은 거의 없었습니다. 정미혜 선생님은 그 동화를 동시로 태어나게 했습니다. 새로운 시도일 것입니다.

> 옛날 옛날에/ 무서운 호랑이가/ 험한 고개 너머 너머/ 오두막집으로 내려왔대.//
> 어흥어흥 울어도/ 울음 그치지 않던 아이/ 곶감이란 말에/ 울음 뚝!/ 그치던 순간//
> 걸음아 날 살려라/ 도망간 호랑이//
> 지금도 산 속에서/ 어슬렁 어슬렁거리며/ 곶감이란 녀석이 무서워/ 마을을 내려오지 못한대.
>
> -「호랑이와 곶감」 전문

호랑이보다 무서운 게 있네요. 아이는 곶감이 먹고 싶어 울음을 그쳤지만, 그 사정을 모르는 호랑이는 자기보다 무서운 동물이라고 생각했죠. 전래동화는 이런 익살과 엉뚱한 반전 때문에 재미있거든요.

> 호랑이가 나무위로 올라올 때
> 얼마나 무서웠니?
> 날카로운 발톱이 닿으려는 순간
> 이제 죽었구나 생각했지?
> 너희들이 태어나기 전부터

마당을 지켜온 나였잖아.
엄마 장사하러 나갔을 때
친구같이 놀아준 내가
너희들이 잡히도록 그냥 두었겠니?
두 손 모아 함께 기도했지.
훨훨 날아오르라고
걱정 없는 곳으로 가서 행복하라고
너희들이 사라질 때까지
손 흔들어 주었지.

-「해님과 달님 1-나무의 말」 전문

"떡 하나 주면 안 잡아먹지"라는 호랑이 말이 떠오릅니다. 마침내 호랑이가 집에 옵니다. 우물 옆의 나무가 얼마나 조마조마했을까요? 남매를 살리기 위한 기도가 마침내 이루어집니다. 아마 전래동화의 음악적 분위기까지 동시에 불어넣었나 봐요. 음악이 흐르고 있거든요.

동요풍의 동시도 보입니다. 「봄소식」, 「아이스크림」 등. 여러분도 작곡을 해보세요. 같이 부르면 동요 세상이 될 테니까요.

6.

꽃이 아무리 예쁘고 아름답게 피었다고 해서, 그게 동시가 되는 것은 아닙니다. 시인의 가슴에 들어와 동시로 표현될 수 있는 과정을 거쳐야 합니다. 그게 형상화 과정입니다. 그 과정을 거치면서 동시로 태어나고, 동시는 독자들에게 상상력은 물론 꿈과 희망과 향기 같은 감동을 주는 것입니다.

정미혜 선생님의 동시는 꿈입니다. 아이들에게 꿈과 희망을 더 많이 주고 싶었기 때문일 것입니다. 꿈이란 무엇일까요? 어쩌면 즐겁고 행복하게 살고 싶다는 욕심이 아닐까요? 그 욕심은 불가능을 가능으로 바꾸고, 추한 것도 깨끗하게 해 주고, 절망도 희망으로 변화시키고, 무관심도 사랑이 되는 힘일 것입니다. 어쩌면 아이들에게 예쁘고, 아름다운 욕심을 갖게 하고 싶었나 봐요. 그런 욕심들이 별가루처럼 빛나고 있네요. 아마 꿈은 별인가 봐요.

> 멸치 집에 놀러간 꼴뚜기/ 한참 뛰고 굴리다가/ 그만 그물에 잡혔대.//
> 도망가고 싶었지만/ 무서워서 펄쩍 뛰는/ 멸치 곁을 지켰대.//
> 건조장에서도/ 친구들과 나란히/ 다정한 모습 그대로였대.//
> 멸치볶음 먹을 때/ 운 좋게 꼴뚜기 집으면/ 마음이 흐뭇해지는 건//
> 친구 따라 강남 간/ 꼴뚜기의 의리가/ 느껴지기 때문일 거야.
>
> -「꼴뚜기의 의리」 전문

문학이란 시인의 삶의 모습입니다. 의리란 약속을 지키면서 베푸는 행위입니다. 멸치볶음 속에 어쩌다 들어 있는 꼴뚜기를 보면서, 바다의 이야기를 풀어낸 것이 재미있습니다. 멸치 집에 놀러간 꼴뚜기가 멸치와 함께 생긴 일을 '친구 따라 강남 간 꼴뚜기의 의리'로 상상한 모티브가 돋보입니다. 이 같은 시가 탄생한 것은 시인이 평소 의리를 중요시했기 때문입니다. 삶이 아름다우면 문학이 아름다워지거든요. 세상에 의리가 넘치면 얼마나 멋질까요.

(2017 『꼴뚜기의 의리』)

사랑한다, 그러므로 존재한다
- 김자미 첫 동시집 『달복이는 힘이 세다』

1.

짜장면을 제일 좋아하는 나를 끌고
쌈밥 집으로 간 엄마, 하마가 됐다.
아빠 손가락만한 멸치를 싸 입 쩌억 벌리고
정신없이 먹는다. 내가 먹든 말든 싸 먹는다.
엄마를 하마로 만든 건 엄마 뱃속의 동생
순전히 제 맘대로다.
내 새끼 내 새끼 하던 할머니도 오로지 아기 생각뿐.
말 잘 듣는 동생 만들어 달랬더니 깨개깽
나는 발에 걸리적거리는 강아지 꼴이다.
아끼던 장난감 주나 봐라.
놀이터 데려가고 과자 사주려던 것도 취소다.
그런데 이상하지.
내가 축구 선수 되고 싶은 걸 어떻게 알았을까.
엄마 배 툭툭 차며 축구 연습한단다.
나도 모르게 자꾸 엄마 배에 귀를 대본다.
'형, 좀만 기다려.' 툭 발길질 한다.
나까지 제 편으로 만드는 최강적
늦둥이 내 동생
야! 꼬맹이, 축구는 형이 최강이다.

- 「강적이 생겼다」 전문

신문사는 해마다 '신춘문예'라는 이름으로 새로운 문학가를 뽑아 상을 줍니다. 문학을 공부하는 사람들에게는 신춘문예 당선이 최고의 영예입니다. 김자미 선생님은 동시 「최강적」(「강적이 생겼다」는 고친 제목)으로 부산일보 신춘문예(2013년도) 동시부문에 당선되었습니다.

그 당시 '영광의 당선자를 만나다'(2013.1.1)라는 기사에 '동시부문에 당선된 김자미 씨는 남다른 열정을 가진 집념파였다. 처음엔 그 열정을 연극에 쏟아 부었다. 그는 15년간 주부 극단 "바다"에서 배우로, 대본 작가로 활동했다. 하지만 동시에 매력을 느끼고는 한순간에 푹 빠졌다. 사실 극단 활동을 하면서 생업으로 아이들에게 동시나 독서 논술을 가르쳤다. 하지만 동시를 쓰는 일은 달랐다. 그녀가 쓴 동시는 세속적이었다. 깨끗하지 않은 동시로 세상과 만날 순 없었다. 동시를 더 알아야겠다 마음먹은 그는 도서관으로 가 동시를 읽기 시작했다. 하루 7~8시간씩 동시 읽는 일에 매달리길 반복했다. 어느새 순수해지고 착해지고 있음을 스스로도 느끼면서 동시도 따라 착해졌다. 처음 동시를 쓰며 방 한편에 키 높이만큼 쌓아 놓았던 A4용지가 무릎 높이까지 내려왔을 때, 당선 소식이 들려왔다.'라고 써 주었습니다.

키 높이만큼 쌓아 놓았던 A4용지는 어디로 갔을까요? 『달복이는 힘이 세다』에 압축파일로 저장되어 있다네요.

2.

요즘 흔히 쓰는 말이 '사랑'이지만, 사랑만큼 사랑스런 말이 어디 있을까요? 옛말에도 'ᄉᆞ랑(사랑)'이라는 말을 썼습니다. 그때는 '생각'이라는 뜻으로 사용했습니다. 사랑의 뜻을 가만히 생각해 보세요. 아마 다른 사람보다 너를 더 생각하고 있다는 뜻이 아닐까요?

엄마 없이 밥 먹을 수 있겠니?
엄마 없이 숙제 할 수 있겠니?
엄마 없이 학교 갈 수 있겠니?

엄마 없이 잘 할 수 있는데
우리 없이 한 발짝도
떼기 힘든 엄마

여행은 갈 수 있을까.

-「엄마의 첫 여행」 전문

엄마가 여행을 갔을까요? 모처럼 여행을 떠납니다. 떠나려고 하니 걱정되는 일이 한두 가지가 아닙니다. 그 걱정이 '우리 없이 한 발짝도/떼기 힘든 엄마'가 되게 합니다. 엄마의 걱정이 사랑이라는 것을 느끼게 합니다. 사랑한다는 말 한 마디도 하지 않았지만, 사랑을 느끼게 해주는 그게 동시의 힘입니다.

『달복이는 힘이 세다』(섬아이. 2016)는 김자미 선생님의 첫 동시집입니다. 엄마의 첫 여행처럼 동시집을 내니까 걱정도 많을 것입니다. 그러나 그 걱정이 곧 사랑이라는 것을 느끼게 합니다.

공부도
운동도
얼굴도
내세울 것 없는

나, 김달복

잘난 반장도 꼼짝 못해
싸움 짱도 함부로 못해

누구 앞에서도
싱글벙글
어떤 일에도
기죽지 않는

김달복만의
힘이지

-「달복이는 힘이 세다」 전문

'김달복만의 힘'은 무엇일까요? 잘난 반장도, 싸움 짱도 함부로 못하는 인물입니다. 어쩌면 김달복이라는 캐릭터는 김자미 시인일 것입니다. 그는 시인이라고 자랑하지 않습니다. 늘 겸손합니다. 끊임없이 독서하고 연구하고 노력합니다. 오로지 마음을 울리는 미소 같은 좋은 동시로써 매력을 뽐내고 있습니다.

3.

산에 가서도 한 종류의 나무들이 똑바로 서 있다면 얼마나 멋쩍을까요? 비딱하게 서 있거나 구부러진 나무들도 있어야 풍경이 멋지고 좋아집니다. 김자미 선생님의 동시는 비딱하거나 구부러진 나무들입니다. 동시의 숲을 더 멋지게 가꾸려는 독특한 표현법일 것입니다. 그래서 바른 생활보다는 거칠어도 꾸미지 않은 모습, 교훈적인 내용보다는 그늘진 곳의 이야기, 예쁜 동심보다는 짓궂은 동심을 좋아했고, 아름다운 것보다 소박한 것에 더 애정을 보였습니다.

"아이고, 내 새끼 장허다이."
할머니 문자 점수 백점

"아들, 피자 사 갈게."
아빠 문자 점수 백점

"얼마나 쉬우면 니가 백점을 맞냐?"
엄마 문자 점수 빵점

-「수학 100점 문자를 보냈다」 전문

할머니와 아빠는 백점입니다. 그런데 엄마 문자 점수는 빵점입니다. 모두 백점이라면 정말 재미없을 것입니다. 빵점이 있었기 때문에 재미가 솟고, 웃음도 나옵니다. 그런 짓궂은 곳에 동시가 숨어 있는 걸 아시니까요.

산만디 우리 집은/ 별을 찾아가는 우주정거장//
초량 1동 168계단/ 까꼬막에 올라 내려다보면/ 촘촘 떠 있는 크고 작은 아파트별//
자기 방이 우리 집보다 크다고 뻐기는/ 만재가 사는 별/ 예쁜 민영이가 사는 별/ 우리도 분양 받았다.//
25평 우리별 내 방이/ 얼마나 지어 졌나/ 학교 갈 때도/ 집에 올 때도/ 빠짐없이 보고 온다.//
반짝반짝 빛나는 우리별을 향해/ 산만디 우주 정거장 떠날 날도/얼마 남지 않았다.

-「우주 정거장 산만디」 전문

동시로서 다루기 어려운 소재입니다. 그래도 거침없이 표현합니다. 가난한 이들과 친구가 되고, 그들의 말을 대신해 주고 싶으니까요. 우리 집은 산만디(산동네)에 있습니다. 내려다보면 도시가 별밭입니다. 그래서 우주 정거장이 됩니다. 아파트를 분양 받은 우리도 곧 이사를 합니다. 반짝반짝 빛나는 우리별을 향해 갈 꿈에 부풀어 있습니다.

> 한 번씩 몸을 흔들어 줘/ 동태눈 안 되도록 눈에 힘을 줘//
> 연필을 떨어뜨려선 안 돼/ 눈을 감아선 안 돼//
> 눈 뜨고도 잘 자는 만재한테/ 배운 눈치 잠자기//
> 밑줄 긋고 달달 안 외워도/ 단번에 깨우쳤지//
> 내 사전에 실패란 없어/ 난 선생님 눈을 피해 곧잘 단잠
>
> -「아하」 전문

아이들의 말투 그대로입니다. 그래서 아이들이 좋아할 것 같네요. 수업 시간에 졸음이 올 때가 있습니다. 자다가 들키면 창피를 당합니다. 특히 민영이가 알면 안 되죠. 어떻게 하면 선생님 눈을 피해 곧잘 단잠을 잘 수 있을까요. 「아하」 알았죠? 내 사전에 실패란 없는 그 독특한 방법!

4.

가족이란 서로 감싸주고, 위로해주는 응원군입니다. 혼자서 행복하기보다 서로 나눠서 행복을 찾는 이들이 가족이거든요. 그런데 가족 간에도 갈등은 있습니다. 그 갈등 속에서도 행복은 숨어 있네요.

내 얼굴/ 들여다보며/ 할머니 가끔 하시는 말씀/ "와이리 몬났노."//
주름진 할머니 얼굴/ 자세히 들여다보며/ 내가 하는 말/ "와이리 이뿌노."//
할머니 휴대전화에 내 사진/ 내 휴대전화에 할머니 사진/ 보고 싶을 때마다 열어봅니다.//
"내 강아지 와이리 몬났노."/ "우리 할매 와이리 이뿌노."

-「애정표현」 전문

반어법이란 겉 표현과 속마음을 반대로 나타내어 효과를 높이는 표현법이거든요. 내가 정말 못나서 할머니는 "와이리 몬났노." 했을까요? 너무도 귀엽고 예뻐서 한 말씀이라는 걸 알 수 있죠. 그래서 나는 "와이리 이뿌노."합니다. 반어를 통해서 서로를 위하는 알뜰한 마음을 느낄 수 있지요.

우리 집
삼분의 일은 아빠가 주인
삼분의 일은 엄마가 주인
삼분의 일은 은행이 주인

오빠, 그럼 우리는?

놀이터도 우리 놀이터
도서관도 우리 도서관
아파트도 우리 아파트

몽땅, 우리가 주인이지.

-「으쓱」 전문

우리 집은 은행에서 대출을 받아서 산 집이니까 삼분의 일은 은행이 주인입니다. 그러나 걱정하지 않습니다. '우리 놀이터', '우리

도서관', '우리 아파트'는 몽땅 우리가 주인입니다. '우리'라는 말을 붙이면 이 세상이 모두 우리의 것이 되니까요.

> 13층 욱이 엄마는/ 광고판만 보고//
> 12층 아저씨는/ 휴대전화만 보고//
> 7층 누나는/ 거울만 보고//
> 딩동 5층입니다./ 아줌마, 안녕하세요?/ 아저씨, 안녕하세요?/언니, 나 유치원 가//
> 여섯 살 민아가/ 마음 문을/ 딩동딩동 열고 들어옵니다.
>
> -「엘리베이터 안에서」 전문

이제부터 엘리베이터 안에서 인사하기 해요. 여섯 살 민아처럼 마음의 문을 열어 봐요. 답답한 시간도 딩동딩동 즐거운 노래로 바뀔 것입니다.

> 가만히/ 안아주면 좋겠어//
> -괜찮아, 잘하고 있어//
> 마음으로/ 들을 수 있게//
> 토닥토닥/ 안아주면 좋겠어//
> -넌 소중한 사람이야/
> 너도, 나도/ 힘나게
>
> -「안아주기」 전문

이 세상에 가장 소중한 것이 무엇일까요? 바로 '너'입니다. 소중하니까 모두 안아주고 싶죠. '잘하고 있어', '넌 소중한 사람이야' 말하면서 안아주면 너도, 나도 힘이 솟는대요.

5.

동시는 상상력의 창고거든요. 상상력으로 소리도 찾아보세요.

햇살 내리는 소리
꽃피는 소리
덩굴손 숨소리
나무통 벌어지는 소리
그 틈새로 드나드는 바람소리
송홧가루 노랗게 번지는 소리
애벌레 실 푸는 소리
나무뿌리 뻗어가는 소리
풀잎들 소곤대는 소리
지렁이 방귀소리

사차원 진구는 몇 개를 찾았을까?
학원만 다니는 만재는 몇 개나 찾았을까?

-「소리 찾기」 전문

사차원 진구와 학원만 다니는 만재는 몇 개나 찾았을까요? 여러분도 몇 개 찾았나요? 정답은 이 동시집 속에 숨어 있습니다. 동시를 많이 읽다 보면 이런 소리도 듣게 될 테니까요.

아들한테 코따까리가 뭐예요?
저랑 둘이 있을 땐 몰라도
민영이랑 있을 땐 그렇게
부르지 마세요.
시도 때도 없이
코딱지만 파는 줄 오해할 테니까요.

자꾸 그러시면
저도 가만 안 있어요.
사람들 지나갈 때마다
아빠를 부를 거예요.
"배불뚝이 아저씨!"

-「코따까리와 배불뚝이」 전문

코따까리 같은 말도 거침없이 표현합니다. 정말 우습고 재미납니다. 유치한 표현 같아도, 이것이 가난한 생활의 이야기를 따뜻하고 넉넉해지도록 반전시키는 효과도 있거든요. 그 솜씨가 얼마나 훌륭한지 감탄하게 합니다.

시인은 언어를 통하여 독자들에게 재미와 감동을 주어야 합니다. 그게 쉽지 않습니다. 시를 쓰는 재능은 물론 풍부한 감수성을 가져야 하거든요. 김자미 선생님은 이를 모두 갖춘 시인입니다.

『달복이는 힘이 세다』에는 아이들과 가족들이 살고 있습니다. 나와 가족의 이야기들이 숨어 있기 때문에 더 흥미롭고 설레게 합니다. 그 설렘이 사랑과 행복 아닐까요? 자, 이 동시집을 읽으면서 사랑과 행복을 마구 담아 보세요.

(2016『달복이는 힘이 세다』)

극적이면서 '흥'을 일으키는 엉뚱한 상상력

- 강기화의 첫 동시집 『놀기 좋은 날』

1.

강기화의 동시를 읽는다. 갑자기 트와이스가 떠올랐다. 요즘 아이들이 좋아하는 9인조 걸그룹이다. 2016년 11월 11일, 그들의 'OOH-AHH하게 (우아하게)'가 뮤직비디오의 유튜브 조회 수가 1억 뷰를 돌파했다고 한다.

가끔 TV에서 만난다. 가사는 정확하게 알아들을 수 없지만, 그들이 내지르는 소리와 현란한 율동이 눈을 빼앗아가곤 한다. 그러나 수많은 아이들이 좋아한다는 것은 그들의 음악을 이해하고 있다는 의미는 아닐까? 그렇다면 강기화의 동시도 트와이스의 음악이다.

처음에는 4차원에서 강기화의 동시를 이해하려고 했다. 4차원에서 온 사람이란, 정신세계는 물론 말과 행동이 남들과 다르고 특이할 때 붙여진다. 강기화는 4차원에서 왔다. 엉뚱한 상상력과 사고력을 갖고 있으니까.

4차원이란 아인슈타인에 의하여 명명되었고, 3차원의 공간에 시간을 더한 연속체다. 시공간(space-time)이라고도 하는데 상대성이론에서 중요하게 사용되는 개념이기도 하다. 그러나 이 개념을 강기화의 동시와 접목시키기에는 내 능력이 너무 빈약했다.

본고에서는 극적이면서 '흥'을 일으키는 엉뚱한 상상력이란 주제로 서술코자 한다. 다만 독자의 입장에서 그가 겪은 특별한 체험이나 세대 차이 등으로 인해, 심상을 제대로 파악하지 못한 경우가 있을 것 같은 염려도 생겼다. 트와이스의 노래를 듣는 것처럼.

강기화는 2010년 창주문학상 동시부문에 당선되면서 등단했다. 2014년 월간『어린이와 문학』에서 추천 완료하면서 문학적 입지를 공고히 한다. 2016년 우수출판콘텐츠 제작 지원 사업에 당선되면서 첫 동시집『놀기 좋은 날』(산지니. 2016)도 빛을 보았다. '아름다운 동시교실'은 그의 문학을 단련시키고 성숙시킨 공간이다.

2.

감격적이거나 인상적인 것을 극적이라 한다. 강기화는 악동처럼 극적인 요소를 즐긴다. '시인의 말'에도 악동 다섯의 이야기가 나온다. 숲 속 놀이터 뒤에 수상한 집이 있었는데, 친구들은 담을 넘어 들어갔다. 그날 친구들은 무얼 보았는지 끝내 말하지 않았다. 그때부터 말도 안 되는 상상 속으로 빠져들었다고 술회한다.

> 수업시간마다
> 다리 떠는 주원이도
> 화장실 간다고 손드는 민재도
> 책에 낙서하는 솜이도
>
> 오늘은 모두

의자에 등 딱 붙이고
똑바로 앉았다.

진짜 모습
아무도
공개하지 않았다.

-「공개수업」 전문

공개수업이라고 하면 보여줄 것은 다 보여주어야 한다. 그러나 보여주지 못한 것이 있어야 역설적이면서 극적인 것이 된다. 주원이, 민재 그리고 솜이의 나쁜 버릇들이다. 이것이 노출된다면 공개수업을 망칠 수 있고, 선생님이 얼마나 난처해지겠는가? 그 난처함을 알고 있었기 때문에 수업이 끝날 때까지 공개할 수 없었다.

동시는 낭만파 계열의 문학에 가깝다. 낭만주의는 이성보다는 감성, 감각보다는 관념을 훨씬 강조한다. 그러나 T. S. 엘리엇은 20세기 시와 비평 분야에 혁명을 일으킨 인물인데, 1922년 그의 시 「황무지」가 출판되었을 때, 이 작품은 '새로운 시'의 동의어로 여겼고, 모더니즘 시의 대표로 꼽히며 현대시를 지배했다. '시는 정서의 분출이 아니고 정서로부터의 도피이며, 개성의 표현이 아니라 개성으로부터의 도피다'라 말하며, 정서의 절제와 표현의 구체성을 중요시하는 몰개성론을 주장했다. 몰개성론은 시적 대상과 시적 자아를 동일시하는 개성론에 반동한 문학이다. 강기화의 동시는 '새로운 동시'이며 몰개성의 동시다.

틈만 나면 게임한다고
중독이라 하지만

난, 학교 갔다 와서 할 뿐
난, 학원 갔다 와서 할 뿐
난, 밥 먹고 할 뿐
난, 똥 싸고 할 뿐

학교도안가학원도안가밥도안먹어똥도안싸
틈도 없이 하는 게 중독이지

틈도 없이 잔소리하는
엄마가 중독이지

-「중독」 전문

엄마는 잔소리꾼이다. 어쩌다 게임을 하고 있으면 게임 중독이라고 잔소리를 한다. 그러나 그 중독을 되받아치고 싶은 것이다. 극적인 요소를 주기 위해서다. 그래서 '틈도 없이 잔소리하는/엄마가 중독'이라면서, 당당히 아이들 편에 서고 있다.

입속에 사는 개가/ 주인을 닮아서//
개판/ 개망나니/ 개구신/ 거친 입속에 살면/ 개망신//
개양귀비/ 개망초/ 개쑥부쟁이/ 고운 입속에 살면/ 꽃이 된대

-「입속에 사는 개」 전문

'개'는 변변하지 못하다는 뜻의 접두사로 쓰이기도 한다. 그 '개'가 입 속에 살고 있다. 개판, 개망나니 개구신 등과 어울리면 개망신이 되고, 개양귀비, 개망초, 개쑥부쟁이에서는 꽃이 될 수도 있다. 입속에 사는 '개'가 이렇게 다르게 쓰일 수 있다. 어떤가? 개가 되고 싶은가, 꽃이 되고 싶은가?

3.

'흥'이란 다른 사물을 끌어들여 자신의 마음을 일으키는 것이다. 흥겨움과 즐거움과 맥을 같이 한다.

꽁치 한 무더기 3500원
할머니는 잔돈 없다며 500원만 깎자 하고
아저씨는 다 팔아봐야 500원도 안 남는다며
봉지에 꽁치 한 마리 더 담는다.

할머니는 꼴랑 한 마리 더 담나 소리치고
아저씨는 할매 목소리 짱짱한 거 보이
아직도 이팔청춘이라고 놀린다.

깎아 달라는 꽁치 값은 안 깎아주고
돈 안 되는 나이만 팍팍 깎는다면서
할머니는 콧노래 흥얼거리며 돌아간다.

-「우리 동네 깎기 선수」 전문

시장 안에서 일어난 에피소드다. 사려는 쪽에선 값을 조금이라도 더 깎고 싶어 하지만, 파는 쪽은 그렇지 않다. 물건 값을 깎겠다고 떼쓰면 주인은 남는 게 없다고 한다. 흥정의 심리전이 일어난다. 결국 손해와 이익이 없지만 모두를 만족시키게 한다. 윈-윈 전략으로 독자까지 흥겹게 한다.

운동장을 헤엄치다/ 배 까붙이고 깔깔대다/ 우주로 날아가 버리는/
우리들의 물고기//
주의!/ 잡아먹지 마시오.

-「은어」 전문

은어는 은어과의 물고기다. 도루묵이라고도 한다. 본뜻을 숨기고 자기들끼리만 알고 남이 모르도록 만들어 쓰는 말도 은어다. 이 두 가지 의미의 적절한 조합을 상상한다. 은어(말)를 은어(물고기)로 비유하니까, '잡아먹지 마시오' 하면서 너스레를 떨 수 있다.

아빠가 요술에 걸렸다/ 고릴라가 되었다//
"요 술이 문제야, 요 술이!"/ 엄마가 고릴라를 흘겨본다//
"정수야, 무울!"/ 고릴라가 가슴을 탕탕 친다/ 거실 한가운데 벌렁
눕는다/ 고르릉 푸푸/ 고르릉 푸푸/
나는 물 떠 놓고/ 고릴라에게 주문을 건다//
"아침엔 우리 아빠로 돌아와라. 얍!"

-「요술」 전문

만취하여 들어온 아빠는 고릴라였다. '요 술'이 문제라면서 엄마가 못마땅해 한다. 곁에서 지켜보고 있던 나는 '요 술'을 '요술'로 바꾸며 주문을 건다. 내일 아침에는 우리 아빠로 돌아와 달라고.

4.

아이들은 상상력과 호기심을 채우기 위해 4차원의 시공을 맘껏 날아다닌다. 수상한 집에 대한 상상도 하겠지. 그들의 상상력이나 호기심을 더 자극하고, 확장시키는 것이 시인의 역할이 아닐까.

10년 무사고/ 모범운전기사/ 돈 끼호떼 우리 아빠//
새벽마다/ 로신안떼를 끌고/ 모험을 떠난다//
술주정뱅이 욕쟁이에/ 싸움쟁이를 만나도/ 앞만 보고 달리는 건/기

사도 정신 때문이다.//
싼초가/ 라디오 안에서/ 쉬지 않고 떠들어 대다/ 잠드는 밤이 오면//
아빠는/ 뚱뚱하지만 품위 있는/ 둘시네아 엄마를 찾아/ 집으로 돌아
온다.

-「기사도 정신」 전문

세르반데스의 『돈 끼호떼』는 기상천외한 모험 이야기다. 당시 스페인 국왕 펠리페 3세가 발코니에서 거리를 내려다보고 있는데, 한 학생이 책을 읽다가 큰소리로 웃음을 터뜨리는 모습을 보고, "저 학생은 돈 끼호떼를 읽고 있겠지."라고 했을 정도로 널리 읽힌 소설이다. 이 소설의 인물들이 동시 속으로 들어와 모험을 벌인다. 돈 끼호떼는 우리 아빠다. 아빠가 운행하는 택시는 로신안떼다. 종일 수많은 승객을 만난다. 때로는 역겨운 분들도 있겠지만, 그들의 비위를 맞춰야 하는 그게 기사도 정신이었다. 싼초는 라디오 안에서 쉬지 않고 떠들고 있다. 일을 마치고 집에 들어오면 엄마가 기다리고 있다. 뚱뚱하지만 품위 있는 엄마가 둘시네아다. 소설의 인물과 가족과의 기막힌 대입과 비유가 정말 근사하지 않는가.

우리나라 지도그릴 때
호랑이 엉덩이만 그리는 사람 없다

-「통일」 전문

이런 상상력은 어떤가? 우리나라 지도를 그릴 때 반쪽만 그리는 사람이 없다. 한반도는 호랑이가 대륙을 향해 포효하고 있는 형상이니까, 호랑이 엉덩이만 그릴 수 없다. 통일을 염원하는 국민들의 정서까지 살려놓고 있다.

교실 옆에 교실 옆에 교실을/ 컨트롤C 컨트롤V//
학교종이 땡땡땡 선생님 말씀을/ 컨트롤C 컨트롤V//
집 위에/ 집 위에/ 집 위에/ 집을/ 컨트롤C 컨트롤V//
해라마라 엄마아빠 잔소리를/ 컨트롤C 컨트롤 V//
어제와 오늘을 내일에/ 컨트롤C 컨트롤V//
잠깐!//
복사한 꿈은 딜리트./ 나는 종이비행기 날리기 국가대표 선수가 될 거야

-「컨트롤C 컨트롤V」 전문

컨트롤C 컨트롤V는 복사해서 붙여 넣기다. 교실, 선생님 말씀, 집, 잔소리는 물론 어제, 오늘과 내일까지 복사하고 싶은 꿈이다. 그 꿈을 위하여 노력해야 하니까. 그게 진정한 꿈일까? 그래서 복사한 꿈은 딜리트 해버린다. 자신의 꿈을 찾기 위하여. 종이비행기 날리기 국가대표 선수가 되어도 좋으니까.

상상력은 상승을 의미하지도 않는다. 정신적 자유일 뿐이다. 놀기도 해야 하니까. 그는 오늘도 자유의 세상을 마음껏 비상하고 있으리라.

5.

동시집『놀기 좋은 날』에 실린 48편의 동시에는 마침표(온점)가 없다. 그것은 시적 이미지의 현재진행을 의미하는 것이다. 현실의 제약과 속박에서 벗어나, 잠자고 있는 호모 루덴스의 유희본능을 되살려 주고 싶은 비장의 카드이기도 할 거다.

시어도 세련되었다기보다 거칠고 투박하다. 그러나 그 시어들이

작품 속에 동화되면서 멋지고 격조 있는 언어로 변신하는 것이다.

또한 극적인 구성을 즐긴다. 제목만으로 궁금증을 유발시켰다가 극적인 상황에 가서 주제를 풀어놓는다. 끝까지 읽게 만든다. '흥'은 자유분방한 사고에서 오는 여유와 멋이다. 곁에서 지켜보면 말괄량이 삐삐처럼 덤벙대는 경우가 있다. 이 동시집의 제목 '놀기 좋은 날'과 무관하지 않으리라. 그는 오즈의 나라로, 귀신의 집으로, 달나라로 마구 달리며 짜릿함을 즐기기도 한다. 엄마가 아니고 아이 같은 느낌이 든다. 그렇지만 글은 치밀하고 기발한 표현을 지향한다. 어쩌면 '새로운 동시'의 세상을 모험하고 있으니까.

엉뚱한 상상력은 그의 동시의 본질이다. 그의 동시들은 상상력과 직결되지 않은 것이 없다. '밤은/ 모험을 떠나는 시간/ 꿈을 꾸면/ 어디든 갈 수 있지/ 말썽꾸러기 개구쟁이들의/ 천국이 지옥이라면/ 허클베리 핀이 되어도 좋아/ 이제 불을 꺼 /아무도 간 적 없는 길/ 맨 처음 발자국을 찍으러/ 우리 함께 떠나자'(「모험을 떠나는 시간」)라고 한 것도 상상의 모험이다. 그 모험을 즐기는 시간이 어디 밤뿐이랴!

등단 후 6년 만의 경사다. 2016년 우수출판콘텐츠 제작 지원 사업에 당당히 당선되면서 『놀기 좋은 날』이 빛을 보았다. 그의 동시가 제대로 인정받는 계기도 되었다.

강기화의 곁에는 동화작가인 친구 한아가 있다. 보이지 않는 경쟁과 격려가 서로 구름 위에 올려놓는 것은 아닐까. 한아는 2008년 MBC 창작동화대상을 받고 등단하여 동화집 『콜라요괴』 등을 상재했다. 관중과 포숙아처럼 우정을 다지면서 성장과 질주를 계속하고 있다. 눈부시게 아름다운 모습이다. 아무래도 아동문학계에 큰일을 저지를 날도 머지않으리라.

(2016. 12)

'푸른 눈' 이야기와 바다의 생명력

- 하빈 제3 동시집 『바다 수업』

1.

문자가 날아온다.

'물향기 선생님, 오늘 우리 학교 운동회 날이에요. 꼭 와주세요.'

'토요동시교실'은 방과 후 교육의 일환으로 실시한 문학 교육 프로그램이다. 아이들의 재능과 꿈을 키우기 위해, 재능기부 차원에서 실시한 강의였다. 아이들이 예쁘고, 사랑스러워, 선생님이 더 설레고 들떴나 보다. 첫 수업하는 날의 일기가 그의 수필집 『꼰대와 스마트폰』(푸른사상. 2017)에 실려 있다.

'아이들과 같이 한 시간은 내 영혼의 세탁기를 돌리는 시간이었습니다. 인간에게 있어 동심은 세월이 흐른다고, 나이가 든다고 없어지는 것은 아니지 싶습니다. 동심은 인간의 본성이기 때문입니다. (중략) 아이들 속에 들어가 그들과 같이 하다 보면 아이들의 맑고 깨끗한 영혼에 동화되어 내 영혼도 조금씩 맑아지는 것을 느낍니다. 아이들의 조잘거림, 아이들의 웃음소리, 아이들의 노랫소리, 아이들의 엉뚱한 질문들은 아주 품질 좋은 천연 세제가 되어 내 영혼을 헹구어 줍니다.'라고.

필명이 하빈(본명 하재범)이다. 한자로 물 하河 향기 빈馪이다.

물향기!

낙타는 몇 킬로미터 밖에서도 물향기를 맡고 오아시스를 찾아간다. 목마름을 해결하기 위해. 그도 낙타였다. 아이들 향기를 맡는다. 동시를 통해 생명과 꿈의 생수를 나눠주기 위해.

열 살쯤에 결핵성골수염을 앓았다. 후유증으로 고관절 장애를 입어 한 쪽 다리를 절고 다닌다. 쪼그려 앉지도 못하고, 오래 걷지도 못한다. 첫 동시집 『수업 끝』(푸른사상. 2013)에 '뼈를 갉아먹는 듯한 고통이 지속되었지만, 시골 의사들은 괴물의 정체를 밝혀내지 못했어요. (중략) 하지만 치열한 싸움의 후유증으로 지체장애인이란 꼬리표를 달고 살았어요.'라고 적어 놓았다.

제21회(2011) 대한민국장애인문학상 대상을 받았을 때, 한국일보(2011.10.21)는 '환갑 무렵 시 쓰기 처음 배워 5년 만에 큰상'이란 타이틀 아래, '올해 대한민국장애인문학상 운문부문에서 대상을 받은 동시 「마늘밭」은 작가 하재범(필명 하빈, 지체장애 3급)씨의 어린 시절 기억에서 비롯됐다. 하씨는 "어릴 때는 마늘쫑 뽑는 소리가 재미있게만 느껴졌는데, 철이 들면서 마늘대는 엄마, 마늘쫑은 자식처럼 생각됐다"며 "50년대에 어려운 가정형편 때문에 자식을 입양 보내던 사연과 겹쳐져 이 동시를 쓰게 됐다"고 말했다.'라고 했다.

> 마늘쫑
> 뽑으면
> 뽀一옥
> 기적 소리가 난다.
>
> 엄마 마늘대

아가 마늘쫑

이별하는
소리다.

뽀一옥
뽀一옥
마늘밭은

슬픈
기차역.

-「마늘밭」 전문

2011년 『아동문예』를 통해 등단하여, 첫 동시집 『수업 끝』, 제2 동시집 『진짜 수업』(푸른사상. 2014)을 상재했고, 수필집 『꼰대와 스마트폰』을 출간했다.

공재동 동시인은 제2 동시집 발문에 '첫 동시집은 철저히 어린이 눈높이에 맞추어져 있었다. 과연 이 작품들이 육순이 넘은 사람의 작품이 맞나 싶을 정도로 상상력, 용어, 구성 등이 참신하고 기발하여 아이의 영혼이 아니고서는 도저히 써 낼 수 없는 작품들로 가득 차 있었다. 그런데 이번 동시집에서는 어린이에 대한 배려 같은 것에는 전혀 개의치 않는다. 따라서 어떤 연유인지는 몰라도 작정하고 동시에 대한 변화를 추구하지 않았나 싶다.'라고 했다.

부산시 문예창작지원금을 받아 부랴부랴 서둘렀다. 1년 만에 또 출간해야 하니까 시공부할 때 써두었던 시들을 불러왔다. 그랬으니 '어린이에 대한 배려 같은 것에는 전혀 개의치 않'을 수밖에. 그 덕분에 모더니즘 동시의 특징을 보여준다는 평가를 받았다.

제3 동시집이 근 7년 만에 나온다. 동시의 본때를 보이기 위해 벼르고 벼렸으리라.

2.

제3 동시집은 해양동시집이다. 제목은 『바다 수업』이다. 동시집마다 '수업'을 달았으니, 수업 시리즈 제3탄이다.

시는 그 성격이나 내용에 따라 서정시, 서사시, 극시로 나눈다. 서정시는 시인의 주관적인 감정이나 관념을 표현한다. 서사시는 일정한 줄거리가 있는 이야기를 다룬다. 즉, 시의 형식을 빌려 스토리를 표현한 것이다. 극시는 운문의 형태를 빌어 표현한 연극이다. 『바다 수업』은 바다의 이야기를 묘사한 서사시다. 동시의 방식으로 표현했으니 서사동시다.

제1부 '하나님의 제자'에는 13편이 실려 있다.

물리학에 엔트로피와 신트로피 법칙이 있다. 앞의 것은 자연 세계에서 질서가 무질서한 방향으로 나간다는 것이고, 뒤의 것은 그 반대다. 하나님의 제자인 '푸른 눈'은 신트로피 법칙에 의하여 우주를 질서화 시킨다. 그 과정이 환타지다.

> 나는 하나님의 막내 제자/ 스승님이 우주를 만들 때/ "막내야, 너도 작은 거라도 하나/ 만들어 봐야지."/ 등 떠밀려 만든 것이 태양계./ 선배들은 아마/ 안드로메다나 마젤란 같은/ 은하를 만들었을 거야.// 그때 스승님이 내게/ 특별한 임무를 주셨어./ "<푸른눈>아,/ 너를 물의 형상으로 지구로 보낼 테니/ 지구를 멋진 별로 만들어 보렴."
>
> -「하나님이 심심하면」에서

하나님의 제자 '푸른 눈'은 물의 형상이 되어 지구로 내려온다. 지구라는 별에 수많은 생명체가 살 수 있게 하고, 새, 햇빛, 노을, 꿈, 슬픔, 그리움도 심어놓는다.

> 낮엔,/ 새들의 노래가 햇빛 속으로/ 날아 다녀요.//
> 저녁엔,/ 노을이 호수 속에서/"물에 빠져도 이쁘지?"//
> 밤엔,/ 꿈, 슬픔, 그리움 따위를/ 심어놓은 별밭//
> 사람들은 그 모든 것을 누리며/ 오! 해피데이//
>
> -「꿈꾸는 세상」에서

지구는 별밭이다. 사람들이 오! 해피데이를 누린다. '푸른 눈'은 대장장이처럼 '어때, 멋있지?/ 내가 만든 둥근 구,/ 지구라는 작품'을 가꾸지만, 지구와 바다를 지키는 일이 쉽지 않다. 이렇게 어려운 일을 시킨 스승님(하늘)을 원망하기도 한다.

> 물은 바로 생명이었지./ 바다는 생명체의 자궁이었어.//
> 스승님은 나빠./ 모든 것 다 품어주는/ 나의 속성 때문에 날/ 지구로 보내/ 바다가 되게 하였는지 몰라/ 이렇게 힘들 줄 알면서. 스승님 나빠.
>
> -「스승님 나빠」에서

사람들이 버린 쓰레기가 문제다. 그게 지구와 바다를 오염시키고 파괴하고 있으니 점점 숨이 막힌다.

> 문제는 이 섬이 자꾸만/ 커진다는 거야./ 이 바다는 머잖아 쓰레기로 덮여 버릴 지도 몰라./그러면 바다는 숨이 막혀 죽겠지./ 스승님의 실망하는 모습이...
>
> -「플라스틱랜드」에서

사람들을 향해 외친다. 바다가 병들면 물고기와 꽃게는 물론 승희와 민수까지 병이 든다고. 이기심을 버리고 함께 잘 살 수 있는 법을 배우자고 한다

> 인간들아./ 나를 병들게 하지마라./ 내가 병들면 나만 병드는 게 아니란다./ 물고기와 꽃게/ 나팔꽃과 물푸레나무/ 사슴벌레와 동박새/ 승희와 민수/ 모두가 병들어.
>
> -「약도 줘야지」에서

행복하고 아름다운 별인 지구를, '푸른 눈'은 지키고 싶다. 먼저 「바다 수업」을 구상한다. 바다에 대해 아는 것이 겨우 10%니까, 바다를 탐구하다 보면 모두 친구가 되지 않겠는가. 그들과 함께 미래별을 가꾸고 싶다. 이 동시집의 독자들도 달려오겠지. 아, 지구가 눈부시게 아름다워진다.

> 스승님이 꿈꾸는 미래별!/ 우주의 모든 별이 부러워 할/ 행복하고 아름다운 별//
> 그래, 아무리 어려움이 닥쳐도 지구,/ 너를 포기하지 않을 거야./ 내 이름이 뭔데, <우주의 푸른 눈>이잖아.
>
> -「스승님의 꿈」에서

> 너희가 바다에 대해 아는 것은/ 겨우 10프로//
> 이제부터 나머지/ 90프로를 배우는 거야.//
> 자-, 바다수업!/ 시 ~ 작/ 나를 탐구해 봐.
>
> -「바다 수업」에서

제2부 '마지막 낙원'(15편)은 오염 때문에 지구가 죽어가고 있는 현실을 고발하고 있다. 오헨리의 소설 「마지막 잎새」가 연상된다.

마지막 낙원인 바다를 지켜주기 위한 마지막 잎새라도 되고 싶은….

> 지구는 바다를 끌어안고/ 바다는 우리를 끌어안고 있어./ 끌어안고 있다는 것은/하나라는 뜻이야.//
> 바다가 웃으면 우리도 웃어/ 바다가 화내면 우리는 우울해져/ 바다가 병들면 우리가 아파./ 아마 바다가 죽으면 우리도 죽을 거야.
>
> -「백 허그」에서

지구는 바다를 안고 있다. 웃음, 우울, 병 그리고 죽음까지 같이할 수밖에 없는 운명이다.

> 하루 종일 개펄 위에/ 엎드려 있었어./ 허리 한번 펴지 않고/ 엎드려 있었어.//
> 저물어 돌아 온 엄마는/ 인형 같았어./ 진흙으로 만들어놓은/ 인형 같았어.
>
> -「진흙 인형」에서

개펄 위에 엎드려 저물어 돌아오는 엄마는 진흙 인형이다. 그러나 어쩌랴! 바다가 주는 삶은 받아야 하니까.

> 소야,/ 트림도 하지 말고/ 방귀도 안 뀌면/ 안 되겠니?/ 네 방귀 때문에/ 북극 얼음이 녹아/ 우리나라가 없어진대.
>
> -「투발루 아이」에서

투발루는 태평양에 있는 작은 섬나라다. 기온 상승으로 해수면이 높아져 몇 십 년 후면 나라 전체가 잠길 우려가 있다고 한다. 어찌 투발루뿐이랴! 기후 변화 등으로 지구 곳곳에서 변화가 일어나고 있지 않는가.

> 바다는 다 받아 준다고 해서 바다래/ 이게 말이나 되는 소리야/ 그래서 쓰레기도 버리고/ 오물도 버리고/ 양심도 버리고…//
> "그래 나 바다, 다 받아 주지./ 그렇지만 너도 받아 줘야 할 걸"
>
> -「부메랑」에서

우리들이 버린 쓰레기를 물고기들이 받아먹고, 그 물고기들이 우리들의 식탁으로 올라올 수 있다. 부메랑은 목표를 향해 던지면 던진 사람에게 다시 돌아온다. 오염의 부메랑은 결국 우리들에게 날아올 수밖에 없다.

> 가도 가도 나무 한 그루/ 풀 한포기 없는 곳./ 아무것도 살지 못하는 죽음의 사막/ 그 사막이 바다에도 있어.//
> 바다나무 바다풀, 해조류가 사라지는/ 백화현상, 바다 속 사막./ 그 사막이 자꾸만 커지고 있어.
>
> -「또 다른 사막」에서

바다가 사막화되는 백화현상은 해양 오염과 지구 온난화로 인한 수온 상승 등이 원인이다. 죽음의 바다가 되는 것이 안타깝다. 해조류와 산호들이 살 수 있도록 바다의 숲을 만들고, 놀이터를 만들자고 호소한다. 바다가 「마지막 낙원」이니까.

제3부 '바다의 수화'에는 파도 이야기 12편이 실려 있다.

> 파도가 바다의 수화라면/ 얼마나 많은 종이로/ 다 받아 적을 수 있을까.
>
> -「수화」 에서

파도는 바다의 수화다. 수화란 손짓으로 하는 말이다. 바다의 말을 다 받아 적을 수 없지만, 파도는 쉬지 않고 수화를 한다. 이야기를 한다.

> 밤하늘이 내게 별밤을 보여주듯/ 나도 하늘을 위해 물방울을/ 파도를 멈추지 않을 거라고.
>
> -「별방울」에서

> 작은 날개를 꺼내보고/ 큰 날개를 펼쳐보고//
> 파도 끝에서/ 하얗게 돋아나는 날개
>
> -「날고 말 거야」에서

> 그럴 땐 그냥 웃어보는 거야./ 저무는 석양을 향해/ 그냥 웃어보는 거야.
>
> -「까치놀」에서

> 높다랗게 솟아오르는 파도는/ 바다의 혀//
> 바다야 혀를 쏙 내밀어 봐./ 너를 타고 놀게.
>
> -「혀를 타고 노는 사람들」에서

> 장엄한/ 오케스트라//
> 시간의 알맹이들이/ 목욕하는 소리
>
> -「자갈밭이 파도를 만나면」에서

파도는 하늘을 위해, 수다를 하고 싶어서, 뭍에 오르고 싶은 꿈을 꾸면서, 하얗게 돋아난 날개를 펄럭이며, 석양을 향해 웃음 지으며, 회오리바람을 타고 가면서, 즐거운 노래, 슬픈 울음, 다정한 이야기를 풀며, 힘이 세고 사나워지면서, 수평선 위로 손을 흔들며, 바다의 혀를 타고 놀면서 끝없이 얘기하고 소리 지른다. 장엄한 오케스트라 연주처럼.

제4부 '별의 별 가족'은 15편이다. 바다에는 상상할 수 없을 만큼 많은 생물들이 살고 있지만, 15종을 골라 그 생물들의 특징을 묘사했다. 제목만 읽어도 느낌이 온다. 「오래된 역사책-실리캔스」도 있다.

사람이 태어나기 전/ 공룡보다 더 오래 전/ 그때 살았던 실러캔스/
지금도 살고 있는 물고기//
겹겹이 쌓아 둔 묵은 이야기/ 바다 속 비밀을/ 속속들이 알고 있는
물고기

-「오래된 역사책-실리캔스」에서

옆으로 길이 있다는 게, 별(집어등)에 목숨을 거는 오징어, 혹등고래의 자식 사랑, 음파가 달라 소통이 안 된다고 나는 고래가 아니라며 절규하는 52Whale, 장미처럼 예쁜 멍게, 스스로 불을 밝히며 살아가는 초롱아귀와 풍선장어, 변신의 귀재 미믹옥토퍼스, 늘 미소를 지으며 행복해 하는 악솔로틀, 의젓하고 꼿꼿한 바다 시인 해마, 온통 뿔이지만 화낼 줄 모르는 보라성게, 툭 나온 이마가 나폴레옹과 모자와 닮았다는 나폴레옹피시, 지구의 둘레를 재기 위해 남극에서 북극까지 날아가는 북극제비갈매기 그리고 별의 유배지인 바다에서만 살아갈 수밖에 없는 불가사리 등.

「넌 오늘 죽었어」라고 거북은 왜 소리치고 있을까?

나보고 느림보라고?//
사람들을 바보로 만들었어,/ '토끼와 거북이'가.//
박태환이 금메달 딸 때/ 시속 6.49킬로야//
이건 미처 몰랐지?/ 난 물 속에서/ 무려 32킬로라구.//
박태환 나와. 한판 붙자./ 넌 오늘 죽었어.

-「넌 오늘 죽었어-거북」 전문

3.

우리나라는 삼면이 바다라서 해양문학도 바다처럼 넓어지고 있다. 해양문학은 바다를 배경으로 하거나 바다의 체험을 담고 있다. 바다의 풍광이나 자연미, 바다에 대한 그리움, 희망, 모험심, 섬지방의 생활, 해양 관련 문화, 탐험, 개발 그리고 바다생태와 환경문제 등 바다와 관련된 소재를 다룬다.

제3 동시집 『바다 수업』은 바다의 이야기를 다룬 서사동시다. 하나님의 제자 '푸른 눈'이 우주의 오아시스인 지구를 가꾸는 이야기와 바다 오염의 현실을 바라보면서 바다를 마지막 낙원으로 지키고 싶은 마음을 간절하게 담았다.

문단 경력이 긴 편은 아니다. 그러나 그의 상상력이 새로운 변화를 시도하는 것일까? 첫 동시집 『수업 끝』은 순수한 서정동시, 제2 동시집 『진짜 수업』은 모더니즘 동시의 전형을 보였고, 제3 동시집 『바다 수업』은 서사동시다.

이런 변화의 시도도 필요하겠지만 마음이 왜 편치 않는 것일까? 노파심일까? 아동문학은 아동을 주독자로 한다면, 이렇게 낯설어지는 것보다 순수한 서정동시로써 승부를 걸어야 하지 않을까? 첫 동시집에서 보여준 참신하고 기발한 그 순수한 작품들이 그리워진다.

2018년에 『한국동서문학』 작품상을 받았다. 수상 동시는 「어떤 자기」다.

> 우리의 보물/ 청자기와 백자기//
> 청자기, 백자기보다/ 더 자랑스러운 우리말 자기//
> 잠자는/ 아기 머리맡에서는//

고려청자 보다/ 더 귀하게//
이조백자 보다/ 더 소중하게//
조심/ 조심/ 살며시//
사부자기

- 하빈「어떤 자기」 전문

심사평(박일)은 '우리말의 절묘한 구사력'이란 주제 아래 '사부자기는 "힘 빼고 살짝"이란 뜻이다. 이 단어를 백자나 청자보다 더 빛나게 만들어 놓았다. 더구나 아기 머리맡에서는 귀하고 소중한 의미가 된다. 어쩌면 이렇게 절묘하게 구사했을까? 떡고물 주무르듯 언어를 다스릴 수 있는 것은 작가의 능력이지만, 아동문학이 갖는 어떤 제약도 거침없이 뚫고 나간 저력이 감탄을 자아내게 하였다. 박수를 보낸다.'였다.

그는 베레모 쓴 아이다. 하모니카로 동요를 즐겨 부르고, BTS에 빠져 환호할 줄도 안다. 약삭빠르거나 요령을 피울 줄 모른다. 정말 순박 그 자체다. 그러니까 물향기가 날 수밖에. 아이들이 선생님의 향기를 맡으며 그에게로 낙타처럼 뚜벅뚜벅 걸어오고 있나 보다.

(2021『바다 수업』)

인간적인, 너무나 인간적인

- 이서영 첫 동시집 『소문 잠재우기』

1.

민이 할배랑 하던 내기 장기도 그만 두고
의료기, 약 파는 곳에도 안 가고
휴대폰 문자판만 본다.

고희자 할머니에게
문자 보내느라
안경을 썼다 벗었다
얼굴을 찡그렸다 폈다
이모티콘도 날린다.

"내 잘 하제?"
할아버지 자랑이 늘었다.

-「할아버지 자랑」 전문

할아버지가 문자 메시지를 보냅니다. 안경을 썼다 벗었다 하고, 얼굴을 찡그렸다 폈다 합니다. 글자가 작아서 그럴까요? 아니면 서툴러서 그럴까요? 아닙니다. 고희자 할머니께 보내기 때문입니다.

사랑은 젊은이들만 하는 것이 아닙니다. 할아버지도 할 수 있습니다. 할아버지의 가슴이 두근거립니다. 더 멋지게 보여야 하니까 이모티콘도 날립니다. 사랑하는 고희자 할머니를 위하여. 어때요? 할아버지의 은근한 사랑을 보니까 슬며시 웃음이 솟지요.

이 동시는 2013년 제5회 천강문학상 아동문학부문 수상작입니다. 그 때 「미안해서」 외 2편이 입상했는데 그 중 한 편입니다.

심사를 맡았던 정용원 선생님은 '동시는 동심이 시 속에 녹아 있어야 하고, 쉽고 단순 명쾌하게 표현되어야 한다. 동시는 어린이가 주 독자이지만 어른이 오히려 더 많이 읽어야 한다.'고 하였고, '동시가 문학(예술)적으로 얼마나 잘 표현되어 있고 그 속에 교훈성이 융합되어 있는가를 심사를 했다,'고 하면서, 「미안해서」는 친구의 아픔을 함께 나누고 싶은 우정을 재치 있고 간결하게 표현했다. 「할아버지 자랑」은 깊은 메시지를 전달하고 있다'고 하면서, 어린이, 어른 모두에게 감동을 주는 동시이기 때문에 수상작으로 뽑았다고 했습니다.

수상소감의 일부를 옮깁니다. '수줍음 많은 저였지만 책에 대해서는 낯을 가리지 않아 모든 종류의 책을 닥치는 대로 읽었어요. 다른 어떤 것보다 구석에 혼자 앉아 책 읽는 것을 가장 좋아했지요. 부모님은 걱정이 많았지만 어른이 되어 좋아하던 책 읽는 일, 글 쓰는 일로 밥벌이도 하게 되었으니 나름 괜찮은 삶이라고 할 수 있겠지요.' 하면서, ""의미를 부여할 수 있는 능력이 있으면 절망하지 않는다." 제가 좋아하는 말입니다. 천강 수상에 의미를 부여할 수 있어서 더욱 기쁩니다.'라고 했습니다.

이서영 선생님!

그를 기억하는 분들은 많지 않습니다. 어른이어도 수줍음이 많거든요. 그러니까 나서질 못합니다. 자랑하거나 교만하거나 우쭐거릴 줄 모릅니다. 그래서 곁에 있으면 도란도란 흐르는 개울물처럼 정겹습니다. 금년에 (사)한국편지가족 부산 경남지회장을 맡은 것도 그의 겸손을 받들어 준 것입니다.

동심의 뿌리는 사랑입니다. 그 사랑을 찾아가면서 일어나는 에피소드를 소재로 삼습니다. 내 주변의 일입니다. 그러면서 웃음과 재미를 주기 위하여 솜씨와 재치를 발휘합니다. 얼마나 슬기롭게 표현했는지 절로 감탄사가 쏟아집니다.

2.

수줍음!

어릴 때의 성품이 동시 속에 그대로 녹아 있습니다. 그래서 차분하고 조용합니다. 목소리가 크다고 잘 듣나요? 아닙니다. 속삭이듯 노래하니까 귀를 기울이게 됩니다. 정겨움과 친밀감이 솟아납니다. 마음이 따스해집니다. 그러나 그 수줍음은 예민한 감수성이 되어 놀랄만한 사건으로 변화(변용)시킵니다.

날마다 건널목 지켜주는
박씨 할아버지

단칸방에 살아도
언제나 웃으며 이웃을 맞이한다.

눈 치우다 넘어져
입원한 날

병실에 붙은 이름표 보며
평생 처음 문패를 달아본다며 웃으셨다.

박순호 (남/ 72)

-「문패」 전문

가난한 자들의 아픔이 느껴집니다. 그들의 손을 잡아주고 싶습니다. 행복과 빛과 사랑의 메시지를 안겨주어야 하니까요. 집이 없는 할아버지는 문패 붙일 곳이 없습니다. 그런데 문패를 달았습니다. 넘어져 다쳐 병원에 입원했을 때, 비로소 병실 앞에 이름표(문패)를 달았습니다. 아픔이 느껴져도 슬프지 않는 것은 아픔을 희망으로 표현해낼 줄 아는 지혜 때문일 것입니다.

순복씨, 잘 자요.

할아버지 나직한 목소리에
할머니 얼굴이 발그레해졌다.

아홉 남매의 맏이로
다섯 남매의 엄마로

누구보다
먼저 일어나고
늦게 잠들어
한 번도 들어보지 못한 말.

병원 침대에 누워서야 듣게 된
참 폭신한 말.

-「순복씨 잘 자요」 전문

할아버지는 사랑을 표현할 줄 모르고 살았습니다. 그러다가 할머니가 입원합니다. 할머니께 고마움과 사랑을 표현하고 싶지만 영 어색합니다. 그렇게 표현한 말이 "순복씨 잘 자요." 그 한 마디입니다. 할머니가 감동합니다. 처음으로 폭신한 말을 들었으니까요. 아마 아픈 것도 금세 나았겠지요. 이처럼 감동이란 진실한 표현 속에 있나 봐요.

3.

걱정도 사랑입니다. 엄마는 입원하는 날까지 챙길 것은 챙겨놓습니다. 가족을 사랑하기 때문입니다. 어쩌면 선생님의 마음도 엄마입니다. 이 세상의 아이들에게 사랑이란 선물을 챙겨 놓고 싶으니까요.

놀다 늦게 들어 와도
맛있는 것 달라고 하면
언제나 말없이 챙겨주던 엄마.
이제 혼자 해보라며
전기밥솥 사용하는 법
가스 불 켜는 법 일러주더니
계란 프라이도 만들고
라면도 끓여보라 한다.
귀찮아서 투덜거렸는데
이제 알았다.

엄마가 입원하는 날.

-「이유가 있어」 전문

갑자기 엄마가 입원합니다. 밥도 할 줄 모르는 아이들을 두고 가려니 걱정이 앞섭니다. 마음이 급해집니다. 음식을 할 줄 알아야 굶지 않으니까요. 엄마는 열심히 챙깁니다. 사랑을 챙깁니다.

> 민호가/ 나쁜 애라는/ 문자가 나돌아서/ 진짜 그런 줄 알았다.//
> 배 아파서 웅크리고 있을 때/ 보건실 데려다 주고/ 교실 바닥에 흘린 열쇠/ 민호가 찾아준 날.//
> 나는/ 친구들에게 새로운 문자 날렸다.//
> - 알고 보니/ 민호 꽤 괜찮은 애더라
>
> -「소문 잠재우기」 전문

소문은 날아다닙니다. 나쁜 소문은 날개도 큰지 큰 바람을 일으키며 날아다닙니다. 민호도 그런 소문에 시달리나 봐요. 그런데 겪어보니까 괜찮은 친구였습니다. 그런 친구를 위해 뭔가 해야 한다는 애정을 느낍니다. 친구는 소중하거든요.

사랑의 이야기는 우리 가족과 내 친구뿐만 아니라, 경로당에 다니는 할아버지 할머니까지 연결됩니다.

> 몸살 난 할아버지
> 하루 종일 누워만 있는데
>
> "어디 아프세요?"
> 고희자 할머니의 전화
>
> 손바닥보다 작은 게
> 할아버지를 벌떡 일으켰다.
>
> -「고 작은 게」 전문

어떤가요, 사랑의 힘이란? 고희자 할머니의 전화 한 통화가 몸살나 누워계시던 할아버지도 벌떡 일어나게 했네요. 그래서 영국 속담에 '사랑은 일체를 달성한다.'고 했고, 성서에도 '믿음과 소망과 사랑, 그 중에 제일은 사랑'이라고 했나 봐요.

4.

웃음의 종류는 많습니다. '하하' '호호' '히히' '허허' '푸하하' '크크' '껄껄' '깔깔' '헤헤' '후후' 등등. 또한 온라인 게임 채팅이나 문자메시지에 흔히 'ㅋㅋ' 'ㅎㅎ' '헣' 등도 비공식 의성어로 표현하는 웃음이기도 합니다.

우리 속담에 '웃는 가정에 복이 온다'고 했거든요. 사람들은 기뻐서 웃는다고 하지만, 웃기 때문에 기쁘기도 합니다. 그렇다면 웃음은 기쁨과 행복입니다.

선생님은 웃음을 찾아내는데 귀신같은 재주를 가졌습니다. 누구에게나 행복을 안겨주고 싶기 때문일 것입니다. 그 웃음은 너털웃음이 아닙니다. 수줍게 피는 풀꽃처럼 소박하고 순박하고 그윽한 웃음입니다.

학교가다 개똥 밟아도
숙제 공책 못 챙겨 왔어도
오늘 따라 급식이 맛없어도
혁이가 자꾸 귀찮게 해도

그냥 웃는다.

현지 생일에
초대 받은 날.

-「그냥 웃는다」 전문

그냥 웃고 싶은 날이 있지요. 그날은 여친 생일에 초대받은 날일 것입니다. 개똥을 밟아도, 숙제 공책을 빠뜨리고 와도, 급식이 맛없어도, 혁이가 건드려도 웃음이 솔솔 나옵니다. 미세먼지 끼는 날이 점점 많아지는 요즘 그냥 웃는 날이 많았으면 좋겠습니다.

할아버지랑 나랑/ 머리 맞대고 유머 찾는다.//
고희자 할머니가 빵 터질 거/ 현지 보조개가 쏙 들어갈 거/ 찾다가/
우리가 먼저 웃는다.//
희자/ 현지/ 이름만 불러도/ 웃음이 터진다.

-「유머 찾기」 전문

할아버지와 내가 유머를 찾습니다. 고희자 할머니가 빵 터질 웃음, 현지 보조개가 쏙 들어갈 웃음을 찾습니다. 그러다가 우리가 먼저 웃어버립니다. 웃기려다가 우리들의 웃음이 먼저 터지며 즐거워합니다.

이처럼 선생님은 내 주변에서 일어나는 이야기들과 그 속에 들어 있는 웃음 엑기스를 쏙 뽑아내고 있습니다. 할아버지가 좋아하는 고희자 할머니는 물론 내가 좋아하는 현지까지 그 속에 웃음 이야기는 이어집니다. 사랑하고 그리워하는 것만으로도 행복한데, 잔잔한 웃음이 기쁨과 행복을 줍니다.

5.

소재가 독특해야 좋은 시가 되는 것일까요? 아닙니다. 하찮은 일상의 이야기라도 시인이 잘 가려내어 문학(시)을 만들어내는 지혜가 있어야 합니다.

> 나만 부려먹던
> 우리 집 대장이
> 쫄병 된 날.
>
> -「형이 군대 간 날」 전문

나는 우리 집 졸병입니다. 형이 군대에 가는 날 그 처지에서 벗어납니다. 그러나 형은 졸병이 아니라 쫄병이라고 표현하면서 으쓱해 합니다. 으쓱거리는 것도 잠시, 쫄병이란 된소리 속에 동생의 걱정까지 엿보이지 않나요?

> 장난감 망가뜨리고/ 연필심 부러뜨리고/ 그릇 잘 깨뜨린다고//
> 엄마는 내 손을/ 마이너스 손이라고 놀리지.//
> 빨리 나으시라고/ 다리 주무르고/ 손잡아드리면//
> 아픔을 줄여주고/ 걱정을 덜어낸다고//
> 할아버지는 내 손을/ 마이너스 손이라고 칭찬하시지.
>
> -「마이너스 손」 전문

그리스 신화를 읽었다면 벌써 감을 잡았을 것입니다. 미다스(마이더스)왕의 탐욕이 딸까지 황금으로 변하게 했지요. 술의 신 디오니소스에게 손에 닿는 모든 것을 황금으로 변하게 해달라고 했거든요. 여기서 착상한 마이너스 손은 바로 여러분의 손입니다. 망가뜨리거나 깨뜨리기도 잘 하니까 마이너스 손이지만, 할아버지의 아픔을 줄여주는 효도의 손이기도 하네요.

우리 생활 곳곳에 동시의 소재가 널려있네요. 그것을 기똥차게 잘 찾아냅니다. 아마 선생님은 삶의 바다에서 값진 진주를 캐내는 해녀가 아닐까요?

6.

금년에 부산문화재단의 창작 지원금을 받아 이미 작품성을 인정받았습니다만, 작은 것을 커다랗게, 평범한 것을 비범하게, 가난한 것을 넉넉하게, 차가운 것을 따뜻하게, 좁은 것을 넓게, 시끄러운 것을 조용하게, 괴로움을 즐거움으로, 딱딱한 것을 폭신하고 부드럽게, 여린 것을 강하게, 어두운 것을 밝게, 답답한 것은 웃음으로 그려내니까, 쏠쏠한 행복과 은근슬쩍 기분 좋은 웃음과 즐거움도 느껴지게 합니다. 그런 여유와 깊이는 뛰어난 재치와 동시를 잘 빚어내는 솜씨 때문일 것입니다.

또한 아이들만이 주인공이 아닙니다. 할아버지, 할머니의 사랑이야기도 좋은 동시가 된다는 것을 보여주면서 더 포근하고 폭신해졌습니다.

이 동시집(『소문 잠재우기』 섬아이. 2018)의 주제는 사랑입니다. 사랑의 맛도 녹차처럼 우려냅니다. 뜨겁지 않고, 은은해서 향기롭습니다. 아마 거칠어지고 있는 세상에게 보내는 사랑의 메시지가 아닐까요? 마음이 따스한 분들이 살아가는 세상이 되기를 소망하면서요.

(2018 『소문 잠재우기』)

부산의 동시문학과 작가 탐구
동심의 풍경

초판1쇄 발행 2021년 3월 31일

지은이 박 일
펴낸이 이길안
펴낸곳 세종출판사

주소 부산광역시 중구 흑교로 71번길 12 (보수동2가)
전화 463－5898, 253－2213~5
팩스 248－4880
전자우편 sjpl5898@daum.net
출판등록 제02-01-96

ISBN 979-11-5979-413-1 03800

정가 20,000원

부산광역시 BUSAN METROPOLITAN CITY 부산문화재단 BUSAN CULTURAL FOUNDATION
본 사업은 2021년 부산광역시, 부산문화재단 〈예술문화지원사업〉으로 지원을 받았습니다.

* 잘못된 책은 교환해 드립니다.